स्त्री-मुक्ति की सामाजिकी
मध्यकाल और नवजागरण

अनामिका

राजकमल पेपरबैक्स

राजकमल पेपरबैक्स में
पहला संस्करण : 2023
दूसरा संस्करण : 2024

राजकमल पेपरबैक्स : उत्कृष्ट साहित्य के जनसुलभ संस्करण

राजकमल प्रकाशन प्रा.लि.
1-बी, नेताजी सुभाष मार्ग, दरियागंज
नई दिल्ली-110 002
द्वारा प्रकाशित

शाखाएँ : अशोक राजपथ, साइंस कॉलेज के सामने, पटना-800 006
पहली मंजिल, दरबारी बिल्डिंग, महात्मा गांधी मार्ग, प्रयागराज-211 001
1, अनमोल सोराबजी संतुक लेन, धोबी तलाव, मरीन लाइंस, मुम्बई-400 002
वेबसाइट : www.rajkamalprakashan.com
ई-मेल : info@rajkamalprakashan.com

बी.के. ऑफसेट
नवीन शाहदरा, दिल्ली-110 032
द्वारा मुद्रित

मूल्य : ₹250

STRI-MUKTI KI SAMAJIKI : *Madhyakal Aur Navjagran*
Criticism by Anamika

ISBN : 978-93-95737-33-3

अनामिका

साहित्य अकादेमी पुरस्कार से पुरस्कृत कवि अनामिका का जन्म 17 अगस्त, 1961 को मुज़फ़्फ़रपुर, बिहार में हुआ। वे दिल्ली विश्वविद्यालय में अंग्रेज़ी की प्रोफ़ेसर हैं। उनकी पुरस्कृत और देश-दुनिया की बहुतेरी भाषाओं में अनूदित प्रमुख कृतियाँ हैं—*बीजाक्षर, अनुष्टुप, कविता में औरत, खुरदुरी हथेलियाँ, दूब-धान, टोकरी में दिगन्त, पानी को सब याद था, बन्द रास्तों का सफ़र, My Typewriter is My Piano, Vaishali Corridors* (कविता-संकलन); *अवान्तर कथा, दस द्वारे का पींजरा, तिनका-तिनके पास, आईनासाज़* (उपन्यास); *स्त्रीत्व का मानचित्र, स्वाधीनता का स्त्री-पक्ष, त्रिया चरित्रं : उत्तरकांड, स्त्री मुक्ति : साझा चूल्हा, स्त्री-मुक्ति की सामाजिकी : मध्यकालीन और नवजागरण, Feminist Poetics : Where Kingfishers Catch Fire, Donne Criticism Down the Ages, Treatment of Love and War in Post-War Women Poets, Proto-Feminist Hindi-Urdu World (1920-1964), Translating Racial Memory, Hindi Literature Today* आदि (आलोचना)।

ई-मेल : anamikapoetry@gmail.com

अत्यंतगता माँ के श्रीचरणों में सादर समर्पित

तेरा तुझको सौंपता, का लागे है मोय

क्रम

मुक्ति की सामाजिकी

बीच रास्ते से पीछे मुड़कर देखने और सन्तोष की साँस छोड़ने का मर्म वही समझ सकता है, (कोरोनाकालीन मजदूरों या सिविल वार-कालीन बेरोजगारों और युद्ध-दंगे के आतंक से खदेड़े गए विस्थापितों की तरह) जो जत्था बाँधकर वीरान सड़कों पर बस निकल ही पड़ा हो—'बाई के झोंक में', जान हथेली पर लेकर! कहीं का खदेड़ा हुआ कोई दस्ता शुरू में तो भागता ही जाता है—अनाम लकड़बग्घे के शिकार की तरह विपरीत दिशा में दौड़ता जाता है कि पीछे तो घनघोर अँधेरा है ही, आगे शायद मुक्ति की कोई राह दीख जाए! कभी-कभी 'आगे खाई, पीछे कुआँ' की स्थिति भी आती है, और एक राह से हजार राहें फूटने का विभ्रम भी कई बार राह रोक लेता है; जैसे भूमंडलीकरण के बाद के धुआएँ दिनों में। हर जगह मुस्कुराती रहने को अभिशप्त स्त्री-छवि के आलोक में बात करते हुए यह प्रश्न और जटिल हो जाता है क्योंकि, जैसा मैंने पहले भी कहीं लिखा है, हँसी नए जमाने का घूँघट है! पिटकर घर से निकली हो या यौन-दोहन झेलकर दफ्तर से, नई स्त्री रिसेप्शन डेस्क पर या पत्रिका के मुखपृष्ठ पर या टीवी के स्क्रीन पर मुस्कुराती बैठने को विवश है।

भूमंडलीकरण की मानें तो मुक्ति महज एक पिकनिक है, काउंटरों पर बिकने वाला सर्वसुलभ 'टोकन', कुछ भी 'खरीदने' की स्वाधीनता। 'प्रेम न खेतो ऊपजे, प्रेम न हाट बिकाई' चलो माना, प्रेम न सही, इसका सस्ता...'डुप्लीकेट' ही सही—'एक बार मिल तो ले, काम चलने से मतलब है! 'यूज एंड थ्रो'।''फिल इट, शट इट, फॉर्गेट इट'! 'ऐडहॉकिज्म इज द परमानेंट फीचर ऑफ लाइफ' : तरह-तरह से 'पोस्टर' सजे हैं। नारों के नाम पर 'कैप्शन' बचे हैं। 'कैप्सूल' है जिन्दगी। मूल का 'फोटोस्टेट'! 'कम्प्लीट मैन' होने के लिए 'रेमंड्स सूट' पहनना पड़ता है, सारी धीरोदात्तता के बावजूद आप बस से उतर रहे हैं या साइकिल पर हैं तो क्या 'कंप्लीट' और क्या

'मैन'! गरिमामय जीवन काटने के आसार कम से कमतर होते जाएँगे—आँख की रोशनी की तरह, 'जिन्दगी से जिन्दगी कम होती जाती है' वाला आलम!

नारों और विज्ञापनों के कन्धे 'डोला पाँय-पाँय' झूलती हुई जिन्दगी 'आलोचना' का करेगी क्या? अब तो अचार भी घरों में नहीं डाला जाता कि कहूँ, वह उसका अचार पारेगी क्या। जब दूसरों का पकाया, परोसा हुआ ही खाना है, 'रेडीमेड, डब्बा-बन्द, कैप्सूलबन्द निर्देश ही गटकने हैं तो आलोचनात्मक प्रज्ञा काहे को? चुनाव दो सुपरब्रांडों के बीच ही न? उसके लिए प्रज्ञा क्या? बन्दूक से चींटी मारेंगे?

स्त्री-आलोचना को किसी खिचड़ी से कोई शिकायत नहीं, खिचड़ी बीरबल की हो या चाणक्य की। खिचड़ी भाषा से भी क्या शिकायत, भाई? खिचड़ी गरीब मेहनतकश का सबसे स्वादिष्ट और पौष्टिक भोजन है, पर अपने ही लिखे पिछले दो अनुच्छेद देखकर मेरी साँस टँग गई। हिन्दी की पाचनशक्ति अच्छी है : इसका क्या मतलब? हिन्दी-उर्दू, चावल-दाल की तरह आपस में घुल-मिल जाती हैं, पर अंग्रेजी शब्दों में अब तक वह लोच नहीं आया कि अन्न की तरह एकसार हो जाएँ। अब तक वे खिचड़ी का 'कंकड़' ही हैं, भूमंडलीकरण की चर्चा करने चलें तो समझ में आएगा कि ज्यादातर फैशनबाज चीजों के अंग्रेजी नाम ही प्रचलित हैं। धीरे-धीरे अंग्रेजी हमारी अन्तश्चेतना पर भी इस कदर हावी हो चली है कि 'जौहर महमूद इन गोवा' का वह मजेदार गाना याद आ जाता है, जो रात में लोरी के साथ मेरे दोनों बच्चे, घर के, अड़ोस-पड़ोस के अन्य बच्चे भी खूब चाव से सुनते थे। गाने की सप्रसंग व्याख्या जरूरी है! दृश्य है कि एक पतला आदमी खचाखच-भरे ट्रेन के डब्बे में किसी तरह अटका हुआ-सा खड़ा है और नीचे की सीट पर एक मोटूमल टाँग पसारे हुए बैठा है। पतलू मोटू से जो कहता है, भूमंडलीकरण के इस विचित्र दौर में तीसरी दुनिया का हर देश अमेरिका से और हर दबी-कुचली अस्मिता सुविधासम्पन्न वर्ग/नस्ल/वर्ण/लिंग/सम्प्रदाय से वो ही कहती हुई जान पड़े तो मानूँ, आलोचनात्मक विवेक जगा, दूध का दूध और पानी का पानी कर देने की हिम्मत जगी। हाँ, तो लगे हाथ गाना भी सुन लीजिए! गाना सस्ता है, पर खस्ता भी : 'लाख दुखों की एक दवा है, क्यों न आजमाएँ...भाव से सुनिए और मन में धारण कीजिए कि मुक्ति का मतलब फिलहाल बस तात्कालिक तकलीफों, अन्यायों और पूर्वग्रहों से मुक्ति पाना ही माना जाता है!' तो इस फिल्म में खड़ी-खड़ी अकड़ गई टाँगें अगरधत्त, पसरी हुई टाँगों से कुछ यों बोली—

ऐ मोटे लाला तूने
किया है कैसा छल!
टिकट तेरा सिंगल
मगर तू डबल!
खिसक जरा प्यारे, सरक जरा प्यारे,
ऐसी बॉडी में दिल भी बड़ा चाहिए!

आज के जमाने में इतनी भी आलोचनात्मक प्रज्ञा जगे कि अधिकार बिना माँगे नहीं मिलते तो बहुत जानिए! 'मैं चुप रहूँगी' सिंड्रोम का शिकार स्त्रियाँ इस बात का मर्म बखूबी समझती हैं।

पूँजी का भूमंडलीकरण तो हो गया, 'उड़ि-उड़ि बइठी हलवइया दुकनिया/बरफी के सब रस ले लिया रे पिंजरे वाली मुनिया/चलत मुसाफिर मोह लिया रे पिंजरे वाली मुनिया।' पिंजरेवाली मुनिया/ललमुनिया/पूँजी की ललमुनिया पिंजरे में नहीं रही! उसके पंख खुल गए! पर श्रम का और श्रमिकों का क्या? उनके तो पाँवों में और बड़ी चकरी बँधी! यह चकरी लिए-लिए इधर-उधर फिरते हैं। व्हेल मछलियाँ पुष्ट से पुष्ट हुईं, पर टेंगरा-पोठियाँ पिलमरू हुई जाती हैं—रंगीन एक्वेरियम में! ड्रैकुला फिल्म देखते हुए एक और अंग्रेजी फिल्म का ट्रेलर बचपन में देखा था (पूरी अंग्रेजी फिल्म तो दिखाई ही नहीं जाती थी)। इस फिल्म का नाम अद्‌भुत था—'किस-किस, किल-किल'। भूमंडलीकरण के साथ एकदम से इसका अर्थ खुला। मुंगेरीलालों का गला घोंटते-घोंटते उनको यह भूमंडलीकरण चूम भी लेता है, चट से! अवसरों के प्रजातंत्रीकरण का विभ्रम जगाता हुआ आतंक का प्रजातंत्रीकरण करती जाती है यह दुनिया जहाँ सूचना भी 'धमाका' है और 'रोल' भी 'धमाका' है।

ऐसे में आलोचना क्या कहती है? या उसे क्या कहना चाहिए? एक प्रश्न तो यह है। मन में सही प्रश्न उगने देना भी क्या आलोचना का दायित्व है? आगे ही नहीं, पीछे भी, ऊपर ही नहीं, नीचे भी/दाएँ ही नहीं, बाएँ भी' देखते चलने की ताकीद करती है आलोचना?

यदि आलोचना प्रज्ञा है तो मुक्ति किससे? पूर्वग्रहों से : वर्ग-पूर्वग्रह हो या वर्ण-पूर्वग्रह, लिंग-पूर्वग्रह हों या फिर नस्ली दुराग्रह—पूर्वग्रह तो मोतियाबिंद है। आलोचना इसकी फीको-सर्जरी करे, तब जाकर शऊर आए एक समझदार चुनाव का, चुनाव चाहे साथी का हो या सांसद का, मुखिया का या नौकरी का। जानना ही मानना है। मोतियाबिंद हटे, दृष्टि साफ हो, तभी तो जानेंगे, यानी मानेंगे।

अगरधत्त भाव से कुछ भी अचानक कर देने की, कोई भी निष्कर्ष दे देने की स्वाधीनता मुक्ति नहीं है। यदि यह मुक्ति होती, तब तो उच्चवर्गीय सम्पन्न मर्द की मुक्ति एक दत्तप्रमेय होती—नुक्कड़ का लैंपपोस्ट! वर्ग-वर्ण, लिंग और सम्प्रदायगत दम्भ का बंदी क्या खाकर मुक्त होगा? हास्यास्पद कैदी है ऐसा प्राणी जिसे अपनी अदृश्य जंजीरों का एहसास भी नहीं।

लोककथा का नंगा बादशाह है वो तो! और आलोचना है वह निरपेक्ष 'बच्चा', जिसमें ताली बजाकर हँस पड़ने की हिम्मत है। एशिया के, खासकर भारत के सामंत, सेठ और पितृसत्ताक बड़े अफसरान, नेतागण आदि नंगी नौटंकी के विशेष शौकीन हैं। उन्हें रोज की खुराकी में चाहिए पाँव पर लोटते हुए चापलूस, नौकर और पत्नियाँ, उपपत्नियाँ और इस ध्रुवान्त के किसान, मजदूर, बेरोजगार, साइबर कुली, क्लर्क, चपरासी, सेल्स गर्ल्स/ब्वाएज, कुरियरवाले, प्रूफरीडर, दलित, आदिवासी, अल्पसंख्यक। वे कौन हैं? वे सब हैं मुक्ति के डेलीवेजर्स : रोज कुआँ खोदो, रोज पानी पीयो! उनके लिए मुक्ति का मतलब है लगातार के श्रम से अर्जित किए जाने वाले कुछ ठीकरे और कुछ मौलिक अधिकार, आराम से जिनकी अवहेलना हो सकती है, हो भी गई तो क्या? कर क्या लेंगे वे? कड़ी धूप में जंतर-मंतर या दूसरे हड़ताली चौकों पर थोड़े से नारे लगाने की मुक्ति, कभी-कभी जेल चले जाने की मुक्ति, मन मसोसकर जिए जाने की मुक्ति, कलेजा मुँह को ले आने की मुक्ति, आजीवन कचहरियों में चप्पल चटकाते रहने की मुक्ति कि प्रजातंत्र दूधो नहाए और पूतो फले। इतनी तो मुक्ति उनके हिस्से है ही। आलोचना की सम्भाव्यता खुद मुक्ति है! सेंसरशिप से तो भली है यह जरूर।

तो क्या मुक्ति बचाव का काल्पनिक घेरा है? शान्ति की आग है और बाढ़ का पानी? स्पार्टेकस से लेकर मार्क्स, गांधी और मंडेला तक, तसलीमा नसरीन से लेकर मेधा पाटकर और महाश्वेता देवी तक के नाम पर कड़ी धूप में मुँह उठाकर कहीं से कहीं चल देनेवाला जत्था बताता है कि मुक्ति की कामना से प्रबलतर कोई आवेग नहीं! मनुष्य मात्र के गरिमामय जीवन की खातिर किया गया हर मानवीय संघर्ष मुक्ति संघर्ष है और आलोचना है वह सम्यक् दृष्टि, जो राह दिखाती चले।

मुक्ति एक मूल्यगर्भित शब्द है! रोजी-रोटी की आजादी, शिश्न और उदर की भूख मिटाने की सामर्थ्य, मताधिकार और खुदमुख्तारी के बावजूद हम मुक्त नहीं कहे जाएँगे यदि आत्ममुग्धता/आत्मग्रस्तता से पीड़ित हैं और भेदभाव की राजनीति करते हैं। लॉक, कार्लाइल, मेजिनी, ऑगस्तस, कान्ट, मांटेस्क्यू, मिल और मार्क्स

के 'लिबर्टी' विषयक आलेखों का जितनी प्रखरता से भारतीय भाषाओं में अनुवाद हुआ, उससे यह जाहिर हो जाता है कि 'salvation' का liberation में, मोक्ष का मुक्ति में अर्थ-विस्तार निश्चित ही हुआ और उसमें पश्चिम की बड़ी भूमिका थी!

मोक्ष और मुक्ति, दोनों के मानदंड सबसे पहले आजादी की लड़ाई में एक हुए और यहाँ भी 'आलोचना' ने मशाल थामी! धर्मशास्त्र की सजग आलोचना और आत्मालोचन का विवेक एक साथ जाग्रत हुआ! 1857, नवजागरण, स्वाधीनता आन्दोलन, नक्सलवाद, अस्मिता विमर्श और भूमंडलीकरण के बाद नए सिरे से प्रासंगिक हुई उत्तर-औपनिविशकता, ये कुछ महत्त्वपूर्ण पड़ाव हैं, जहाँ एकाएक हम मुक्ति और आलोचनात्मक प्रज्ञा के अभंग बहनापे का जायजा ले सकते हैं। स्वतंत्र देश 'She stoops to conquer' का 'लिबर्टी हॉल' होकर न रह जाएँ, इसकी चेतावनी भूमंडलीकरण के बाद तो लगातार ही मिल रही है। तिलक की उक्ति को विनोबा भावे ने जो अर्थ विस्तार दिया, वह भी समझना जरूरी है, 'स्वतंत्रता (मुक्ति) हमारा कर्मसिद्ध अधिकार है।'

आलोचना का रिश्ता 'लोचन' से जरूर निकलता होगा! आलोचना वह जो सम्यक् दृष्टि से देखना सिखाए, यानी ऐसे देखना कि पत्थर की छाती में झिलमिलाते आँसू, पाठ-पद्धति की विसंगतियाँ, जीवन-जगत् की विसंगतियाँ, परिवेश के और परम्परा के पूर्वग्रह—एक झलक में सब उजागर हो सकें। दूध का दूध, पानी का पानी करने का विवेक, सत्य-संधान का विवेक भी जागे! सच की सबसे बड़ी मुश्किल यह है कि सच रेडीमेड नहीं मिलता! हर युग का अपना एक केन्द्रीय सच होता है और हर व्यक्ति को अपना एक केन्द्रीय सच अलग से अर्जित करना होता है, अपनी क्षमता/अपनी परिस्थिति-मन:स्थितियों के अनुकूल! यह भी ध्यान रखने की बात है कि आत्मालोचन ही आलोचना का आधार-स्तम्भ है, क्रूरताओं और पूर्वग्रहों से स्वय को मुक्त किए बिना न अपनी मुक्ति सम्भव है, न औरों की! 'मोसों कौन कुटिल-खल कामी' के बगैर जैसे मोक्ष सम्भव न था, मुक्ति भी सम्भव नहीं, इतिहास इसका गवाह है।

जैसाकि पहले कहा—हर युग की अपनी कुछ प्रस्तावनाएँ होती हैं, कूटलिपि में लिखी प्रस्तावनाएँ जिन्हें 'डीकोड' करने का काम युगप्रवर्तक और आलोचक करते हैं। इस तरह हर युगप्रवर्तक अपने समय का बड़ा समालोचक होता है। मुक्ति का रास्ता इस युग की खातिर क्या होगा? कौन-सी सुरंग कहाँ खोदनी होगी, इसके संकेत

कूटलिपि में ही मिलते हैं। 'अ टेल ऑफ टू सिटीज' (फ्रांसीसी क्रान्ति की पृष्ठभूमि पर लिखे डिकेंस के उपन्यास) में सराय के दरवाजे पर बैठी एक औरत स्वेटर के पैटर्न में क्रान्तिकारियों की खातिर गुप्त रास्तों के संकेत बुन देती है। इसी तरह के कुछ संकेत हर युग अपनी घटनाओं के पैटर्न में बुनता है और उसे 'डीकोड' करते हैं युगप्रवर्तक आलोचक। प्रेमचंद की कहानी का रूपक उठाएँ तो आलोचक रचनाकारों के बड़े भाई साहब होते हैं, उन्हें 'सोंटते' चलने वाले गम्भीर अध्येता जिन्हें छोटे भाई साहब कभी-कभी पतंग उड़ाने का चस्का लगा देते हैं और यह शायद दोनों के लिए ठीक होता है : आलोचना भी जरा रससिद्ध हो जाती है।

भारत में आलोचना वैसे भी रससिद्ध रही है। भाषा की ऊर्जा निरखने-परखने की जो तमीज पश्चिम ने आज साधी है, उसके संकेत पाणिनी, कुंतक आदि ने पहले से दे रखे हैं। वैसे, आलोचना के बहुतेरे लक्ष्य रहे हैं : पुराने काव्यशास्त्रियों की शब्दावली में कहें तो सात्त्विक अनुभावों का उद्बोधन, तामसी वृत्तियों का नियंत्रण और लोकमंगल; मार्क्सवादी आलोचना की भाषा में कहें तो 'जिसकी लाठी, उसकी भैंस' वाले जंगलराज का अन्त, साधनों और अवसरों का न्यायपूर्ण वितरण, स्त्री-विमर्श में इसका विस्तार ढूँढ़ें तो प्राणि-मात्र में मातृत्व-संबलित सम्यक् दृष्टि का विकास, दलित-अल्पसंख्यक, अश्वेत और आदिवासी विमर्श के हवाले से कहें तो जातिगत, नस्लगत श्रेष्ठता-ग्रंथि का विलय और दबी-कुचली अस्मिताओं के 'अस्मि' तत्त्व का विकास, उत्तर-औपनिवेशिक आलोचना में इसका विस्तार ढूँढ़ें तो एकध्रुवीय दुनिया के एकांगी विकास को चुनौती, दुनिया को पक्षाघात और पर्यावरणगत संकटों से बचाने की कोशिश, एक तरह का स्वाभिमान-मिशन, उत्तर-संरचनात्मक पदावली में कहें तो मोबाइल और कम्प्यूटरशासित दुनिया की ध्रुवान्तीय सीमाओं के पार की अन्त:पाठीय उड़ान और पहुँचना उस मंजिल तक जिसके आगे राह नहीं है, उस वर्चुअल स्पेस तक पहुँचना, जहाँ क्लासिक और पॉपुलर, प्राचीन और नवीन गलबहियाँ डाले तैरते हैं—रीमिक्स मुद्रा में।

सच पूछें तो सत्य मुक्ति का पर्याय है और मुक्ति से जुड़ा हुआ दूसरा बड़ा सच शायद यह है कि मुक्ति का कोई रास्ता मुक्ति के किसी दूसरे रास्ते को कहीं से नहीं काटता। वर्ग-संघर्ष और अस्मिता-विमर्श में, विचारधारा और धर्मप्राणता में भी कोई ऐसा छत्तीस का आँकड़ा नहीं बनता या बनना चाहिए : कम-से-कम भारत जैसे देश में, जहाँ धर्म जन-मन की खातिर हारिल की लकड़ी है, अगर कुछ अन्तर्विरोध हैं भी

तो सम्यक् आलोचना-दृष्टि अपने प्रज्ञा-पक्ष से उसकी घनात्मक ऊर्जा बढ़ाए, उन्हें आपस में लड़कर मर-मिटने से रोके।

मुक्तिमुखी आलोचना का एक धर्म निरौनी, कमौनी और केन्द्रीय युग-सत्य की पहचान तो है ही, इसके सिवा सही सूत्रों की पहचान, सही सन्दर्भों, सही ग्रंथों, सही मन:स्थिति की पहचान जनमानस में विकसित करना भी उसका ही धर्म है—कुछ ऐसे जैसे सुकरात किया करते थे।

मुश्किल तब होती है, जब पथप्रदर्शक भी दिग्भ्रान्त हो जाते हैं, जैसे प्रखर दलित चिन्तक धर्मवीर हुए। उनकी मेधा और उनका अध्ययन, दोनों अगाध थे, खासकर उनकी ऐतिहासिक आलोचना बहुत अन्तर्दृष्टिपूर्ण पर वैयक्तिक जीवन के कुछ विषम अनुभव उन्हें यह मानने को विवश कर गए कि एक दमनचक्र का जवाब दूसरा दमनचक्र होना ही चाहिए, 'शठे शाठ्यं समाचरेत' का तर्क ही ठीक है! इसके विपरीत धीमान दलित चिन्तक, प्रो. तुलसी राम को कोई 'घृणा का प्रचारक' नहीं बता सकता, क्योंकि वे एक ही लाठी से सबको नहीं हाँकते, उन्हें बुद्ध और गांधी की यह बात याद रहती है कि 'आँख के बदले आँख' (an eye for an eye) की कबीलाई वृत्ति तो पूरी दुनिया को अन्धा कर जाएगी, जजमेंटल होने से बचकर वे 'पाप से घृणा करो, पापी से नहीं' की बृहत्तर प्रज्ञा से परिचालित हैं। नवस्वतंत्र समूहों (स्त्रियों, दलितों, आदिवासियों) को अधिक नैतिक और धीरोदात्त होने की जरूरत है, क्योंकि आगे आनेवाली दुनिया उनकी ही है, नए प्रजातांत्रिक मूल्यों का प्रसार कथनी-करनी एक रखने से ही होगा, प्रतिपक्षी की क्षुद्रताएँ आत्मसात् करके नहीं, उसके स्तर तक उतरकर नहीं; बल्कि इतिहास की भूलों के सम्यक् संरचनात्मक विश्लेषण द्वारा अपना 'आचरण' भाँजकर।

जो कबीर पर इतनी उत्कृष्ट पुस्तक लिख सकता है, हिन्दी लोकवृत्त की समस्याएँ इतनी गम्भीरता से पकड़ सकता है—उसका आवेगशासित और प्रतिशोधविह्वल होना तकलीफ की बात है! जो 'यूटोपिया' गढ़ सकता है, उसका एलिजाबीदन 'रिवेंज ट्रेजिडीज' का प्रतिनायक बनकर रह जाना खुद एक त्रासदी है—'tragic waste of potentials' (क्षमताओं का त्रासद क्षरण)।

यही हाल हिन्दी में कुछ और गुटबाज, आत्मग्रस्त और आवेगविह्वल आलोचकों का है, जो स्वयं को 'खरा' सिद्ध करने के उपक्रम में दूसरों को लगातार खोटा ही सिद्ध किया करते हैं—बिना यथोचित तर्क के! कोई स्त्री लेखक वश में न आई, कोई नव विस्थापित नवयुवक 'दारू-कैम्प' या 'निन्दा-निकेत' में न आया, 'अहोरूपम

अहोध्वनि' के 'इन्सटेंट सक्सेस' फार्मूले से सहमत न हुआ तो शुरू में छींटाकशी करते हैं, फिर मिलकर खाट खड़ी कर देने के उपक्रम में ही 'अतीव सुख' पाते हैं। जैसे 'विवाह ब्यूरो' चलाने वाले प्रचार करते हैं—'एक बार मिल तो लें', हमें भी ऐसे मंडलमग्न आलोचकों से कहना पड़ेगा : 'एक बार पढ़ तो लें' क्योंकि जानना ही मानना है। बिना पढ़े-लिखे आक्रामक मुद्रा में 'जोइ-सोइ कछु' बकने से विश्वसनीयता घटती है और आगे आनेवाली पीढ़ियाँ शर्मिन्दा होती हैं कि ये हमारे पूर्वज कैसे थे। आवेग रचनात्मक लेखन का बीज-तत्त्व फिर भी हो सकता है, आलोचना का वह कोई भला नहीं करता।

हाँ, नैतिक आवेग अच्छी चीज है, लेकिन सच्ची नैतिकता भी आत्मालोचन से शुरू होती है। एक अद्‌भुत उदाहरण इतिहास से उठा सकते हैं। शुक्ल जी ने रामेश्वर प्रसाद 'राम' की चर्चा उदीयमान नाटककार के रूप में की, लेकिन जब इन्हें पता चला कि सती-प्रथा के समर्थन में वे हैं, सती दाह के लिए घाट पर उनकी मोटर गई है, द्वितीय संस्करण में यह नाम 'इतिहास' से गायब था। कथनी-करनी की क्षमता का परिपोषण ही सच्ची मुक्ति है, 'अतिरेक का अन्त' ही है इस मुक्ति का सूत्र।

मार्क्स ने पूँजी के 'सरप्लस' की बात की थी। कुछ 'सरप्लस' और होते हैं, जिनका सम्यक् 'वितरण' नहीं तो, यथेष्ट निवारण जरूरी है। एक सरप्लस 'क्रोध' का दूसरा 'कामना' का और तीसरा 'लोभ' का—जो 'चीज' अच्छी है, मेरे अँगूठे के नीचे, मेरी हो, वरना हम उसकी ऐसी-तैसी करके छोड़ेंगे। इसी अतिरेक के शमन का यत्न करती है स्त्रीवादी आलोचना, विद्रूपण और विलोपन के सांस्कृतिक दुष्चक्रों का प्रश्नांकन भी। जो लोग स्त्रीवादी आलोचना पर पश्चिमी प्रभाव के अतिरेक का आरोप लगाते हैं, उन्हें यह समझना चाहिए कि 'कैनोनिकल' और 'कोलोनियल'—दोनों पर पहला प्रहार स्त्रीवाद ने किया था। प्रत्याख्यान के वैकल्पिक स्रोतों की तलाश पहले स्त्रीवाद ने ही शुरू की! क्षेत्रीय साहित्य और देशी परम्पराओं का संधान, मौखिक इतिहास-लेखन, रीति-रिवाज, मिथक प्रत्याख्यान, तस्वीर, घरेलू चिट्‌ठियाँ और अन्य अनादृत दस्तावेज-समेत अज्ञात पांडुलिपि-संधान, गलत तरजीह पा गए स्त्री-विरोधी पात्रों पर लाल चिह्न के निशान स्त्रीवादी आलोचना ने ही सम्भव किए! दृष्टि-प्रक्षालक अन्य पुनर्पाठीय कार्रवाइयाँ स्त्रीवादी आलोचना ने ही सम्भव कीं! अपने इन्हीं प्रयोगों और अनेकांत की अपनी मूल अवधारणा के कारण वह उत्तर-संरचनात्मक कहलाया!

वैकल्पिक स्रोतों की तलाश के इस बड़े अवदान के अलावा हिन्दी की स्त्रीवादी समीक्षा का एक महत्त्वपूर्ण अवदान है इतिहास-लेखन का प्रजातंत्रीकरण!

क्षतिपूर्तिधर्मा (सबऑल्टर्न) इतिहासलेखन की यह कमी तो होती है कि सुविधा-सम्पन्न समूहों की इतिहासलेखन पद्धति वे लाँघ नहीं पाते! अब जैसे काल-निर्धारण की जो इक्कट-दुक्कटनुमा खेल-परिधि होती है, उसी के अगल-बगल ये चॉक से अपनी परिधि खींचते हैं! इस प्रक्रिया की बहुतेरी समस्याएँ हैं। स्त्री के विकास की दृष्टि से जो काल-खंड महत्त्वपूर्ण होगा, जरूरी नहीं है कि और दृष्टियों से भी महत्त्वपूर्ण हो, मगर काल के बँटवारे में आप सिर्फ वे ही घटनाएँ केन्द्र में नहीं रख सकते, जिनसे स्त्रियों का जीवन बदला हो। वे बातें भी ध्यान में रखनी होंगी, जिनसे बृहत्तर समाज का जीवन बदला! एक समूह या लिंग का जीवन बृहत्तर सामाजिक बदलावों से सर्वथा निरपेक्ष हो, ऐसा नहीं मानता स्त्रीवाद। शायद इसीलिए यह वैयक्तिक यातनाओं के सामाजिक सन्दर्भन को इतना महत्त्वपूर्ण मानता है और इतिहासलेखन में नए काल-विभाजन पर जब जोर देता है तो इस बात से निरपेक्ष नहीं रहता कि बृहत्तर इतिहास में क्या घट रहा था। वह वैश्वीकरण का या पर्यावरण का सन्दर्भ इसीलिए महत्त्वपूर्ण मानता है।

कुछ लोग इस बात पर स्त्रीवादी समीक्षा का मजाक उड़ाते हैं कि यह चिप्पियों वाली गुदड़ी है, टाट का लहँगा, रेशम का पैबन्द या 'कहीं की ईंट, कहीं का रोड़ा'! पर उन्हें यह समझना चाहिए कि चित्रों, भाषणों, लेखों, पत्रों, कथानकों, अर्द्धकथानकों के आधार पर एक मुकम्मल सिद्धान्त का जामा तैयार जो हुआ है, वह अगर सर्वग्राही है तो इसमें बुरा क्या है! विधात्मक चारदीवारियों के पार मलंग भाव से इक्कट-दुक्कट खेलता स्त्रीवाद एक्लिक्टिक, अन्तरविधात्मक और अन्तारविद्याशास्त्रीय तो होगा ही! जिसने गरीब-अमीर, ऊँच-नीच, पूरब-पश्चिम, हिन्दू-मुस्लिम का भेद नहीं माना, उसके तेवर कबीराना-फकीराना तो होंगे ही!

कुल मिलाकर देखें तो स्त्रीवादी समीक्षा विश्लेषण में उत्तर-औपनिवेशिक, साम्य दर्शन में मार्क्सवादी/समाजवादी भाषिक विश्लेषणों और अस्मिता-विषयक अवधारणाओं में उत्तर-संरचनावादी है! 'सार-सार को गहि लियो, थोथा देइ उड़ाय' वाली घरेलू सूक्तियों से ही हमने अपना मॉडल लिया है।

इसका अगला बड़ा अवदान अभी उभर ही रहा है : इतिहास, दर्शन, नैतिक भूगोल, समाजशास्त्र और कानून जैसे जटिल, पुरुषवादी शास्त्रों से दलित, अल्पसंख्यक और आदिवासी स्त्रियों का अभंग, अन्तर्पाठीय, अन्तरविद्याशास्त्रीय संवाद और नए-पुराने स्त्री-पाठों का अन्वेषण, संवर्द्धन, सम्बन्धन, वर्गीकरण और विश्लेषण! भावबुद्धिकोष-संचालित, करुणाकीलित न्यायदृष्टि है स्त्री-समीक्षा की केन्द्रीय दृष्टि

और इसका केन्द्रीय मूल्य है पितृसत्तात्मक दुरभिसन्धियों के छल-छद्म से मुक्त नए पुरुष का विकास, जो नई स्त्री का सच्चा साथी हो सके।

पुस्तकों, फिल्मों, रोजमर्रा की घटनाओं और प्रख्यानात्मक विश्लेषण (हर्मेन्यूटिक्स) के रोचक, मार्मिक और क्रान्तिकारी प्रसंगों का सुगढ़ संयोजन, पूर्वग्रहों का ध्वंस, नई दृष्टि का विकास, वर्गीकरण और समालोचना की नई श्रेणियों का विकास, नई भाषा का विकास, नए-पुराने पाठों का अन्वेषण, संवर्द्धन और सम्बन्धन जिन आलोचकों के हाथ हुआ, वे ही टिके। उनका लेखन ही मुक्ति का मार्ग खोल गया। वे ही नए युग के निर्माता हुए।

जिन दिनों अधिकांश कवि समझते थे कि स्वाधीनता शिव के जटाजूट से निकलनेवाली देवापगा है, 'सब धन बिदेश चलि जात यहै अति खारी' कहकर परतंत्रता का आर्थिक और वस्तुपरक पक्ष भारतेन्दु ने सामने रखा—उससे स्वाधीनता की संकल्पना को बल मिला और उन आर्थिक और सामाजिक घटनाओं से उसका सम्बन्ध स्पष्ट हुआ, जो हमारे मूल्यतंत्र, हमारी समतावादी संस्कृति की आन्तरिक चेतना नियंत्रित करता था! तो लेखकों ने भी 'समालोचक' के व्यापक दायित्व निभाए ही, आलोचकों ने भी बहुत सर्जनात्मक ढंग से युग को 'डीकोड' किया।

बाद के दिनों में एक घनघोर स्थिति यह हुई कि 'प्रगति' और 'प्रयोग' आपस में भिड़ गए : भिड़ने की कोई जरूरत नहीं थी, पर भिड़े! यह भूलकर भिड़े कि 'एथिक्स', 'ऐस्थेटिक्स' का गोइयाँ बने बिना 'पोएटिक्स' हो नहीं सकता। छूछी एथेटिक्स कोई चीज ही नहीं! सम्यक् दृष्टि, सन्तुलन और गरिमामय सह-अस्तित्व, ये तत्त्व सौन्दर्यशास्त्र के भी उतने सगे हैं जितने नीतिशास्त्र के। साहित्य में दोनों का परावर्तन होता है। सोने, पढ़ने, चिन्तन और प्यार करने का एकान्त अन्तर्मुखी बनाता है, इन कार्रवाइयों के लिए साँस भीतर खींचनी पड़ती है, लेकिन कितनी देर? उलटे ही पाँव हर साँस वापस लौटती है—लोकवृत्त में, अलाव पर, बैठक में, पब्लिक स्फीयर में। 'यह दीप अकेला स्नेह भरा, इसको भी पंक्ति को दे दो' इस पंक्ति में इसकी प्रत्याशा है। सारा नेह उसी के लिए है, फिर झगड़ा क्या?

अपने यहाँ सौन्दर्य और नैतिकता की चूल्हा-चक्की कभी से भी अलग नहीं रही, ग्यारहवीं शती में और बाद में भी। पश्चिम में आलोचना बुढ़ापे की संतान थी। अठारहवीं शती में जन्मी, वह भी राजनीतिक अभिशाप से—'इक्विप्वॉएज' की जरूरत महसूस हुई, क्योंकि सिविल वार के क्रॉमवेल-प्रायोजित अतिरेकों का निषेध जरूरी था। उसके पहले फिलिप सिडनी ने 'सौन्दर्य' और 'नीतिशास्त्र' का द्वंद्व अपनी 'डिफेंस ऑफ प्वॉएजी'

में बखाना। फ्रांसीसी क्रान्ति के समान्तर रोमैंटिकों के यहाँ मुक्ति की प्रजातांत्रिक धारणा पनपी। बायरन दूसरे देश के मुक्ति-संग्राम में खेत आया। हाँ, औपनिवेशिक विस्तार के बाद आलोचना का चरित्र लगातार बदला। उसने सभ्यता-समीक्षा की तूती फूँकी, पर ध्यान देने की बात यह है कि जिस समय अंग्रेजी आलोचना मार्तंड भाव में आई—उससे पहले अंग्रेजी साहित्य स्वयं गरीब की भौजाई था।

इंग्लैंड के विश्वविद्यालयों में लैटिन और ग्रीक क्लासिक पढ़ाए जाते थे। नेमेनिक्स इंस्टिट्यूट की एक्सटेंशन लेक्चर शृंखला में अंग्रेजी क्लासिक पढ़ाने का ध्येय क्या था? प्रत्याशी वर्किंग क्लास के बच्चों में राष्ट्रीय गौरव और नैतिक मूल्यों का ट्रांसमिशन! इसी के समानान्तर मद्रास और कलकत्ता प्रेसिडेंसी के 'भद्रलोक' के बच्चों को भी हपस-हपसकर शेक्सपियर, रोमैंटिक, विक्टोरियन और जॉर्जियन कविता परोसी जाने लगी।

हमारे समय तक अंग्रेजी आलोचना चुरुट पीते भूरे साहबों का प्रिय विषय बन गई। भारतीय विश्वविद्यालयों में अंग्रेजी विभाग लम्बे समय तक ऐसे अकादमिक आलोचकों का गढ़ रहे, जिनके बारे में किस्से चलते थे कि वे जूते पहनकर सोते हैं और पूड़ियाँ भी काँटा-चम्मच से खाते हैं। एक गौरतलब बात यह थी कि क्लासरूम मॉडल के रूप में रोमैंटिक कवियों का प्रवाहपूर्ण गद्य नहीं रखा गया। करलाईल, स्कॉट और चार्ल्स लैम अच्छे गद्य के मॉडल के रूप में प्रचार पाते रहे।

यह तो हम नहीं कह सकते कि समाज की मुक्ति का द्वार सजग आलोचना ही खोलती है, लेकिन हाँ, दिमाग में जो धूल-धुआँ इतनी सदियों से जमा है, उसके बरअक्स एक पेड़ लगाने का सुख आलोचक का अपना सुख है। भारत में यह अजब हुआ कि ग्यारहवीं शताब्दी तक संस्कृतज्ञ सजग आलोचना ग्रंथ लिखते रहे, किन्तु महान साहित्य उनके समय न लिखा जा सका। महान साहित्य लिखा गया जब काव्यशास्त्री मौन हो गए। इसका निष्कर्ष शायद यह कि ब्रह्मांड, प्रकृति, समाज और भीतरी यथार्थ से साहित्य का सम्बन्ध टटोलने का, पूर्वग्रह-मुक्ति का जो महत् कार्य आलोचना के हिस्से है, बाद की पीढ़ियों में काम आता है। नरसिम्हैया, बीराजक, मुक्तिबोध, मार्थेनक, रांगेय राघव, रामविलास शर्मा, नामवर सिंह, हरीश त्रिवेदी, जी.एन. देवी, मैनेजर पांडेय, विजयदेव नारायण साही, देवीप्रसाद अवस्थी, मीनाक्षी मुखर्जी, विजय कुमार और मुरली बाबू हों या अज्ञेय और हजारीप्रसाद द्विवेदी की परम्परा में आए लोग, सबको समानधर्मा बहुत देर से मिला। अद्यतन आलोचक ही उन्हें एक परम्परा में बिठाते हैं।

मुक्ति एक क्रमिक प्रक्रिया है। सत्ता का साँप रह-रहकर केंचुल बदलता है। सार्थक बदलाव तभी आते हैं जब विष के दाँत तोड़कर नैतिक सौन्दर्य की बीन से उसे साधा जाए। नागर समाज के सजग प्रहरी आलोचक और बुद्धिजीवी तभी होंगे जब श्रमजीवियों के साथ वे एक चटाई पर बैठें, उनसे उनका सुख-दु:ख बाँटें, उनकी भाषा और उनकी जातीय स्मृतियों का उनके मन में आदर हो।

हिन्दी की स्त्रीवादी समीक्षा : 'हमरा मार-उरऽ मत कोई'

स्त्री की आँखों की चर्चा तो हिन्दी साहित्य में बार-बार आई : उठती-गिरती, निसि दिन बरसती...किन्तु आलोचना-सम्मत विवेक का तबोताब भी उसमें है, यह जरा देर से स्थापित हुआ! विदुषी जो स्त्रियाँ हुईं भी—उन्हें स्त्री-लेंस से जीवन-जगत्, धर्म, इतिहास, मिथक, साहित्य जाँचते-परखते एक युग तो जरूर बीता (जो बारह वर्षों का होता है), पर स्त्रीवादी समीक्षा का यथेष्ट मूल्यांकन आज तक नहीं हुआ! इसका एक कारण तो यह है कि हमारा बहनापा अभी इस कदर विकसित नहीं है कि हम दिमाग में बिठा पाएँ : वर्ग-वर्ण-नस्ल-धर्म-राष्ट्रीयता आदि बाह्य कारकों से बिलकुल निरपेक्ष तो कुछ भी नहीं किन्तु फिर भी दैहिक शोषण का इतिहास और मानसिक बनावट का साम्य विश्व-भर की स्त्रियों को जिस सखी-सूत्र में बाँधता है, उसके साक्ष्य से हमें एक-दूसरे की चीजें पढ़ने-समझने और व्याख्यायित करने का कोई भी अवसर नहीं छोड़ना चाहिए! और न ही किसी पितृसत्तात्मक बहकावे में आकर एक-दूसरे की टाँग इस तरह के गैर-मुद्दों और अवान्तर प्रसंगों पर खींचनी चाहिए कि कौन कहाँ जाता है, किससे अपनी रचना पर राय लेता है, किसकी किससे ज़ाती दोस्ती-दुश्मनी है, किसकी बिन्दी-चोटी का प्रकाशन-जगत् या सम्पादन-जगत् पर कितना प्रभाव है! यह हमारी रूढ़ सोच का नतीजा है कि स्त्री-पाठ को भी स्त्री-देह से इतर हम देख ही नहीं पाते और 'उसकी साड़ी मेरी साड़ी से सफेद कैसे' में उलझ जाते हैं।

इस बात पर कुछ लोग पलटकर यह भी कह सकते हैं कि स्त्री-लेखन भी देह-केन्द्रित है, पर दोनों बातें एक ही हैं क्या? स्त्री-लेखन में देह उपहास और गिंजन या सस्ते मनोरंजन का ध्येय सामने लेकर नहीं आती, आती है आँखों में उँगली देकर यह बताने कि देखो, क्या तुमने स्त्री का हाल कर रखा है, कैसे यह देह युगों से उसके शोषण की प्राइम साइट रही है, स्त्री से सम्बद्ध ज्यादातर अपराध उसकी देह

का ही चकल्लस करते हैं, सूची लम्बी है : मार-पीट, गाली-गलौज; बलात्कार, दूसरी तरह के गुप्त यौन शोषण, वेश्यावृत्ति, ट्रैफिकिंग, भावहीन, यांत्रिक सम्भोग, घरेलू बेगार, साफ-सुथरे और सुरक्षित प्रसव की व्यवस्था का घोर अभाव, स्वास्थ्य-सम्बन्धी दूसरी सुविधाओं का भी; भ्रूणहत्या, पोर्नोग्राफी, डायनदहन, सती, पर्दा... क्या-क्या गिनाने बैठेंगे हम!...मुश्किल तब और गहन हो जाती है जब स्त्री-पाठ भी स्त्री-देह की तरह असंवेदनशील छीछालेदर का पात्र बनता है या फिर शिकार होता है विद्रूपण-विलोपन और धूमिलीकरण (defamiliarization) आदि पितृसत्तात्मक दुरभिसन्धियों का जिससे उसे स्त्री-आलोचक ही बचा सकती है क्योंकि 'खग जाने खग ही की भाषा!' और स्त्री-समीक्षा में पहला सवाल भाषा का उठता है!

स्त्रीवादी आलोचना की भाषा भी स्त्री की रचनात्मक भाषा जैसी ही ख़ासी अनौपचारिक, तरंगमय, बहुध्वन्यात्मक और स्मृतिकीलित है! उसमें आँचल का दूध, आँखों का पानी और बतरस का शहद—तीनों घुले हैं! इसका एक कारण यह हो सकता है कि निर्मला जैन के बाद की सारी-की-सारी स्त्री-समीक्षक मुख्यत: कवि-कथाकार हैं! सबकी समीक्षा उसी अर्थ में वर्कशॉप क्रिटिसिज्म (नेपथ्य समीक्षा) है—भोगी हुई सांस्कृतिक समस्याओं के सूत्र टटोलने के क्रम में अनौपचारिक ढंग से, बाइप्रोडक्ट के रूप में सामने आ गई सभ्यता-समीक्षा जिस अर्थ में ड्रायडन, कोलरिज, मैथ्यू आर्नल्ड, टी.एस. एलियट, डब्ल्यू. बी. येट्स, ऑडेन, फिलिप लार्किन, टेड ह्यूज, ऐंड्रीन रिच, नदिन गार्डिमर, एलिस वॉकर आदि कारयित्री प्रतिभाओं की!

भाषा और जिजीविषा (लिबाइडो)—दोनों का सम्बन्ध मनुष्य के अवचेतन से होता है! स्त्री और पुरुष-भाषा का फर्क वैसे भी स्वयंसिद्ध है! स्त्री की यौन-तंत्रियों की तरह उसकी भाषा भी बहुकेन्द्रीय होती है : उच्छल, उमंग-भरी और संवादधर्मी, पुरुष-शरीर की यौन संवेदनाएँ एकाग्र (शिश्नकेन्द्रित) होने के चलते उनकी भाषा भी अमूमन एक ही दिशा में चलते चले जाने को विवश होती है! कुछ उनका पालन-पोषण भी ऐसा होता है कि दिल खोलकर बातें करना या सूक्ष्मतर, कोमल बातें अभिव्यक्त कर देना उन्हें शालीनता-सम्मत नहीं लगता! सबसे प्रिय व्यक्ति—'माँ से धुर बचपन में वे खींचकर अलग खड़े कर दिए जाते हैं, बार-बार पितृसत्ता उन्हें यह समझाती है कि माँ की भाषा बोलोगे तो स्त्रैण कहलाओगे; चुप रहोगे, कम और कड़ा बोलोगे, मन की बात मन में रखोगे या गरियाकर बोलोगे, किसी को करीब नहीं आने दोगे तो होगे सही शासक! एक तो ऐसा कल्याणकारी उपदेश, दूसरा माँ से अलग होने का लगा झटका पुरुषों को आमतौर पर सख्त और अभिव्यक्ति-भीरु बना देता है!

लड़कियों को माँ से अलग दीखने या उससे अलग भाषा सीखने का कोई अतिरिक्त यत्न करना नहीं होता! इसलिए वे अधिक सहज और खुली हुई भाषा लिख-बोल सकती हैं—हँसती-बतियाती हुई भाषा!

ऐसी भाषा समीक्षा-भाषा भी मजे-मजे में हो सकती है, इसका प्रमाण स्त्री-विमर्शकारों की लहर-लहर बढ़ती भाषा है—एक लहर से दूसरी लहर तक तर्क बढ़ते-बढ़ते एक किनारे लग जाते हैं और वहाँ भी ठहरते नहीं, वापस लौटकर फिर कोई बात साझा करते हैं—कोई स्मृति-खंड, घटना या सूचना! इस पुनश्च-शैली का प्रमाण देने वाले कई उदाहरण हम जुटा सकते हैं! और इसके पीछे का मनोसामाजिक कारण भी एक है। स्त्रियाँ कुछ भी लिखती हैं तो कई-कई झोंकों में। चौके से आए और लिख लिया, कागज पर हल्दी-बेसन लगा तो लगा, पालने झुलाते-झुलाते कुछ लिखा, कुछ लिखा धोबी बही में, सेमिनार में भी आए तो बच्चे को समझाते-बुझाते—'क्रेयन से ड्राइंग बनाओ, शोर नहीं करना!' ऐसे में बात आगे-पीछे हो ही जाती है, पर इसका एक नया सौन्दर्यशास्त्र और नीतिशास्त्र है—ठीक वैसा ही जैसा अश्वेत और कामगर साहित्य का!

ऐसा नहीं है कि वे अकादमिक किस्म की शास्त्रीय समीक्षाएँ लिख ही नहीं सकतीं! विश्वविद्यालयों के अधिकांश शोध-प्रबन्ध और शोध-पत्र वैसी ही परम्परानिष्ठ, सँभली-सकुचाई हुई सी शिष्ट-भाषा शैली में स्त्रियों ने भी लिखे हैं! उनके भीतर के कई वजूदों (multiple-Is) में एक वजूद बौद्धिक-तार्किक-धीर-गम्भीर किस्म का भी है, पर वह उनके व्यक्तित्व का एक-चौथाई ही माना जाना चाहिए! इस अर्थ में भारतीय स्त्री की समीक्षा-भाषा पृथ्वी से मिलती-जुलती है—तीन-चौथाई जल, एक-चौथाई ठोस माटी! वस्तुनिष्ठ और आत्मनिष्ठ, शहराती और गँवई, गम्भीर और हँसमुख, तार्किक और प्रभाववादी के बीच का पदानुक्रम तोड़कर हिन्दी की स्त्रीवादी समीक्षा बढ़ी है—यह उसका एक बड़ा अवदान है!

प्राय: सबने स्त्रीवाद के किसी-न-किसी पीठ (स्कूल) से अपनी ऊर्जा ग्रहण की है : अर्चना वर्मा, रोहिणी अग्रवाल, चन्द्रकला त्रिपाठी, शशिकला राय, गरिमा श्रीवास्तव, हेमलता माहेश्वर, सुजाता आदि दृष्टिसम्पन्न अकादमिक समीक्षकों ने लिबरल स्त्रीवादी चिन्तन से; सरला माहेश्वरी, कात्यायनी, चन्द्रकला पाण्डे आदि प्रगतिचेता राजनीतिक कार्यकर्ताओं ने मार्क्सवादी स्त्री-चिन्तन से, मृणाल पाण्डे, नासिरा शर्मा, क्षमा शर्मा, सुधा अरोड़ा, अनीता भारती, रजनी सिसोदिया, मनीषा और गीताश्री आदि सजग पत्रकारों की सभ्यता-समीक्षा के तेवर रैडिकल स्त्रीवाद वाले हैं।

प्रभा खेतान अन्तरराष्ट्रीय व्यापार सँभालती थीं, आँकड़े, सूचनाएँ, तथ्यों का सारगर्भित समुच्चय उनके यहाँ प्रत्यक्ष अनुभव के रंग लेकर आता है जब वे भूमंडलीकरण (या कि भूमंडीकरण) में स्त्री-देह के उपनिवेशन की बात उठाती हैं! उनका पक्ष उत्तर-औपनिवेशिक स्त्रीवाद का पक्ष है।

आम गृहिणी, किसानिन और प्रथम पीढ़ी की विस्थापित ग्रामीण स्त्री का 'भ्रमरगीत' वाला तेवर लेकर सामने आई हैं मैत्रेयी पुष्पा, लता शर्मा और रजनी। उनके प्राथमिक स्रोत बिलकुल नए हैं—छोटे-छोटे निजी अनुभव! लोकगीत, चिट्ठी-पत्री, बातचीत, डायरी आदि निहायत निजी स्रोतों का प्राथमिक स्रोत के रूप में इस्तेमाल उत्तर-औपनिवेशिक स्त्रीवाद ने ही सम्भव किया।

भाव बुद्धिकोष-संबलित, करुणाकीलित न्याय-दृष्टि है स्त्री-समीक्षा की केन्द्रीय दृष्टि और इसका केन्द्रीय मूल्य है पितृसत्तात्मक दुरभिसन्धियों के छल-छद्म से मुक्त नए पुरुष का विकास जो उसका सच्चा साथी हो सके।

'अहोरूपम अहोध्वनि' की हास्यास्पद स्थितियों से बचने की चेतावनी तो जितनी किसी भी समीक्षा को दी जा सकती है, स्त्रीवादी समीक्षा को भी! अतिरेकों से बचाए जो—नीर-क्षीर विवेक वही तो है! और दूध का दूध, पानी का पानी करना ज्यादातर स्त्रियाँ घुट्टी में पीकर आती हैं।

नरगिसों और दीदावरों का द्वंद्व-न्याय

हमारे शहर में एक अच्छन खान थे। जहाँ कहीं कोई मुसीबत होती थी, वे वहाँ बाल्टी, बोरा, अग्निशामक बालू, दिलजोई वाली अजब-गजब बातों की डलिया और सबको राहत पहुँचाने का सामान लिये पहुँच जाते थे। उन्हें यह याद ही नहीं रहता था कि जिसकी तरफ मदहोशी में वे दौड़ते-हाँफते पहुँच रहे हैं—हिन्दू है कि मुसलमान, देशी है कि विदेशी, औरत है कि मर्द, अमीर है कि गरीब! उनका कोई अपना वर्ग-चरित्र न था, कोई तयशुदा आलोचनात्मक औतार न थे उनके झोले में, एक बेखयाली और बेचैनी-सी थी, जो उनकी अपनी थी और शायद कुछ भी अपना न था। इसलिए वे 'कोई नहीं' थे। यही स्थिति आज स्त्री-विमर्श की है—चेखव की 'डार्लिंग' की सी स्थिति, अपने इन अच्छन खान की सी स्थिति। जो जहाँ परितप्त है, स्त्री-आन्दोलन उससे जुड़ जाता रहा है। 1960 में लिबरल फेमिनिस्ट परमाणविक नि:शस्त्रीकरण

आन्दोलन से जुड़ीं, सातवें-आठवें दशक में रैडिकल फेमिनिस्ट ब्लैक मूवमेंट से और नौवें दशक में दलित-आन्दोलन और पर्यावरण-रक्षक अभियानों से उनका स्पष्ट जुड़ाव रहा। अभी वे भूमंडलीकरण के खिलाफ संघर्ष करती हुई तीसरी दुनिया के साधनहीन लोगों की चिन्ता में पड़ी हैं।

स्त्री और आलोचना

सिर्फ 'निन्दा-रस-विमर्श' और 'कान्ता-सम्मत उपदेश' में पारंगत मानी जाने वाली स्त्रियाँ कभी अपना आलोचना-शास्त्र भी गढ़ेंगी, इसकी तो किसी को उम्मीद न थी—न संस्कृत के आचार्यों को, न पश्चिम के शास्त्रज्ञों को ही! कांट-हीगेल-मार्क्स-सार्त्र आदि दिग्गज लगातार अपनी कब्रों में बेचैन करवट बदलते होंगे—उन तेज परीक्षार्थियों की तरह, किसी बड़ी परीक्षा में जिनसे एक बड़ा प्रश्नोत्तर साफ छूट गया हो और उसका एहसास हुआ हो तब, जब प्रश्न ही उछलकर कान पर बैठा हो—'अरे, मुझे क्यों अदेखा किया?'

अदेखा रह जाने के अपने आनन्द हैं, अपनी 'बेनूरी' पे रोने वाली 'नरगिसें' आज मिलकर हँस रही हैं, 'पैदा' करना तो उनका अपना ही काम था—दीदावर हो या बेदीद! ये जो मुश्किल से पैदा हुए—यानी दीदावर—उन्हें भी नहीं दीखता जो कुछ तो बात 'ओल्ड टेस्टामेंट' की उस प्रसिद्ध उक्ति पर आकर ही टिक जाती है—'सीइंग दे डोंट सी, हियरिंग दे डोंट हियर!' जैसे नौ रसों के अलावा एक दसवाँ रस होता है—निन्दा रस, उसी तरह चौंसठ कलाओं के अलावा एक पैंसठवीं कला भी होती है—अनदेखा कर देने की। 'जो करिएगा, वह भरिएगा'—यह बात पुरानी हुई, ताजा समाचार यह है कि जो देखिएगा, उसी से भरिएगा! देखिएगा उसका सौन्दर्य और पूरा खिलने का अवसर दीजिएगा तो उसकी सुरभि से भरिएगा। अदेखा कीजिएगा तो भरिएगा अदेखा किए चलने की चंठ कूटनीति से! जो कहना होगा—नरगिसें खुद ही कह लेंगी—किसी की मुँहतक्की भी नहीं रही! यही है स्त्रीवाद!

'कान्ता-सम्मत उपदेश' में भी एक कौशल है, नीर-क्षीर-विवेक के बिना तो यह सधने से रहा! 'परउपदेश कुशल बहुतेरे' के तर्क से दूसरों को तो बहुत समझाया-बुझाया, बहुतों को किनारे लगाया, पर अपनी नौका डावाँडोल ही रहने दी औरतों ने। आत्म-प्रबोधन के एकाध किस्से भक्ति-तट पर घटे, पर यह वैयक्तिक मुक्ति का मामला था। न खुद डूबेंगे, न किसी को डूबने देंगे—यह बृहत्तर भगिनी-भाव जगते-जगते बीसवीं सदी आ गई! 'आलू, चना' के चक्कर से निकलकर 'आलोचना'

के चक्कर में तभी पड़ीं औरतें। अब वह आत्मालोचन हो या औरत के नजरिये से दीन-दुनिया परखने का दमखम!

चींटी जिस चाल से हाथी की सूँड में चढ़ती है, करीब-करीब उसी छंद में स्त्रीवादी आलोचना अकादमिक सूँड में चढ़ी और भीतर-भीतर न जाने कितनी अटपट छींकें दबाए गजराज मता गए! चेखव का 'क्लर्क' सरकस में आगे बैठे 'अफसर' की गर्दन पर छींका और बाद में इसी शकोशुबहा के दबाव में उसके प्राण-पखेरू उड़े कि अफसर क्या सोचेगा। ऐसी प्राणघाती छींक गजराज नहीं छींकते और इसलिए माताकर पगला जाते हैं! 'हाथी चले बाजार, कुत्ते भूँकें हजार!' यह कहावत सुनने वाले हाथी की शालीनता का लोहा मानते होंगे, पर इतना तो उन्हें भी पता है कि पागल हाथी पागल कुत्ते से कम जहद्दमी नहीं होता!

एक-न-एक माताया गजराज अकादमिक विमर्श में स्त्रीवादी आलोचना की प्रत्यालोचना के बहाने 'दो अंगुल की प्रज्ञा' वाली स्त्रियों का मखौल उड़ाता हुआ हर जगह आपको मिल जाएगा। दो शिकायतें हैं इसको स्त्रीवादी आलोचना से—पहली तो यह कि इसके अपने 'क्रिटिकल टूल्स' नहीं; और दूसरी यह कि इस पर पश्चिमी मॉडल हावी हैं। दोनों शिकायतों के संक्षिप्त उत्तर ये हैं—'क्रिटिकल टूल्स' किसी की बपौती नहीं होते (और ममौती भी नहीं)—धूप, हवा, पानी, सिद्धान्त और साधन साझे की चीजें तो हैं ही—यहाँ पेटेंट राइट का सवाल ही नहीं उठता।

टाट का लहँगा, रेशम का पैबन्द

कुछ प्रगतिशील इस बात पर स्त्रीवादी समीक्षा का मजाक उड़ाते रहे कि स्त्रीवादी आलोचना चिप्पियों वाली गुदड़ी है, 'टाट का लहँगा, रेशम का पैबन्द' या 'कहीं की ईंट, कहीं का रोड़ा'! वाली उत्तर-आधुनिक तकनीक उन्हें एक अरसे तक हास्यास्पद लगती रही, जबकि यह बात उन्हें समझनी चाहिए थी कि मार्क्स की इन मूल स्थापनाओं का अवदान स्वीकारता है स्त्रीवाद।

मनुष्य के अस्तित्व की सार्थकता प्राकृतिक साधनों से इसके सर्जनात्मक/ अन्त:क्रियात्मक संवाद में है। कोई भी भूमिका जो 'लेबर' या काम के मूलाधिकार से वंचित करे, शोषणपरक है! पूँजीवादी व्यवस्था का केन्द्र है अहंवादी, ठिंगना, लालची भोक्ता-भाव, जिसके खिलाफ संघर्ष समवेत होना चाहिए। प्रोडक्शन-रिप्रोडक्शन के स्पष्ट भौतिक कारण होते हैं, भौतिक कारणों की स्वार्थपरकता और

क्षुद्रता जनने वाला पूँजीवाद उदासी और एकाकीपन आदि रोगों का जनक भी है। परिवार, प्रेम, यौनिकता और नैतिकता की नई परिभाषाएँ गढ़ते हुए इसका निराकरण हो सकता है। इस सन्दर्भ में एक महत्त्वपूर्ण प्रश्न जो स्त्रीवादी आलोचना पूछती है, वह यह कि प्रेम और सद्भाव अपने पति और अपने बच्चों तक ही सीमित क्यों? परिवार-रिश्तेदारों तक ही सीमित क्यों? प्रजननात्मक लेबर भी 'लेबर' का मान नहीं पाए तो क्यों? क्योंकि वर्ग-व्यवस्था औरतों की बनाई नहीं है, धनी औरतें, सौतेली बहनें नहीं गरीबिनों की!

समीक्षा के नए मानदंड

डॉ. जॉनसन पत्रकारिता को 'लिटरेचर इन हेस्ट' कहते थे। धड़फड़ का साहित्य! हिन्दी में स्त्री-विमर्श का एक बड़ा हिस्सा इसी धड़फड़ का साहित्य है, अफरा-तफरी का साहित्य किन्तु इससे उसका महत्त्व कम नहीं हो जाता।

जरा सोचकर देखें, धड़फड़ में कौन रहता है? जिसे बहुत सारे काम हों, चालू मुहावरे में कहें तो जो 'मल्टीप्लगिंग' करने को मजबूर है, दुर्गा की तरह या आम स्त्री की तरह जिसके दस हाथ दस दिशाओं में फैले हैं—दस गुणा दस काम निपटाते, जिसके दिमाग का बायाँ हिस्सा दाएँ की तरह ही निरन्तर आविष्ट है—तरह-तरह की बातें सोचता हुआ—निजी और सार्वजनिक, माइक्रो और मैक्रो, पर्सनल और पॉलिटिकल के बीच का सारा पदानुक्रम तोड़ देने को कटिबद्ध!

धड़फड़ में वह रहता है, (औरतों को आमतौर पर पड़ने वाली गाली से शब्द उधार लेकर कहें तो) जिसके पलीते में आग लगी है, जो बेचैन और 'सेंस ऑफ अर्जेंसी' (आपादधर्मी फुर्ती) से अनुप्राणित है, जिसकी तकलीफ इतनी बढ़ गई है कि उसको लगता है, अभी नहीं तो कभी नहीं, कुछ करना, कुछ कहना जिसके लिए जीवन-मरण का सवाल है।

'पुश्ड टु द वॉल', दीवारों तक धकियाकर जिसका मुँह जोर से ढाँपा गया हो— उसे अचानक कोई पानी पिलाकर, बाल सहलाकर कहे कि कुछ बोलो तो उसकी स्थिति वही हो जाएगी जो बेगम अख्तर की हुई थी जब वर्षों की चुप्पी के बाद उन्हें (रेडियो की जोरदार पहल पर) अपने नवाब पति से दुबारा गाने की 'अनुमति' मिली थी। अपनी ही आवाज उन्हें इतनी बेगानी लगी थी कि हिचकियाँ बँध गई थीं—

कैसे कहूँ मैं दिल की बतियाँ,
बोलूँ तो जियरा भसम होइ जाए।
आजा बलम जी हमरे दुआरे—
सारा झगरा खतम होइ जाए।

बाद में वही गाना पाकिस्तान में गाया—गहरी तनातनी के वक्त—तो हिचकियाँ वहाँ भी बँधीं और 'सारा झगरा खतम करने' पाकिस्तान के राजदूत सचमुच भारत आए, जो वैसे नहीं आ रहे थे। यह होता है संगीत का जादू और शब्दों का।

औरतें इस जादू का असर जानती हैं और यदि उनके मुँह में कपड़ा न ठूँस दिया गया हो तो बोलकर बातें सुलझा लेने की किसी पहल से बाज नहीं आतीं, किन्तु जीवन की एक बड़ी विडम्बना यह है कि सार्वजनिक मामले हों या अन्तर्वैयक्तिक तनातनी, कुंठाएँ और वर्गगत, जातिगत, नस्लगत, लिंगगत पूर्वग्रह हर कदम पर संवाद के चैनल बाधित करते हैं, धुँधलका बढ़ाते हैं और अर्थ का अनर्थ होता जाता है—कहा आम, समझा इमली।

संचार-माध्यम पिछले कुछ वर्षों में स्त्री-प्रश्न पर थोड़े सजग तो हुए हैं, और हिन्दी लोकवृत्त में भी कम-से-कम दस नाम ऐसे हैं जिनसे स्त्री-प्रश्न पर लिखवाने-बुलवाने को कोई भी अखबार हरदम तैयार रहता है। कइयों ने नियमित स्तम्भ भी लिखे हैं : अत्यधिक लोकप्रिय स्तम्भ—मृणाल पाण्डे, क्षमा शर्मा, चित्रा मुद्गल, मृदुला गर्ग, मैत्रेयी पुष्पा, प्रभा खेतान, नासिरा शर्मा, कमल कुमार, अर्चना वर्मा और सुधा अरोड़ा आदि कथाकार, महादेवी वर्मा की विमर्श-परम्परा का विस्तार करतीं कात्यायनी, सविता, सपना चामड़िया आदि कवयित्रियाँ और कुछ अन्य तेजस्वी स्त्रियाँ जो मूल रूप से पत्रकार थीं या अध्यापक चन्द्रा जी, मनीषा, गीताश्री, शीबा फहमी, सुधा सिंह, रोहिणी अग्रवाल, लता शर्मा आदि। इधर ब्लॉग-लेखिकाओं का भी प्रतिशत काफी बढ़ा है और इस सिलसिले में कवि-कथाकार सुजाता के एक विशिष्ट ब्लॉग की चर्चा अलग से होनी चाहिए जिसका नाम 'चोखेर बाली' है—'आँख की किरकिरी!'

विमर्शात्मक लेखन शुरू-शुरू में आँख की 'किरकिरी' तो लगता ही है : सुबह-सुबह जब आँख खुलती है—भोर की किरण भी आँखों में चुभती ही है। नींद टूट भी जाए तो आदमी कछनी काछे पड़ा रहता है, और जैसाकि हम जानते हैं, सोये हुए को जगाना आसान है, कछनी काछ कर पड़े हुए को जगाना बहुत मुश्किल।

स्त्रीवाद : सम्भावना और चुनौतियाँ

सम्भावना और चुनौतियाँ—दोनों सगी बहनें हैं! दोनों का एक-दूसरे के घर आना-जाना रहता है! जाना होता है तो साथ-साथ ही वे कहीं जाती हैं वरना नहीं जातीं। सम्भावना है तभी चुनौतियाँ हैं! चुनौतियाँ सम्भावना का मुँह जोहा करती हैं।

चुनौतियों से ही बात शुरू करती हूँ। सबसे बड़ी चुनौती तो स्त्रीवाद के आगे यह है कि वह मनुष्यमात्र में स्त्री-दृष्टि विकसित करे, स्त्री-दृष्टि यानी करुणासंबलित न्यायदृष्टि! करुणा और न्याय या क्षमा और न्याय सौतेले भाव नहीं हैं! न्याय की प्रस्तावना हिंसक तरीके से हो तो बात बन ही नहीं पाती! आक्रामक हुए बिना, बजिद रहा जा सकता है, अपने पक्ष पर कायम! विद्रोह के प्रथम चरण में भी हम हिस्टेरिक तभी होते हैं जब संघशक्ति का आभास हमें नहीं होता और अपनी शक्ति का एहसास भी नहीं! अकेला चना भाड़ नहीं फोड़ता, उड़कर भड़भूँजे की आँख जरूर फोड़ सकता है! लेकिन आँख फोड़ देना स्त्रीवाद का उद्देश्य नहीं है। भाड़ झोंकने वाले भाड़ फोड़ने का संकल्प लिए बैठे हैं तो सबसे पहले ये ही समझें कि यह भाड़ और यह संरचना है क्या जो तोड़ने की जरूरत पड़ी! पितृसत्ता भी नहीं, मैं तो इसे पितर-सत्ता कहना चाहूँगी क्योंकि इसकी जड़ें बरगद की जड़ों की तरह हमारी अन्तश्चेतना पर संस्कार रूप में बैठी हैं। बरगद उखाड़ना इतना आसान इसलिए भी नहीं होता कि उससे हमारा संस्कारगत जुड़ाव है, उससे हमें छाँह और ऑक्सीजन भी मिलता है। उखाड़ फेंकना हमारी प्रस्तावना में शामिल भी नहीं—लेकिन बरगद की बराबरी में पीपल बोने की परम्परा का स्त्रीवादी विश्लेषण तो हम कर ही सकते हैं। आम के बगल में महुआ, बरगद के पास पीपल परम्परा भी बोती है। एक ही ऊँचाई के हैं ये दोनों पेड़। एक मेल प्रिंसिपल है, एक फीमेल प्रिंसिपल। पूरब की शादियों में दोनों पेड़ों का ब्याह भी रचाते हैं। वररुचि के पर्यावरण-विज्ञान से प्रेरणा लेकर पुरुष के समानान्तर स्त्री की ऊँचाई क्यों नहीं बर्दाश्त की जाती!

जीवन की हरियाली के, सेक्यूलर लोकतंत्र के पक्ष में शान्ति-प्रस्तावना है स्त्री-विमर्श और सबसे बड़ी चुनौती तो इसके सामने यही है कि स्त्रियों की एक स्वतंत्र राजनीतिक पार्टी और एक स्वतंत्र मीडिया ये विकसित करें। अभी नहीं तो कब? अभी तो हमारे बहार के दिन हैं! जमीन पक रही है! आकाश की आँखें जरा-जरा-सी नम हैं। स्टेट की ताकत कम हो गई है। वृद्ध जटायु-भाव से वह एक ओर आहत-सा बैठा है—'हा राम, हा सीता' कहता हुआ! राज्येतर-राष्ट्रेतर संरचनाएँ अधिक प्रभावी

हैं। इतने दिनों से सुनते आए हैं कि घूरे के भी दिन फिरते हैं। अभी भी घूरा खामोश रहे तब तो बदल चुके उनके दिन! अधिक से अधिक उन पर जमदियरी रख जाएगा कोई। कुछ कॉस्मेटिक बदलाव घटित हो लेंगे—उस तरह के कॉस्मेटिक बदलावों को दिन फिरना थोड़े ही कहते हैं। जब तक स्त्रियों की अपनी एक स्वतंत्र पार्टी नहीं होगी; अपना पब्लिक स्फियर, अपना मीडिया नहीं होगा—घूरे के दिन नहीं फिरेंगे। जिस तरह नागरिकता दोहरी होती है, पार्टी की सदस्यता भी दोहरी क्यों नहीं हो सकती! अच्छी-भली जनता पार्टी दोहरी सदस्यता के मुद्दे पर चकनाचूर हो गई—स्त्रियों को इतिहास की इन सब भूलों से जो भी दृष्टि मिली है—उनका नियोजन अपनी पार्टी, अपनी मीडिया, अपने पब्लिक स्फियर के निर्माण में हम कर सकती हैं।

'दोहरा'—यह शब्द ही अपने आप में बहुत व्यंजक है और स्त्री की मनोगतिकी का बड़ा रूपक! स्त्री-जीवन में तो सब कुछ ही दोहरा है—उसकी वफादारी हरदम ही दोहरी होती है—एक पाँव मायके में, दूसरा ससुराल में, एक घर को निवेदित, एक चौखट को, एक छूटी हुई भाषा को, दूसरा नई-नई सीखी हुई भाषा को जो पब्लिक स्फियर की भाषा है, पब्लिक स्फियर, जो उसका नहीं—वह एक अलग तरह का 'दूसरा' है जिसको अपनी भाषा, अपनी करुणासंबलित न्याय-दृष्टि से रँग देना है।

दूसरी चुनौती पश्चिमी डेरेविटिव डिस्कोर्स के समानान्तर अपना डेरेविटिव डिस्कोर्स विकसित करने की है! सेक्सुअल प्रजातंत्र को नया राजनीतिक परिधान देने के पहले यह समझ लेना जरूरी है कि पश्चिमी सामाजिक संरचनाओं से हमारी आधारगत संरचनाएँ भिन्न हैं और चूँकि हमको इस एकध्रुवीय दुनिया को एक तरह का यूनिफॉर्म पहनाकर एक ही तरह का पेप्सी-पिज्जा खाते हुए एक ही दिशा में मुँह उठाए चले जाने से बचाना है—किसी भी तरह की विविधता का स्वागत माओ की 'बहुलतावादी दृष्टि से ही करना है। जिस भाव से माओ ने 'let a million flowers bloom' की अवधारणा दी थी, उसके आलोक में यह तय करना है कि स्त्री-विमर्श का एशियाई मॉडल क्या हो।'

स्त्रीवाद के एशियाई मॉडल की बात करने के पहले हमें यह भी समझ लेने की जरूरत होगी कि कुछ अवधारणाएँ जो पश्चिमी मॉडल के लिए बासी हो गई हैं, हमें उन्हें नई अर्थवत्ता देनी है और उसमें अपने रंग भरने हैं। सिर्फ इसलिए कि कुछ पश्चिम का है या पूरब का—हमें उसके प्रति अपनी आस्था नहीं व्यक्त करनी—देखना हमें यह है कि हमारे काम का क्या है! अब जैसे सिस्टरहुड की धारणा है या 'कम्यून ऑफ फ्रेंड्स' की धारणा है—फीमेल अल्ट्रूइज्म की धारणा। बीसवीं

शताब्दी के आरम्भ में यह जैसी उठान पर था, अब नहीं है। मगर हमारे अपने हित में है कि हम इसे अपनी मिट्टी पर हमेशा जिलाए रहें और यह मिट्टी ही कुछ ऐसी है कि कोई अपनी मौत नहीं मरता, सब एक साथ जिए जाते हैं तो ये ही क्यों मरने लगा! सखीवाद के रूप में सिस्टरहुड, वंचितों के एक 'लॉजनुमा संयुक्त परिवार के रूप में कम्यून ऑफ फ्रेंड्स' और फीमेल ऐल्ट्रुइज्म जी ही रहे हैं, आगे भी जीते रहेंगे! ब्यूटी पार्लर, बुटीक, स्लिमिंग सेंटर, कन्या विद्यालय और महाविद्यालय के हॉस्टल, वर्किंग विमेन्स हॉस्टल, विमेन्स प्रेस क्लब, 'जागोरी', 'सहेली', W.D.C. Offices जैसे सरकारी-गैरसरकारी काउंसिलिंग सेल, डिस्ट्रेस होम, मुहल्ले में स्त्रियों की प्रार्थना-सभाएँ या सहकारी सेवा केन्द्र, रेलवे के लेडीज कूपे, सिलाई-बुनाई-कताई केन्द्र—पब्लिक स्फियर में स्त्रियों के जो थोड़े-से कोने-अँतरे हैं—कभी वहाँ एक दिन बिताकर देखिए कि कितना सुकून है वहाँ और कैसी आपसदारी। किसी वर्ग, किसी जात, किसी धर्म से पिट-नुचकर कोई कहीं से आता है, बिना कुछ सवाल किए और बिना पैसे लिए—उसकी मरहम-पट्टी होती है, उसे चाट-पकौड़े खिलाए जाते हैं, किस्से-कहानियों, चुटकुलों, एफ.एम. के गीतों से उसको बहलाकर बात की जाती है कि आगे करना क्या है!

लेखन की स्त्रीवादी तकनीकें हैं—बायोमाइथोग्राफी या टेलिस्कोपन—उसका भी अपनी तरह से विनियोग विकासशील देशों में हो ही रहा है जहाँ इस उत्तर-स्त्रीवादी दौर में एक चौथी दुनिया भी उभरी है—ऑस्ट्रेलिया एबोरिजिन्स, न्यूजीलैंड की माओरी स्त्रियाँ, भारत की आदिवासी और दलित स्त्रियाँ इनमें हैं! और भी बहुत सारे उपविभेद-राजनीतिक विस्थापन की शिकार औरतों, युद्ध और दंगे की सताई औरतों, वेश्यावृत्ति के लिए मजबूर औरतों के बनते हैं। सबकी विशिष्ट समस्याएँ हैं और सबको एक लाठी से हाँका नहीं जा सकता पर कुछ तो इनमें साझा है ही जो इनकी आपसदारी मजबूत करता है और जिसकी झलक कैनेडियन भाषाविद् रेंडन द्वारा दर्ज दो स्त्रियों की बातचीत में मुझे मिली! इस बातचीत का सारांश मैंने यों दर्ज किया—

ईसा मसीह/औरत नहीं थे/वरना मासिक धर्म/बारह बरस की उमर से/उनको मन्दिर के बाहर रखता/बेथलहम और येरुशलम के बीच के/कठिन सफर में उनके/हो जाते कई तो बलात्कार/और उनके दुधमुँहे बच्चे/चालीस दिन और चालीस रातें/भूख से बिलबिलाकर/मरते हुए काटते जब/उनको तो फुरसत मिलती ही नहीं/सूली पर चढ़ जाने की भी!...मरने की फुरसत भी कहाँ मिली सीता को लव-कुश के लक्ष्यभेद तक? यह हम आगे और जोड़ सकते हैं।

फिर से रेखांकित करें कि—ज्ञान-प्रत्याख्यान के वैकल्पिक स्रोतों की तलाश सबसे पहले स्त्रीवाद ने ही शुरू की। क्षेत्रीय साहित्य और देशी परम्पराओं का सन्धान, मौलिक इतिहास-लेखन, रीति-रिवाज-मिथक प्रत्याख्यान, तस्वीरें, घरेलू चिट्ठियाँ और अन्य अनादृत दस्तावेजों समेत अज्ञात पांडुलिपि-सन्धान, गलत तरजीह पा गए स्त्रीविरोधी पाठों पर लाल चिह्न के निशान, विद्रूपण, विलोपन आदि दुरभिसन्धियों के खिलाफ प्रतिबद्ध संघर्ष स्त्री-विमर्श ने ही सम्भव किए। परिवार, प्रेम, यौनिकता और नैतिकता की नई परिभाषाएँ गढ़ीं! इस सन्दर्भ में कुछ सार्थक प्रश्न भी पूछे कि प्रेम और सद्भाव पति-बच्चों तक ही सीमित क्यों? परिवार रिश्तेदारों तक ही सीमित क्यों? प्रजननात्मक लेबर भी लेबर का मान नहीं पाए तो क्यों? क्योंकि वर्ग-व्यवस्था औरतों की बनाई हुई नहीं है। विश्व की मात्र 2 प्रतिशत सम्पत्ति स्त्रियों के नाम हैं—तथाकथित 'धनी औरतें गरीबिनों की सौतेली बहनें कैसे हुईं!'

जैसा कि पहले कहा, स्रोत-विश्लेषण में उत्तर-औपनिवेशिक, साम्य दर्शन में समाजवादी, भाषिक विश्लेषण और अस्मिता-विषयक अवधारणाओं में उत्तर-संरचनावादी अपना यह स्त्री-विमर्श 'देह' को स्त्री के शोषण की प्राइम साइट मानता हुआ—गरीबी के स्त्रीकरण के प्रश्न पर भी सजग है! मानवाधिकारों के प्रश्न कहीं-न-कहीं संसाधनों की आधिभौतिकता से जुड़ते ही हैं। आर्थिक स्वायत्तता ही है सारे प्रश्नों का जवाब! आज कहने को हर जगह स्त्रियाँ दीख रही हैं—टेलीविजन पर, पत्रिकाओं में, चौराहों पर, मीटिंगों में और हर जगह वे हँसती हुई ही दीख रही हैं, पर मुझे लगता है कि यह हँसी नए जमाने का घूँघट है—उनका असली दर्द अभी चेहरा ढाँके ही पड़ा है! सार्वजनिक जीवन से जुड़े या उनकी अपनी देह-मन-बुद्धि से जुड़े जटिल क्षणों में स्वतंत्र निर्णय का तेज खरामा-खरामा उनमें विकसित होगा, पर तभी जब पैतृक और विवाहोपरान्त अर्जित सम्पत्ति में बराबरी का एक कानून कागजों से उठकर उनके जीवन में घटित होगा! यह सर्वविदित तथ्य है कि (घरेलू बेगार समेत) दुनिया का दो तिहाई काम स्त्रियों के जिम्मे है पर उसके लिए उन्हें मिलता है दुनिया का एक बटा दसवाँ हिस्सा और उनके अपने नाम की सम्पत्ति है बस दो प्रतिशत।

होता यह है कि गुणसूत्रों की उपस्थिति से हो या मातृमना होने की विवशता से, बाप-भाई-दूल्हे और बेटे से स्त्रियों का भावनात्मक लगाव कुछ ऐसा होता है कि लड़कर अपना 'हक' माँगने में उन्हें सताता है उनका 'Good girl snydrome और Poor Lisa Complex! स्वार्थसिद्धि के लिए किसी अपने का दिल वे दुखाना नहीं चाहतीं और अपने भी दिल से यही चाहते हैं कि यथास्थिति बनी रहे, लड़की अपने 'घर' बसी रहे।

कुल मिलाकर ऐसा ढोल हो जाती हैं लड़कियाँ जो दूर से बजती हुई ही 'सुहावन' लगती हैं और कभी पास आकर डंके की चोट पर अपना हक माँग लें तो 'ढोल, गँवार, शूद्र, पशु, नारी' वाली ताड़ना तो है ही उनके स्वागत को! सीधी मारपीट नहीं तो गाली-गलौज और बलात्कार ही सही—अपने शयनकक्ष में पति की, कार्यक्षेत्र में बॉस आदि ड्रैकुलाओं की, सड़कों पर साक्षात् गुंडों की!... पर इस त्रास का मुकाबला आँसुओं से नहीं, एक प्रखर रणनीति अख्तियार करके ही हो सकता है।

सबसे बड़ी ताकत स्त्री-लेखन विमर्श की यह है कि वह प्रतिशोधपीड़ित नहीं है, वह मानता है कि एक दमनचक्र का जवाब दूसरा दमनचक्र हरगिज नहीं है! और इसी शक्ति में उसकी यह महती सम्भावना निहित है कि शोषण-दोहन मुक्त एक एगैलिटेरियन समाज की नींव स्त्रीवाद ही रखेगा! मनुष्य जैसे स्त्री-गर्भ में पलता है, धीरोदात्त नायक बन सकने वाले नए मनुष्य स्त्रीवाद के गर्भ में पल रहे हैं! कितने रूप गिनाए जाएँ! स्त्री-शक्ति से ही तो कितने सरकारी-गैरसरकारी संस्थान चल रहे हैं! एड्स से लड़ना हो तो स्त्री-शक्ति की गुहार, गिरा आत्मबल सम्बोधित करना हो तो 'कान्तासम्मत उपदेश' की दुहाई, मातृशक्ति की तो बात ही नहीं करूँगी! माँ-बाप, सास-ससुर बुढ़ापे में बच्चा हो ही जाते हैं, पति नाम का बच्चा स्त्री का सबसे छोटा, सबसे बिगड़ैल बच्चा होता ही है—बात-बात पर नाक धुनकर आसमान सिर पर उठा लेने वाला लाइलाज बच्चा! 'पिया मोर बालक, हम तरुनी' वाली मारक स्थिति है। स्त्रियों का कद तो बढ़ा है पर उस हिसाब से पुरुषों ने ऊँचाई बढ़ाई नहीं! नई स्त्री का गुइयाँ बन सकने वाले पुरुष—धीरोदात्त पुरुष काफी कम हैं। इसलिए काफी बढ़ा है स्त्री का अकेलापन और बढ़ गया है इनका आपसी बहनापा।

गांधी जी व्यावहारिक थे! उन्हें यह बात जल्दी समझ में आ गई कि देश की स्त्रियों को स्वतंत्रता संग्राम से जोड़े बिना बात नहीं बनने वाली। मातृभूमि और मातृभाषा मातृशक्ति के बचाए ही बच सकती है, क्योंकि माँ ही सुनाती है कहानियाँ, कविताएँ, अनूठे प्रसंग, माँ के हाथ ही होती है बच्चों की आत्मा की डोर। इतनी बुद्धिमानी उनमें थी कि समझ पाते—शक्ति का अर्थ यदि पशुबल और मनोबल है तो स्त्रियाँ पुरुषों से उन्नीस नहीं बीस ही हैं। बाद के अनुसन्धानों से यह सिद्ध भी हो गया कि कद तो पुरुष का स्त्री के बराबर होता है, पर दब्बूपन स्त्रियों में ज्यादा होता है और इसके चलते सम्बन्धों का निर्वाह स्त्रियाँ ज्यादा अच्छी तरह कर पाती हैं। घर की सरहद भी इन्होंने निश्चित बढ़ा दी—दुनिया के सारे अनादृत-उपेक्षित, वृद्ध, अपंग और लाचार

लोग, अनाथ बच्चे, विस्थापित मजदूर इनके दालान पर प्रेम से भोजन करते हैं और उस अपने बंधु-परिवार का हिस्सा बनते हैं जिसका सपना कभी द्रष्टाओं ने देखा था। स्त्री के आँचल की छाँह में ही नई दुनिया पनपेगी! अनादर, उपेक्षा, घनघोर अन्याय और विकट हिंसा के मारे हुए इस घायल समाज में कहीं जो थोड़ा सुकून, थोड़ी रोशनी, आपसदारी और वृहत्तर हितों की हल्की झलक भी तो स्त्री-विमर्श के पास है और आप सबके आसरे!

साहित्य का भविष्य लेकर चिन्तित रहनेवाले आश्वस्त रहें—साहित्य का कुछ नहीं बिगड़ने वाला! हजारों की तादाद में स्त्रियाँ यहाँ बसने आ गई हैं, खिलखिला उठेगी यह बस्ती! बस जाएगा अब यह उजड़ा दयार! रहने-लायक होगा यह स्पेस, तभी यहाँ स्त्रियाँ आई हैं! स्त्रियाँ न रहने-लायक जगहों में कभी नहीं रहतीं या यों कहें कि न-रहने लायक जगहें भी उनके दम से रहने लायक हो जाती हैं! पूर्वग्रहों के पत्थर टूटते हैं, मिथकों की जटाएँ सुलझती हैं। काल रोटियों-सा गोल-गोल बेला जाता है। स्थानिकता बेल-बूटों-सी काढ़ ली जाती है।

बचाव-वृत्ति का उदात्तीकरण ही उनकी सर्वाइवल पॉलिटिक्स में होता है। सुनामी के थपेड़ों के खिलाफ दरवाजे का एक फट्टा पकड़े-पकड़े ग्यारह बरस की एक लड़की ने अड़तालीस घंटे काटे और तरह-तरह के साँप-बिच्छुओं के बीच जिन्दा बची। जन्म से मृत्यु तक जिसका जीवन एक विकट बाधा-दौड़ हो जिसके जनम से ही सबके चेहरे लटक जाते हों, बल्कि जिसके जन्म पर भी पहरे हों, भ्रूण-हत्या की शक्ल में जिसका यह पूरा वजूद तरह-तरह के शोषण की प्राइम साइट हो—उसमें एक तरह की बचाव-वृत्ति, नमनीयता और विकट-से-विकट आँधी झेल जाने की घास की मजबूती तो होगी! विषम से विषम स्थिति में भी स्त्रियाँ सपनाना नहीं छोड़तीं, न छोड़ती हैं खुटुर-पुटुर एक नया प्रतिजीवन गढ़ने की आस, साहित्य से जिसका गहरा सरोकार है!

पारम्परिक भूमिकाएँ नई स्त्रियों ने छोड़ी नहीं हैं और एक नया दायित्व भी दत्तचित्तता से निभाती हैं! जो लोग ये समझते हैं कि स्त्री-आन्दोलन ने स्त्री के स्नेह-तत्त्व का क्षरण किया है, उन्हें यह अच्छी तरह समझना चाहिए कि पहले की स्त्री तन-मन से सेवा करती थी और सिर्फ अपने परिवार का, नई स्त्री तन-मन-धन से सेवा करती है और उसका नया परिवार रक्त और यौन-सम्बन्धों तक, ससुराल-नैहर तक सीमित परिवार नहीं, ऐसा महाकाय बन्धु-परिवार है जो वर्ग, जाति और नस्लादि संकीर्ण घेरों के पार जाता है, पशु-पक्षियों और बृहत्तर प्रकृति से अपनी सजग रिश्तेदारियाँ निभाता

है—भावसंबलित बुद्धिकोष के आश्रय! आँख मूँदकर सोचिए तो समझ में आएगा कि आपके जीवन के सबसे सुखद क्षण वही हैं जो किसी स्त्री की छाया में बीते हैं—वह स्त्री माँ-बहन-शिक्षिका-बेटी-प्रेमिका-पत्नी-प्रतिवेशिनी-सहकर्मिणी कोई हो सकती है।

जिसको आधुनिक विज्ञान ई.क्यू. कहता है—उससे संबलित स्त्री-दृष्टि परदुखकातर और महीन होती है तो सिर्फ इसलिए नहीं कि व्यक्तित्व में उग्रता लानेवाला गुणसूत्र उसकी जीन में नहीं होता, शैशव में भी 'माँ' से अलग दीखने का दुर्धर्ष संघर्ष उसके चित्त को नहीं करना पड़ता बल्कि इसलिए भी दुनिया के सारे महीन काम उसको शुरू से करने पड़े हैं। बाहर की दुनिया पर पुरुषों का आतंकवादी प्रशासन भले ही काबिज हो, कम-से-कम बच्चों के दिल, उनकी आत्मा पर एकच्छत्र राज्य माँ का ही होता है। माँ-बहन-बेटी-प्रेयसी या शिक्षिका-लेखिका-कलाकार-अभिनेत्री-किसी-न-किसी रूप में पुरुष का सौन्दर्यबोध या नैतिक चेतना एक औरत ही गढ़ती है। देह के अलावा एक मन भी एक खास तरह की नैतिकता के गर्भ में औरत ही पालकर बड़ा करती है। औरत से नेह का नाता टूटा नहीं कि पुरुष गया रसातल में।

औरतें काम करते-करते भी गा-बतिया सकती हैं! एक साथ बहुत तरह के काम कर सकती हैं, क्योंकि 'वैज्ञानिक शोधों का निष्कर्ष है, उनका दायाँ और बायाँ मस्तिष्क एक साथ काम करते हैं और इसीलिए उनका भाव-बुद्धि कोष भी समृद्ध होता है। दुनिया के हर देश का ऊर्जस्वी लोकसाहित्य और अब तो शिष्ट साहित्य भी साथ-साथ कपड़े पछीटती, पालने डुलाती, धान कूटती, चक्की, कम्प्यूटर और कलम चलाती औरतों का अवदान है।

स्त्रियों को एक साथ कई तरह के काम करने पड़ते हैं तो पाँचों इन्द्रियाँ एक साथ सजग हो जाती हैं—लेखन में और जीवन में भी। पाँचों इन्द्रियाँ एक साथ सजग रखने की सिनेस्थेसिया तकनीक भी स्त्री-दृष्टि का बहुत बड़ा अवदान है जो उसके चिन्तन को एकांगी नहीं बनने देता और चीजों का ब्रॉडव्यू लेना सिखाता है, दूसरों के पक्ष से सोच पाने की तकनीक उनमें विकसित करता है! दुनिया को आज इस तकनीक की बहुत जरूरत है।

स्त्री-दृष्टि एक मोनोलिथ नहीं है। सबको एक लाठी से हाँका नहीं जा सकता, पर वर्ण-वर्ग-नस्ल-राष्ट्रीयता-निरपेक्ष कुछ साझा समस्याएँ भी हैं जिनके चलते विश्व-भर की स्त्रियाँ भगिनी-भाव से जुड़ी हैं—दैहिक-मानसिक और आर्थिक दोहन की साझा समस्याएँ! देह तो स्त्री का घाव है—स्त्री साहित्य में कहीं घाव दिखाया भी जाता है तो इस उम्मीद में कि इससे पुरुषों में स्त्री-दृष्टि विकसित हो और कम

हो गाली-गलौज, मारपीट, बलात्कार और भावहीन सम्भोग के अनंत सिलसिले जो पुरुष और स्त्री के बीच ही नहीं, सम्पन्न और विपन्न, उच्चस्थ और साधनविरत, पश्चिम और पूरब के बीच भेड़ और भेड़िया वाला रिश्ता कायम करके दोनों को मानवीय गरिमा से गिराते हैं।

विषय तो वही आठ-दस हैं—मातृत्व, बहनापा, विस्थापन, घर, बच्चे, प्रेम, मृत्यु, ब्रीदिंग स्पेस और पर्यावरणगत तादात्म्य, वर्ग-वर्ण-लिंग-नस्लगत शोषण से मुक्त एक एगैलिटेरियन समाज वगैरह, पर कहने की शैली निराली है। पदानुक्रममुक्त जिस प्रजातांत्रिक मॉडल का सपना स्त्री-साहित्य जगाता है, स्त्री-भाषा वही मॉडल प्रतिबिम्बित करती है। उस भाषा में फटकार नहीं है, समंजन है, संवाद की प्यास भी, संवाद अपने से, अपनों से, भावसंबलित बुद्धिकोष उच्छल भाषा में!

इसी से परिवार, प्रेम, यौनिकता और नैतिकता की नई परिभाषाएँ सम्भव हुई हैं। स्त्रीवाद की मूल प्रस्तावना है अतिपौरुष और अतिशय स्त्रीत्व का निषेध, काम और क्रोध के सरप्लस का निषेध, सम्यक् दृष्टि का विकास, उत्तर-आधुनिक दुनिया की 'पासिंग द बक' नामक खिलवाड़ का क्रिटीक जिसके तहत कोई किसी गड़बड़ी में अपनी भूमिका स्वीकारने को तैयार नहीं! 'मैं क्या करूँ' सिंड्रोम से इस तरह पीड़ित है हमारा समाज कि सारे अपराध एक मीडियाधर्मी महानाट्य में तब्दील हो गए हैं। मनुष्य क्या है? ऐसे अंगों का समुच्चय जो बेचे-खरीदे या बदले जा सकते हैं, ऐसी वफादारियों का समुच्चय जो बेची-खरीदी या बदली जा सकती है। ऐसे समुच्चय क्या खाकर विरोध करेंगे और किसका विरोध करेंगे।

ऐसे में स्त्री-भाषा-साहित्य और आलोचना ही एक नई नैतिकता का विकास कर रहे हैं! वह कान्ता-सम्मत उपदेशों के सहारे, शास्त्रीय-लौकिक प्रमाणों के जरिये एक परफॉर्मेटिव और ट्रांसफॉर्मेटिव श्रेणी के रूप में कारगर है और आत्मोद्दीपन या 'इतर रिसोर्सेज' के सम्यक् उद्दीपन के सहारे! अंतरिक्ष से झाड़ू तक, युद्ध और दंगों की दहशत से बिस्तर की दहशत तक, पंचायत से यू.एन.ओ. और आई.टी.ओ. से डब्ल्यू.टी.ओ. तक की असंगतियों तक फैले इस द्वंद्व-विह्वल संसार में कॉस्मिक और कॉमनप्लेस, विगत और आगत, स्मृतियों और सपनों के बीच क्रोशिया की सुई वाली बेचैनी से औरत की कलम चल रही है तो इस बृहत्मन दृष्टि के साथ कि दुनिया के जो दो बड़े दुख हैं—भूख और अपमान—उससे किसी की भी छाती छलनी न हो, पदानुक्रममुक्त एक सहज दोस्त-समाज हो जहाँ 'बहिरौ सुनै, मूक पुनि बोलै, रंक चलै सिर छत्र धराई।'

इस नई नैतिकता के गर्भ में यह प्राचीन अनुगूँज छुपी है कि नया-पुराना होने मात्र से न कोई वरेण्य होत है, न त्याज्य। मनुष्य को प्रेम, मान और सलाह-मशविरे के काबिल बनाने का आध्यात्मिक प्रशिक्षण है स्त्रीवादी आलोचना जो सर्वोच्छेदन की अन्धी क्रान्तिधर्मिता में विश्वास न रखकर यह मानती है कि आत्मक्रान्ति के अभाव में ही हर क्रान्ति शीघ्र ही प्रतिक्रान्ति में बदल जाती है।

कितने हम बदले हैं, कितना बदलना बाकी है—इसी में स्टॉकटेकिंग है यह पुस्तक! इसकी प्रतिज्ञा है कि रह-रहकर पीछे मुड़कर सनद रखना ही न सिखाए, कदम-कदम पर भीतर झाँकने का मर्म भी सिद्ध करे!

मध्यकालीन स्त्रियाँ : वो हँसी बहुत कुछ कहती थी

चूँकि मध्यकाल को हम ईश्वर-केन्द्रित समाज मानते हैं, स्त्रियों के व्यंग्य-विनोद से उसका कोई सहज तालमेल बैठता नहीं दीखता—पश्चिम में तो बिलकुल भी नहीं क्योंकि बाइबिल के अनुसार हव्वा को पछतावे के आँसू रोने से फुरसत नहीं होनी चाहिए और माँ मेरी को भी करुणास्नात मुस्कान से अधिक की इजाजत नहीं! हमारे यहाँ पौराणिक काल की कुछ देवियाँ—दुर्गा, काली और सप्तमातृकाएँ अट्टहास करती हैं और कुछ मध्यकालीन पाठ उसकी विभीषिका दर्ज भी करते हैं, पर वह बुद्धि-वैभव से जन्मा हास्यबोध न होकर, एक ऐसी घनघोर हँसी है जो रणक्षेत्रकीलित होने के कारण पुरुषोचित अधिक जान पड़ती है। इसलिए हम उसकी चर्चा न करते हुए उन पाठों पर आएँ जहाँ पचास विभीषिकाओं से जूझती हुई कुछ बुद्धिमान स्त्रियाँ बेधक हँसी हँसती हैं—अपनी उस उत्कट जिजीविषा का प्रमाण देती हुई जिसका सम्बन्ध उत्तर-आधुनिक समय में फ्रांसीसी भाषावैज्ञानिकों ने 'जोसुआ' 'push and joy of language'[1] आदि से जोड़ा।

मध्यकालीन स्त्री-सन्तों की दास्तान थोड़ी अलग है, विशेषकर यूरोप में जिसके मध्यकाल का विस्तार हमारे मध्यकाल से थोड़ा ज्यादा है। ग्रीस और रोम के प्राचीन वैभव और पुनर्जागरणकालीन चतुर्दिक अभ्युदय के बीच काले नद की तरह बहता यूरोपीय मध्यकाल कई नए परिवर्तनों का वाहक भी था। महारानी एलिजाबेथ का समय पुनर्जागरणकाल कहलाता है किन्तु उसके पहले की अवस्था भी घोर सुषुप्तावस्था न थी। बहुत सारी नई संस्थाएँ जग-बन रही थीं जो किसी-न-किसी रूप में अब तक हमारे बीच जीवित हैं—विश्वविद्यालय, कानून-संहिताएँ, रूमानी प्रेम, आधुनिक यूरोपीय भाषाएँ, राजनीतिक सीमाएँ, राष्ट्र-राज्य, राष्ट्रपिता, व्यापारी, शहर, बैंक, चेक, गोली-बारूद, कम्पास, बुक-कीपिंग और चश्मे—सब मध्ययुग की ही देन हैं।

चौथी शताब्दी से चौदहवीं-पन्द्रहवीं शताब्दी तक फैला यूरोपीय मध्यकाल पुनर्जागरण के पहले का निद्रालस समाज नहीं था, इसका एक प्रमाण यह भी है कि थियोक्रेटस, सेन्ट जेरॉम, ओविड आदि द्वारा मध्यकाल के पहले रची गई कृतियों का भी सजग बंकिम उपयोग उपदेशों, आचार-संहिताओं, कहावतों, पाठ्यपुस्तकों, औषधिविज्ञान के ग्रंथों, सन्तकथाओं और रोमांसों में धड़ल्ले से हुआ मध्ययुग में—विशेषकर वहाँ जहाँ स्त्री-प्रसंग आता है, पर 'हर फिक्र को धुएँ में उड़ाती' हँसमुख स्त्री चौदहवीं शती तक के अंग्रेजी साहित्य में बस एक ही जगह दिखाई देती है—चॉसर की 'वाइफ ऑफ बाथ'![2] 42 वर्षीया यह बुद्धिमान और हँसमुख स्त्री एक सफल कपड़ा व्यापारी है, पहली शादी उसकी 12 वर्ष की उम्र में करा दी जाती है—पैंतालीस वर्ष के प्रौढ़ व्यक्ति से। विधवाओं को उन दिनों पति की सम्पत्ति में कोई हिस्सा मिलने का सवाल ही नहीं था, पर साम-दाम-दंड-भेद से वह अपने तीन-तीन हिंसक पतियों से सारी सम्पत्ति अपने नाम करा लेती है और फिर सारा संचित धन वार देती है अपने ताजातरीन 22 वर्षीय विद्यार्थी-पति पर! जब वह बच्चा पति भी उस पर रौब गालिब करने लगता है और मार-कुटाई भी शुरू कर देता है तो बुद्धि-वैभव से दिया हुआ धन वापस लेकर उसको उसकी औकात याद दिला देने से भी वह नहीं चूकती। स्त्री-सम्बन्धी सारी रूढ़ियाँ तोड़ती हुई यह स्त्री कहीं से सुन्दर भी नहीं, उसके सामने के दो दाँत टूटे हुए हैं, पर कैंटरबरी सराय की उस गप्प-गोष्ठी में जिस अकुंठ भाव से हँसती हुई वह अपनी रामकहानी सुनाती है, वह अपने-आप में चॉसर की महानता की एक ज्वलंत मिसाल है। चॉसर का युग जिजीविषा और यौन-भावना पम्प-अप करने वाले लैवेटरी टेल्स (अश्लील गाथाओं) का युग था। 100 वर्ष तक फ्रांस से, छूत की बीमारियों से, ब्लैक डेथ से जूझने वाला इंग्लैंड बहुत हद तक पुरुषविहीन हो चुका था! 'डी-पॉपुलेशन' या जनसंख्या ह्रास से जूझने वाले इस समाज में लिबाइडो जगाने वाले 'लैवेटरी टेल्स' एक तरह से युगधर्म का ही अनुपालन कर रहे थे। ऐसे में चॉसर ने यह हर फिक्र को धुएँ में उड़ाती औरत खड़ी की!

मध्यकाल की कुछ प्रमुख भाषाओं—हिन्दी, अवधी और ब्रजभाषा की प्रमुख कृतियों के साक्ष्य से कुछ बातें सामने रखने के पहले दो-एक बातें भारतीय मध्यकाल की पृष्ठभूमि में इतिहासकारों के समझाए जो समझी हूँ, उनका सारांश प्रस्तुत करना चाहूँगी। इस्लाम शासकों को हफ्तिदार हुसैन सिद्दीकी 'कल्चर इम्प्रिंटर्स'[3] कहते हैं और यह बात स्वयंसिद्ध है : इस्लामी इमारतों, खानपान, ओढ़ना-बिछौना, तहजीब,

अदब—सबके प्रभाव में जनजीवन और जन-मन कितना समृद्ध हुआ, इसका खनकदार वर्णन 'पद्मावत' में मिलता है। अलबरूनी और अमीर खुसरो—जैसे लोगों की विरासत हमारी बौद्धिक और मानसिक जलवायु में ही नहीं, हमारी जबानों में भी सुहावनी तब्दीली ले आई।

कविता के बारे में हम सभी जानते हैं कि प्रेम, सौन्दर्य, प्रकृति की महीनियों के अलावा धार्मिक-सामाजिक-राजनीतिक और आर्थिक बर्ताव की महीनियों का भी ऐसा चुस्त ग्राफांकन वह करती चलती है जैसा कोई दस्तावेज नहीं कर पाता। काल और स्थान की अवधारणा, बाजार, नगर, राज्यारोहण, युद्धारोहण, कसीदे, रंगमहल, सेना—इन सबके महीन परिवर्तन मध्ययुग की कुछ महान रचनाएँ दर्ज करती ही हैं, और उससे भी अधिक कुशलता से इशारे करती हैं स्त्री-पुरुष के सम्बन्धों की राजनीति पर : कैसे, स्त्री के उन्मुक्त हास्य के सन्दर्भ में हम यही समझने की चेष्टा करेंगे!

घुमन्तू टेलीफोनों के इस इन्टरनेटशासित, सतत संवादी युग में विरह एक 'डेटेड' (काल-कवलित) अवधारणा तो है ही। टी.वी. स्क्रीन से लेकर चौराहों तक पर (हजार परेशानियों के बीच) मजबूती से हँस रही नई स्त्री के मन में एक खास तरह का कौतूहल जगता है मध्यकालीन नायिकाओं को 'निसिदिन बरसत नैन हमारे' की विरहाकुलता में कैद देखकर। वे सोचती हैं कि युद्ध में या रोजगार की तलाश में दूर देश गए (या जा बसे) पतियों/प्रेमियों की स्त्रियाँ दिन-भर बैठकर रोने की फुरसत कैसे पा सकती थीं भला। ठीक है, अनजान संकटों में घिरे प्रिय की चिन्ता होती होगी, पर बाकी जो इतने सारे काम छूटे रहते होंगे, लगातार रोते-कलपते रहने से वे काम निबटाने की ऊर्जा कहाँ से आती होगी। बाल-वृन्द के पालन-पोषण से लेकर घर के बुजुर्गों की देखभाल, खेत-पथार, घर-गृहस्थी, अड़ोस-पड़ोस की सामाजिकताओं के चुस्त संयोजन तक में जो बौद्धिक और आत्मिक ऊर्जाएँ व्यय होती हैं, उसके लिए तो दिमाग और भाषा चुस्त-सजग होनी ही चाहिए; गोशाला, बाजार, रनिवास, हरम, कोप-भवन आदि कठिन जगहों में भी सौहार्दपूर्ण सह-अस्तित्व के लिए उनकी बुद्धि का सजग, भाषा का पेचदार और हँसमुख होना जरूरी है।

पढ़ाया-लिखाया पुरुषों को गया, तो लेखक भी वही हुए पर मध्ययुग के कुछ महान लेखकों : विद्यापति, जायसी, सूरदास और बिहारी अपने साहित्य में लोकजीवन का जो अन्तरंग वर्णन करते हैं—उसमें कान्तासम्मत उपदेश के बहाने या 'भ्रमरगीत' आदि में उत्कीर्ण बौद्धिक वाद-विवाद के सहारे स्त्रियों के आपसी बहनापे, हँसमुख बौद्धिकता और बचाव वृत्ति (सर्वाइवल तकनीक) के कुछ उदाहरण उनकी प्रमुख

कृतियों में मिल ही जाते हैं, जिससे यह सिद्ध होता है कि स्त्रियाँ (दूतिकाएँ हों या नायिकाएँ) बुद्धिमती, प्रज्ञावान, परोपकारी हँसमुख जीव होती हैं, सिर्फ एक सुन्दर शरीर, 'एक लदा हुआ गर्भ' या रोंदू-सा भीरु जन्तु नहीं।

हास्य की भी चार मुख्य जातियाँ-प्रजातियाँ पाई गई हैं—क्रुद्ध या क्रूर हँसी, जैसे रावण का अट्टहास; फीकी या उदास हँसी, जैसे नागमती की हँसी (अन्यासक्त पति की शर्मिन्दा हँसी के प्रत्युत्तर में) नटखट हँसी जैसे प्रीति-कलह प्रसंग में बिहारी की नायिकाओं की या उद्धव महाराज से बतकुच्चन करते हुए 'भ्रमरगीत' की गोपिकाओं की, और चौथी प्रजाति, जो स्त्रियों के सन्दर्भ में सबसे महत्त्वपूर्ण है, वह ठहरी मनमोदक लूटती हुई एक स्वप्नलीन हँसी जहाँ नायिकाएँ मन-ही-मन मनचीते पुरुष से अपना दुख-सुख कह लेती हैं और मीठी चुहल भी कर लेती हैं। इसमें पारंगत दीखती हैं भक्त कवयित्रियाँ, घनानन्द की नायिकाएँ और उससे भी पहले विद्यापति की।

इसके पहले कि मध्यकालीन क्लासिकों से इन हँसियों के उदाहरण ढूँढ़कर आपको हँसाने का कुछ इन्तजाम करूँ, मैं यह स्पष्ट कर देना चाहूँगी कि जिसे महायानी बौद्ध 'म्यूचुअल पॉजेशन ऑफ टेन वर्ल्ड्स' कहते हैं, मध्यकालीन स्त्री की हँसी पर भी वह अवधारणा पूरी तरह लागू है। क्रोध, तृष्णा, पशुता, जीवप्रेम, करुणा, बोधिसत्व भाव, बुद्ध भाव आदि के दस अन्तर्भुक्त मंडलों के आपसी घालमेल से हमारे चित्त की नारकीय और स्वर्गिक अनुभूतियों का सीधा सम्बन्ध बौद्ध जैसे जोड़ते हैं, मैं जोड़ना चाहूँगी मध्यकालीन स्त्री की हँसी से जो किसी एक श्रेणी या जाति में पूरी तरह फिट न होकर, तरह-तरह के विसंवादी भावों के घालमेल से बनी है। जिन चार लोकों या जातियों की चर्चा मैंने ऊपर की, उनमें पहली कोटि की हँसी यानी अट्टहास स्त्री-प्रसंग में विरले ही मिलता है, बाकी जो तीन कोटियाँ हैं—उदासी, व्यंग्य-विनोद और तृप्ति—इनका पारस्परिक घालमेल मध्यकालीन नायिकाओं की हँसी में आषाढ़ के बादलों के प्रथम नाद-सा सुनाई देता है।

अलग-अलग पाठों से मध्यकालीन नायिकाओं की सतरंगी हँसी के जो उदाहरण मैंने चुने हैं, पहले उनका एक कोलाज सामने रखती हूँ। ये उदाहरण मैंने कालक्रम से सजाए हैं ताकि काल के निस्सीम जल में इनके उत्तरोत्तर प्रवाह का छंद आँक सकूँ और यह भी समझ सकूँ कि निराला ने आगे चलकर जिस हँसी का इतना मारक ब्योरा अपनी कविता में दिया, उनसे इनकी दूरी या नजदीकी कितनी है—

वह हँसी बहुत कुछ कहती थी,
फिर भी अपने में रहती थी

देती थी सबको दाँव, बन्धु!
बाँधो न नाव इस ठाँव बन्धु,
पूछेगा सारा गाँव बन्धु![4]

सारे गाँव के पूछने की चिन्ता हँसी में उड़ाते हुए हम जिन स्मित-प्रसंगों के तट पर अपनी नाव बाँधने का यत्न कर रहे हैं, उनमें पहला तट ठहरेगा विद्यापति का, फिर जायसी और सूरदास का, अन्त में घनानन्द का! विद्यापति की नायिका तो पिता से भी मजाक कर लेती है! निर्धन हैं पिता, विवाह लायक पैसे नहीं, और बेटी है कि बड़ी हुई चली जाती है, अब हो तो क्या हो! विवाह की औपचारिकता तो निभानी ही है! पहले सोचते हैं कि पड़ोसी की तरह पीपल के पेड़ से ही बेटी ब्याह दें! उसके बाद डेढ़ बरस का एक सुयोग्य वर मिल जाता है और हो जाता है विवाह सम्पन्न,... कुछ दिन अपने बालक-पति से चुरिया-नुकिया खेलती है, फिर हँसकर कहती है कि चलें, माघ का मेला देखने चलें—

पिया मोर बालक, हम तरुनी...
पिया लेली गोदक, चलली बजार![5]

आगे के पद में वह बालक पति को ही 'भ्रमरगीत' का भँवरा बनाकर कहती है कि नाना से कहना कि तुम्हारा पेट भरने को एक गैया भी भेज दें, पेट भरेगा, तभी तो जल्दी-जल्दी बड़े होंगे—मुझसे बातें करने लायक!

इससे मार्मिक हँसी का उदाहरण साहित्य में दुर्लभ है। यह एक तरह 'ड्रैमेटिक मोनोलाग' है! ब्राउनिंग ने बहुतेरे ऐसे एकालाप लिखे हैं। इन नाटकीय एकालापों की केन्द्रीय विशेषता यह होती है कि यहाँ कहने को दो लोग होते हैं पर दूसरा कुछ भी नहीं बोलता! डेढ़ बरस का पति बोले भी तो क्या! इसी के समानान्तर एक भोजपुरी लोकगीत की कुछ पंक्तियाँ रखी जा सकती हैं जिसमें पति बच्चा है, इस बात का फायदा उठाते हुए ससुर नई दुलहन को अरहर के खेत से गुजारकर ले जाते हैं! 'गीतगोविन्द' में तो कृष्ण की प्रणय केलि से राधा के घुँघरू बजते हैं, यहाँ कंसनुमा ससुर के आरोपित प्रणय की मार से अरहर की पकी हुई बालियाँ घुँघरू-सी बज जाती हैं : 'रहरिया में बाजे घुँघरू' और इस घुँघरू की हँसी में भिंची रुलाई की गंध बसी है।

जायसी से जो हँसी मैंने चुनी है, वह नागमती की है, उस नागमती की जो साँवली-सलोनी विरहिनी है। पूरे बारह मौसमों की मार उसने पलंग के पाटे पर एक करवट

लेटकर काटी। सबसे मुश्किल से काटी बरसात क्योंकि व्यावहारिक कारणों से भी बरसात बहुत दूभर होती है! आवागमन ठप्प पड़ गया है, न पथिक आते हैं, न पंछी, कहीं से सन्देश नहीं आता, सब अपने घरों में सिमटे पड़े हैं, बूढ़ी सास का प्रसंग तो आता है, पर वे भी घर के किसी कोने में औंधी लेटी होंगी, दोनों साथ नहीं लेटीं, छप्पर टपक रहा है; जिनके पति साथ हैं, वे साथ मिलकर छप्पर छवा रहे हैं, नागमती अपने में डूबी है--

हिय हिंडोल जस डोले मोरा। बिरह झुलावै देइ झँकोरा!

हृदय ऐसा हिंडोला है जिसको झकोरने वाला कोई और नहीं, सिर्फ विरह है।

बाट असूझ अथाह गँभीरा! जिउ बाउर भा भवै भँभीरा।[6]

पानी लगने के कारण मार्ग असूझ, अथाह और गम्भीर हो गए हैं, जी उनमें बावली भँभीरी होकर चक्कर लगा रहा है!

अन्त में पति सन्देश पाकर आया भी तो दूसरी पत्नी के साथ! मान में वह मुख फेर लेती है तो रत्नसेन उसे मनाता हुआ एक लजाई हँसी हँसता है, नागमती भी आँसुओं से रुँधी हुई फीकी हँसी हँसती है—

काह हँसति तूँ मोसौं कियेउ जो और सो नेहु।
तोहि मुख चमकै बीजुरी मोहि मुख बरसै मेहु ॥[7]

उलाहना, तंज, मान...और इन सबके बीच बिजली-सी चमकती हुई विनोद-वृत्ति, जीवन्त विट् का ऐसा उदाहरण है यह जो मेटाफिजिकल कवि जॉन डन की टक्कर का जान पड़ता है—प्रेम तुम्हें और किसी से है, देखकर मुझे हँस रहे हो, मेरे चेहरे पर मेघ बरसते हैं, क्या इसके ही प्रत्युत्तर में तुम्हारी यह हँसी बिजली-सी दमक रही है? अन्यार्थ यह कि विषम ही सही, पर बादल-बिजली की जोड़ी टूटने वाली नहीं!

इसके पहले सिंहलद्वीप के शयनकक्ष में रत्नसेन से पद्मावती प्रीति-कलह प्रसंग में जो निरन्तर वाद-विवाद करती है, उसमें भी स्त्री बुद्धिमत्ता के कई प्रसंग आते हैं—सच्चे और झूठे प्रेम के कई उदाहरण देती हुई वह चौके-चूल्हे, रँगरेज, पनवाड़ी—सबके घर से उदाहरण लाती है—"प्रेमी में कितने ही गुण क्यों न हों, जब तक वह चूने की भाँति चूरा-चूरा नहीं कर लेता अपना अहंकार, उसके प्रेम में रंग उसी प्रकार नहीं आता जिस प्रकार सुपारी-कत्थे से भरे पान में चूने के बिना रंग लाना असम्भव है—

पान सुपारी खैर दुहुँ मेरे करै चक चून।
तब लगि रंग न राचै जब लगि होइ न चून॥"[8]

बहुत देर तक दोनों ज्ञान-विज्ञान बाँटते हैं—मगर भारी-भरकम पंडिताऊ सुर में नहीं, हँसी-मजाक के सरस प्रसंग में...पहले मन-मस्तिष्क आपस में दोस्ती करते हैं, तब शरीर की बारी आती है। कहीं कोई जल्दी नहीं मचती, और परम-प्रेम के क्षण में भी चौका-चूल्हा, दीन-दुनिया नहीं छूटती, ऐसा सर्वसमावेशी प्रेम इनका है, भावों की शुद्धता की रूमानी धारणा से बिलकुल अछूता।

आधुनिक पाठक का रस-भंग होता है, उसको हँसी आती है उस प्रसंग पर जहाँ पद्मावती और नागमती—जैसी श्रेणी स्त्रियों को जायसी ने आपस में भिड़ा दिया है! दोनों अपनी श्रेष्ठता का उद्घोष करती हुई बड़े-बड़े बोल बोलती हैं, साधारण सौतों की तरह आपसी मारपीट पर उतारू हो जाती हैं और तब आता है रत्नसेन श्रेष्ठतर बनकर उन्हें अलगाने! जायसी इतने महान कवि हैं कि उनकी शान के खिलाफ बोलने की इच्छा नहीं होती, इसलिए सारा दोष मध्यकाल पर ही डालती हूँ। मैं क्या कहने की कोशिश कर रही हूँ, साफ हो जाएगा जब इस पूरे प्रसंग को हल्के से लिंग-विपर्यय के साथ पढ़ें—कल्पना करें कि पद्मावती विवाहिता स्त्री है और रत्नसेन अविवाहित कुमार! लाख कष्ट सहकर, पचपन आध्यात्मिक उठा-पटक के बाद पद्मावती रत्नसेन को ब्याह लाती है, जहाँ उसका सामना उसके पहले पति से होता है, दोनों में भिड़ंत भी होती है; अब प्रश्न यह है कि उस भिड़ंत में क्या पद्मावती की स्थिति ऐसी होगी कि वह दोनों को समझा-बुझाकर, पुचकारकर अलग कर दे और दोनों का मन रखने को दो तरह की बातें कहे।

यह प्रसंग राधा-कृष्ण का लिंग-विपर्यय करके भी उठाया जा सकता है : राधा अकेली वंशीधर से लेकर मुरलीधर, गीतावाचक, रासरचैया आदि मुद्राओं में और दुनिया-भर के गोप उनसे ऐसे ही अनुरक्त जैसे परमात्मा से आत्मा! जायसी ने यह क्रान्तिकारी काम किया कि परमात्मा के बाने में पद्मावती आई, एक पद्मिनी स्त्री, पर एकनिष्ठता और सतीत्व का आग्रह फिर भी उसी के लिए, सिर्फ उसके लिए।

यह प्रसंग यहीं छोड़कर मैं उस मान-मनुहार और उदासी-भरी उस हँसी के पास आती हूँ जिसमें व्यंग्य-विनोद और ज्ञानविदग्ध बुद्धिमत्ता के कई नटखट झकोरे लेकर स्त्री-भाषा अपने मूल स्वरूप में प्रकट होती है यानी कि पूरी बेबाकी में! उद्धव से वाद-विवाद करती हुई ब्रजबालाएँ ऐसा तेज दिखाती हैं जैसा वाद-विवाद की ट्रॉफी

जीतने वाली नई स्त्रियाँ भी क्या दिखाएँगी—दो प्रसंग सामने हैं; पहले में तो वे अपना मजाक खुद उड़ाती हैं कि बकरी के मुँह में कुम्हड़ा कैसे समाया भला, हम ठहरीं बेचारी बकरियाँ, तुम्हारा निर्गुण प्रेम बेडौल कुम्हड़ा!

राजपंथ तैं टारि बतावत, ऊजर कुचल कुपैड़ो।
सूरदास सो समाइ कहाँ लौं, छेरी बदन कुम्हैड़ो![9]

जो स्वयं पर नहीं हँस सकता, उसे किसी और पर हँसने का नैतिक अधिकार भी नहीं। दुख में डूबी हैं बेचारी, फिर भी अतिथि-सत्कार तो करना है, सो वे भँवरे को बीच में रखकर ही कुछ उपालम्भ देती हैं, यह नहीं कहतीं कि तुम हास्यास्पद बातें कह रहे हो, कहती हैं कि तुम अटपटी बातें कह रहे हो हम पर तरस खाकर कि हम इसी बहाने हँस दें, 'मुक्ति' का भाल जो माथे पर रखकर बेचने निकले हो तो इसका खरीदार ही कहाँ है—'धरे सीस घर-घर डोलत हौ', थक जाओगे, भैया, विश्राम करो, जल मथकर मक्खन निकालने की कोशिश बेकार है; और ठीक से देखो तो हम ही योगिनियाँ ही हैं—दर्शन की खातिर खुली आँखें ही भिक्षापात्र हैं हमारा, हरिचन्दन ही हमारा भस्म, गाय हाँकने वाली बेंत ही हमारी सोंटी—इसी से हम दुख के कुत्ते भगाती हैं—'करतल बेंत डर दंड डरत ना, सुनत स्वान दुख धावत।'

यहाँ ध्यान देने की बात यह है कि गोपिकाएँ लगातार 'हम' की भाषा बोलती हैं, 'मैं' की भाषा नहीं! उनकी एक सामूहिक पहचान है, कोई वैयक्तिक पहचान नहीं। वे प्रतिनिधित्व की भाषा नहीं बोलतीं। और सबके चित्त की दिशा ही नहीं, सोच की दिशा भी वही है। वे अपनी पीड़ा के शिखर से उतरना भी नहीं चाहतीं—'हजरते दाग जहाँ बैठ गए, बैठ गए!' नहीं बदलनी हमें अपनी दिशा, नहीं बदलना अपना मार्ग, यह अहंकार नहीं है! अहंकार चूरा-चूरा हो गया होगा तभी तो प्रेम की यह दशा आई होगी कि जित देखौं तित लाल! अहंकार नहीं है, यह दृढ़ता है, दृढ़ता जो गहरी आश्वस्ति और समर्पण से निकली है, तकलीफ की इन्तेहा है, फिर भी हँसना नहीं भूलतीं! आपसी ईर्ष्या-द्वेष से वे बची हुई हैं, पर शहरी बाला कुब्जा का अन्यीकरण करती हुई वे यह भी सिद्ध कर देती हैं कि सम्बन्धों की राजनीति से पूरी तरह वे अछूती भी नहीं। सामूहिक इयत्ता का प्रेशर-ग्रुप के रूप में इस्तेमाल नहीं करतीं, चेला मूड़ने में या अपनी बात मनवाने में उनकी कोई दिलचस्पी नहीं, पर तर्क-पद्धति और विश्लेषण के सारे औजार इनके इतने ही दुरुस्त हैं जितने किसी आधुनिक स्त्री के हो सकते हैं। यह बात अलग है कि आधुनिक सांसदों, वकीलों, बौद्धिकों की तरह अपना

पक्ष सामने रखते और दूसरे का पक्ष काटते वे किसी कटुता का शिकार नहीं होतीं, मनहर हँसी हँसकर अपना तर्क सामने रखने की यह कला आधुनिक स्त्री-रचनाकारों ने भी अपनाई मगर बहुत बाद में!

मध्यकालीन स्त्रियाँ काफी साँसत में रहती थीं। कहने की जरूरत नहीं कि एक युद्धकातर, विस्थापनमूलक समाज में जहाँ पुरुष भी थका-हारा, कुंठाओं में डूबा, अस्त-व्यस्त और पस्त था, स्त्रियों के कान्तासम्मत उपदेशों का खाक असर होता होगा उस पर! जैसे आज के बेरोजगार युवक ऐडहॉक नौकरियाँ करते हुए ऐडहॉक रिश्ते ही बना पाते हैं—हरी घास पर क्षण-भर—मनसबदारी आदि से परेशान काश्तकार और राज्याश्रय में भी निश्चिन्त न रह पाने वाले कवि-कलाकार (और सिपाही) स्त्रियों को खुन्दक और खुजली मिटाने वाली कठपुतली के सिवा भला क्या समझते होंगे! ऊपर से रोजगार की तलाश में दर-दर भटकने की मजबूरियाँ—'परदेसी पिया' वाली श्रेणी और दुरूह हो गई थी, वियोग अकेला करता था, पर संयोग ही कौन-सा सुख देता था भला, इसीलिए शायद बहनापे की भावना सुदृढ़ हुई, जिसका 'मोनोलिथ' के रूप में विकास 'सूरसागर' दिखाता है।

मध्यकालीन कवयित्रियों और रीतिकालीन नायिकाओं में भी पद्मिनी-हस्तिनी-चित्रिणी-गणिका आदि से लेकर कुट्टिनी, दूतिनी आदि नायिकाएँ भी हजार दुखों के बीच खुलकर हँसती हैं, यह उनकी ताकत है! मीरा जैसी पुरमजाक स्त्री भी आपको शायद ही मिले जो पुरुषों को पर्दा कर लेने का निर्देश दे डालती हैं—'तू ही मों से पर्दा कर ले, मैं अबला बौरानी!'[10] घनानन्द की नायिका कृष्ण का हिसाब-किताब दुरुस्त कर देने से बाज नहीं आती—'तुम कौन धों पाटी पढ़े हो लला/मन लेहु पै देहु छटाँक नहीं!'[11]

कहने का अर्थ यह कि संजलन और सर्वाइवल की एक आजमाई हुई तकनीक के रूप में हँसी का प्रयोग मध्यकालीन साहित्य में भरपूर हुआ, पर एक सिद्धान्त के रूप में उसका कीलन अब जाकर हो पाया है—'द लाफ ऑफ मेड्यूसा' आदि में! इसी अर्थ में साहित्यिक अग्रकथन सामाजिक सैद्धान्तिकी के 'बड़े भाई साहब' हैं शायद।

पार्थ चटर्जी, तापती गुहा ठाकुरता और बोधिसत्व के द्वारा सम्पादित सद्य:प्रकाशित 'New Cultural Histories of India : Materiality and Practices' में फ्रांसिस्का ओरसिनी का जो लेख है, 'For a Multilingual Literary History : North India in the Long Fifteenth Century'—उसकी मूल स्थापनाओं के

आलोक में यदि हम मध्यकालीन स्त्रियों की हँसी एक विश्रृंखल पाठ की तरह विरचित करें तो ऐसा जान पड़ेगा कि मैथिली, ब्रज और अवधी—इन तीन महानदों के तट पर समन्वित रूप से उभर रही थी जो नई भाषिक संस्कृति थी, उसमें किसी-किसी पाठ को (तरह-तरह की श्रोता-मंडलियों और हस्तलिपि—नकल की कई आवृत्तियों से गुजरते हुए) कई तरह के प्रभाव, आलोड़न, दोहराव और किंचित् विकृतियाँ आत्मसात् करने होते थे जो पाठ की सर्वग्राह्यता तथा दुर्बोधता और बढ़ा देते थे। इसी से उस 'अपोरिया', उस अभेद्य ग्रंथि की सृष्टि हुई जो, मध्यकालीन नायिकाओं की हँसी से लेकर मोनालिसा की मुस्कान तक कई-कई पाठों का मुहताज बनी रही। मौखिक पारायण, अभिमंचन द्वारा भी अर्थ-संकोच और अर्थ-विस्तार की कई परतें हर पाठ पर चस्पाँ होती हैं!

वितरण-प्रसारण के अलग-अलग भौतिक सन्दर्भों में आलोड़ित-चूर्णित मध्ययुगीन पाठ उन हजार परिवर्तनों का साक्षी भी होता है जिसे ओरियाना 'slippage' और 'refiguration' के हजारों घूर्णनों से जोड़ती है। पन्द्रहवीं-सोलहवीं शताब्दी के जैन, हिन्दू, मुस्लिम सम्भ्रान्तों के बीच, उनके तरह-तरह के पंथों-सम्प्रदायों के बीच इन मध्यकालीन नायिकाओं की व्यंजक हँसी कैसे-कैसे पढ़ी गई होगी, इसका ब्योरा देना कठिन है, मगर आज के दिन बँधी हुई पुस्तकों के रूप में ये जैसे हमारे सामने आई है, उसे हम उसकी मैटेरिएलिटी में ऐसे पढ़ सकते हैं! समाज द्वारा बहिष्कृत-प्रताड़ित चार मध्यकालीन कवियों ने स्त्री की हँसी को बचाव-वृत्ति रेखांकित करने वाले एक औजार के रूप में उभारा, और ध्यातव्य यह है कि चारों-के-चारों स्वयं वंचना और अधूरेपन की पीड़ा भोगकर ऊँचे उठे, तभी उनकी हमदर्दी का कद इतना बढ़ा—जायसी के एक आँख नहीं थी, सूरदास की दोनों आँखें न थीं, विद्यापति विस्थापन की पीड़ा झेलने वाले अज्ञातवासी हो गए थे उन दिनों, और घनानन्द को भयावह राजकोप झेलना पड़ा था! खग जाने खग की ही भाषा—यह बात चरितार्थ हुई थी, और तभी उन्होंने विवर्ण हँसी का मर्म पहचाना था।

पर उससे भी महत्त्वपूर्ण बात शायद यह है कि संस्कृत-फारसी में लिखी हुई रचनाएँ ये नहीं थीं, तरह-तरह के मठों, सूफी सिलसिलों और ख़ानकाहों द्वारा इनकी प्रतिलिपियाँ तैयार हुई थीं, सारे पाठ पैलिमसेस्ट का क्लासिकल उदाहरण थे, पर कहीं स्त्रियों की हँसी सम्पादित नहीं हुई! किसी महफिल या सभा ने इस पर अपनी आपत्ति दर्ज नहीं की, तो क्या जीवन की कठिनतम विडम्बनाओं के बीच चमकने वाली—मध्यकालीन नायिकाओं की यह हँसी उनके जोसुआँ से आवृत्त उस मध्यकालीन

जीवन की हँसी थी जिसकी अभ्यर्थना में ओरियाना कहती हैं—"Specially for a richly fluid century like the fifteenth century in North India, literary texts are often the only way we have to write social history, to write individual and groups, their self-representation and worldview with the picture, which is otherwise a hopelessly empty and schematic one of court and people, rulers and dynastic, Muslims and Hindus, of course men, and hardly and women at all."[12]

टिप्पणियाँ

1. सियू, द लॉ ऑफ द मेड्यूसा, मार्क्स एंड कूविरो (सं.), न्यू फ्रेंच फेमिनिज्म, पेरिस।
2. चॉसर, कैंटरबरी टेल्स, द वाइफ ऑफ बाथ, बेंटले प्रेस, यू.के.।
3. इफ्तिदार हुसैन, मेडीवल इंडिया, एसेज इन इंटेलेक्चुअल थॉट एंड कल्चर वॉल्यूम वन, मनोहर, दिल्ली।
4. निराला, रचनावली, नन्दकिशोर नवल (सं.), राजकमल प्रकाशन, नई दिल्ली।
5. विद्यापति, विद्यापति पदावली के आधार-स्रोत, प्रमोद कुमार सिंह, बिहार ग्रंथ कुटीर, पटना।
6. जायसी, पद्मावत, डॉ. माताप्रसाद गुप्त (सम्पादित), साहित्य भवन, वाराणसी, पृ. 337
7. वही, पृ. 401
8. वही, पृ. 306
9. सूरदास, सूरसागर, डॉ. देवेन्द्र आर्य, अशोक प्रकाशन, दिल्ली, पद 759
10. मीराबाई, परशुराम चतुर्वेदी, साहित्य भंडार, इलाहाबाद।
11. घनानन्द, मध्यकालीन कविता, श्यामनन्दन किशोर, बिहार ग्रंथ कुटीर, पटना।
12. फ्रांसिस्का ओरसिनी, 'फॉर अ मल्टीलिंगुअल लिटरेरी हिस्ट्री : नार्थ इंडिया इन द लॉन्ग। फिफ्टीन्थ सेंचुरी', न्यू कल्चरल हिस्ट्रीज ऑफ इंडिया, ओ.यू.पी., पृ. 55 (प्रकाशित, हंस, मार्च, 2016)

थके-माँदे योद्धाओं का दृष्टि-विलास

सन्दर्भ : रहीम-रचित 'नगर-शोभा'

'राम झरोखे बैठ के जग का मुजरा लेहि'—वैसे तो यह पंक्ति स्थितप्रज्ञता की अपेक्षित स्थिति की ओर एक प्रखर संकेत है (कि निरपेक्ष भाव से संसार की लीला निरखो-परखो, राग-द्वेष में डूबना क्या! राम ने खिड़की खोल दी है—दस इन्द्रियों का झरोखा खुला है, देखो तमाशा, पर वीतराग भाव से) किन्तु व्यंजना की भूमि से उठकर अभिधा की मिट्टी में इस पंक्ति का प्रत्यारोपण कर लें अगर तो युद्ध-जर्जर मध्यकालीन समाज के थके योद्धाओं के दृष्टि-विलास (male gaze) से भी सहानुभूति ही होगी। जिसके सिर पर सचमुच ही तलवार लटकी हो, उसके वाग्विलास या दृष्टिविलास को भी उसी मातृभाव से मटिया देना पड़ता है जिस भाव से कैन्सर-वार्ड या युद्ध-शिविर की नर्सें मरणासन्न रोगियों/घायल सैनिकों की अक-बक या उनकी टकटकी नजरअन्दाज कर देती होंगी कि मरे हुए को क्या मारना!—'दरोदीवार पर हसरत से नजर' करने की यह स्थिति कुल मिलाकर करुणा ही जगाती है।

जैसा कि डॉ. बमबम द्वारा रेखांकित तथ्य बताते हैं : रहीम के जीवन का अधिकांश समय युद्ध में ही बीता! नौ वर्ष की अवस्था से 72 तक की आयु तक अकबर और जहाँगीर ने इनके सैन्य कौशल का ध्यान रखते हुए इन्हें अनेक युद्धों में झोंका—मुजफ्फर गुजराती, मिर्जा जानी, सुहेल खाँ हब्शी आदि प्रसिद्ध योद्धाओं से लोहा लेने में इनकी सधी हुई रणनीतियाँ भी बहुम काम आईं! पर सोचने की बात यह है कि अरबी, फारसी, तुर्की, संस्कृत, हिन्दी आदि अनेक भाषाओं के प्रौढ़ ज्ञाता, उनमें रचित समस्त दार्शनिक और साहित्यिक ग्रंथों के मर्मज्ञ, चित्रकला और संगीतकला के अनुपम पारखी इस प्रज्ञावान, मधुरभाषी, परमविनोदी व्यक्ति के अपने स्वभाव में तो नहीं होगी खून-खराबे की ऐसी नृशंस

वृत्ति! बेचारा कवि—आदमी अपनी प्रवृत्ति के प्रतिकूल इतना खून बहाकर जब घर आता होगा तो कैसा मन होता होगा उसका, तरह-तरह के नीतिपरक दोहे इसी नैतिक दबाव में तो उसने लिखे होंगे।

ध्यान से 'नगर-शोभा' और 'बरवै नायिका भेद' आदि पढ़ने वालों को ये कृतियाँ एक खास तरह की 'मिनिएचर पेंटिंग' भी दीख सकती हैं! यह ऐतिहासिक तथ्य है कि भवन निर्माण कला के पूर्वपक्ष के रूप में 'मिनिएचर पेंटिंग' भी मुगलकाल में फली-फूली थी। कहा जाता है कि एक बार किसी मशहूर चित्रकार ने रहीम को एक चित्र भेंट किया जिसमें एक रूपवती मुग्धा कुर्सी पर बैठी बाल सुखा रही है और दासी नीचे बैठी झाँवा पत्थर से उसके तलवे रगड़ रही है। चित्रकार को प्रसन्न होकर उन्होंने पाँच हजार रुपयों का पुरस्कार दिया! चित्रकार भी आनी था, उसने कहा कि इतने रुपए वह तभी स्वीकार करेगा जब इस चित्र का मर्म वे बता दें। तब कलापारखी रहीम ने हँसते हुए जो कहा, उसका सारांश यह कि इस नायिका की मुस्कान में चित्र का मर्म छुपा है। झाँवा पत्थर उसके कोमल तलवों पर जो मीठी गुदगुदी कर रहा है, उसमें चतुर दासी के परिहास की गुदगुदी भी शामिल है—इसी गुदगुदी का पता उसके सस्मित अधर, खोई आँखें और रक्ताभ गाल दे रहे हैं—सबमें निश्चिन्त और मग्न हँसी परावर्तित हो रही है! मोनालिसा की रहस्यमय मुस्कान की भी किसी ने ऐसी संश्लिष्ट व्याख्या न की होगी! कहते हैं, उसके बाद वह चित्रकार रहीम के पास से गया ही नहीं, वहीं उनका दास होकर रह गया!

रहीम की इस सरस व्याख्या में एक और बात शामिल है—समझ उस सहज बहनापे की जो 'प्रेम-बेल' की लय में वर्ण, वर्ग-सम्प्रदाय आदि की सब कँटीली दीवारें फलाँग जाती है! किसी वर्ग, किसी जाति की दो स्त्रियाँ मिल बैठें तो हास-परिहास की अन्तरंगता उनके बीच जाड़े की धूप-सी पसर ही जाती है—वो इसलिए कि देह से जुड़े सुख-दुख—दोनों के साझा होते हैं और, जैसाकि नैन्सी शोदोरोव आदि भाषा-वैज्ञानिकों के अध्ययन बताते हैं, उनका भाषिक अवचेतन भी एक-सा होता है : उच्छल, निर्बाध और अन्तरंग रलमल से लहालोट! इसी को इरिगेरे 'push and joy of women's language.'[1] (स्त्री-भाषा की हँसमुख तरंगमयता) कहती हैं—इस चित्र में जिसकी मौन अनुगूँज रहीम तत्काल पकड़ लेते हैं।

इसी सहज अन्तरंगता का तो सुभग चित्रण मीरा की कविता करती है—'अब तो बेल फैल गई, आनन्द फल होई!' ललद्यद, बहिनाबाई, जनाबाई आदि सब भक्त कवयित्रियों की खासियत यह है कि सिंगार-पटार या घरेलू कामकाज में लगी हुई

होकर भी वे सहज परिहास को प्रस्तुत होती हैं और इससे भी सुखद यह कि इस सखी-तत्त्व का विकास वे अपने कल्पित आदर्श, अपने मनचीते पुरुष में भी कर लेती हैं कि हे माधव, आओ, मेरी जुएँ हेर दो, मेरा आटा गूँध दो, मेरे साथ चक्की चलाओ, मेरी चोटी गूँथ दो, आलता लगा दो...वगैरह-वगैरह!

मुगलकाल में ऐसे बहुतेरे चित्र लोकप्रिय हुए जिनका आधार संस्कृत के रीति-ग्रंथ थे। उनका साक्ष्य लेकर रहीम ने 'बरवै नायिका' भेद लिखा और संस्कृत की महाकाव्य-परम्परा के अनुरूप लिखी 'नगर-शोभा'। 'रामचरितमानस' में यह नगर शोभा 'सुन्दर कांड' में सँजोयी है। 'पद्मावत' और अन्य सूफी आख्यानों में भी नगर-शोभा पूरे वैभव में उत्कीर्ण है। सूफी काव्य के करीब सौ साल पहले विद्यापति के लखिमा देवी-विषयक महदाख्यान और उनके कुछ फुटकर पदों में नगर के हाट-बाजार में सजी सुन्दर वस्तुओं और उनका मोल-तोल करती छबीली स्त्रियों का रमणीक वर्णन है! विद्यापति में तो एक युवती जिसकी शादी उसके पिता ने दो वर्ष के बालक से कर दी है, बालक पिया को गोद में उठाकर बाजार जाती है और रास्ते में हँसती हुई कहती है कि अपने नाना से कहो, तुम्हारे लिए एक गैया का इन्तजाम भी करें जिसका दूध पीकर तुम जल्दी-जल्दी बड़े हो सको! यह उपालम्भ सूरदास के 'भ्रमरगीत' की टक्कर का है जो नगर-शोभा अकेली ही देखने को अभिशप्त युवती के आश्रय सामने आया है—

पिया मोर बालक हम तरुनी
पिया लेली गोदक चलली बजार![2]

रहीम की 'नगर-शोभा' के फोकस पर दो चीजें हैं—अलग-अलग जाति की स्त्रियों का वह आपसी बहनापा (जिसका संकेत उल्लिखित चित्र में भी मिलता है) और अलग-अलग व्यवसाय में लगे पुरुषों के काम से, उनके काम के औजारों (रन्दा, कुदाली, कलम-दवात-कागज, धनुष-बाण, हथौड़ी, कैंची तक) से उनकी सहधर्मिणी, सहकर्मिणी पत्नियों का ऐसा तादात्म्य कि ये व्यवसाय उनके हाव-भाव पर भी हावी हो गए हैं और उनके चित्ताकर्षण-अभियान का एक हिस्सा भी बन गए हैं, जैसे कि राजपूत देश-विजय करते हुए धनुष-बाण और बन्दूक से लड़ते हैं, उनकी स्त्रियाँ रूप-द्वीप और प्रेम-नगर पर राज्य करती हुई भौंहों के कमान चलाती हैं और छिटकी लटों की बन्दूक से नायक का हृदय-गढ़ जीत लेती हैं! कायस्थ लेखन-कार्य में अग्रगण्य हैं तो उनकी पत्नियाँ भौंहों की लेखनी और काजल की स्याही से नैनों में

प्रेमाक्षर भरती हैं! इसी प्रकार ब्राह्मणी, जौहरिन, कुम्हारिन, रँगरेजिन, चमारिन आदि का भी अपने पतियों के व्यवसाय से इतना गहरा तादात्म्य है कि उनके हाव-भाव पर भी उसकी छाया पड़ गई है!

यहाँ ध्यान देने की बात यह है कि 'तुलसी के पात कौन बड़े, कौन छोटे'! मनहर सभी हैं! कमनीयता में कोई किसी से कम नहीं। और श्रेणीबद्धता के संकेत भी सूक्ष्म ही हैं—'बिस्तर छूत नहीं मानता' के तर्क से हो या 'सब व्यवसाय अपने ढंग से मनोरम हैं' के तर्क से! जैसे अभयारण्य में हिरण निश्चिन्त हैं, हर जाति/देश/ वर्ण/पेशे और पोशाक की युवतियाँ अकबर द्वारा प्रायोजित मीनाबाजार में रंग-बिरंगी वस्तुएँ बेचने-खरीदने आई हैं और जैसाकि हजारीप्रसाद द्विवेदी नउनिया के प्रसंग में लिखते हैं कि वह पान के साथ मुस्कान भी बेचती थी, या प्रेमचन्द रूपवती 'घासवाली' से बीच बाजार होने वाली छेड़छाड़ का धारदार जिक्र करते हैं—रहीम भी काबुल-कन्धार और कश्मीर से लेकर देश के मध्यवर्ती क्षेत्रों से आने वाले क्रेता-विक्रेताओं के बीच इन स्त्रियों के तरह-तरह के हाव-भाव निरखते-परखते हैं। गौर करने की बात यह भी है कि बाजार आई स्त्रियाँ पर्दा-प्रथा की शिकार नहीं हैं और दूसरी बात यह कि मोहक भंगिमाओं के खुले वर्णन में भी भोले विस्मय और विनोद का ही पुट है जो कहीं से अश्लील पण्यीकरण (कमॉडिफिकेशन) नहीं जान पड़ता! कुल मिलाकर पूरी 'नगर-शोभा' छोटे स्पेस (दोहे) में छिटकी महीन मीनाकारी ही जान पड़ती है—ऐसी मीनाकारी जिसकी एक-एक पत्ती जीवन की सच्ची हरियाली से महमह हो—

काछिन कछू न जानई, नैन बीच हित चित्त।
जोवन जल सींचति रहै, काम कियारी नित्त।
कुच भाटा, गाजर अधर, भूरा से भुजभाई
बैठी लौका बेचई, लेटी खीरा खाई![3]

राजा रवि वर्मा ने अधलेटी शकुन्तला का चित्र बनाया, उस पर सिस्टर निवेदिता खासी रंज हुई थीं, पर 'बैठी लौका बेचई, लेटी खीरा खाई' में एक अद्‌भुत भोलापन है जिस पर हँसी तो आ सकती है, गुस्सा नहीं आ सकता! फिर भी पं. विश्वनाथ प्रसाद मिश्र जैसे मर्यादावादी लिखते हैं—

"रहीम की नगर-शोभा से स्पष्ट है कि विभिन्न जाति की स्त्रियों का यह वर्णन विदेशियों के संसर्ग से भारतवर्ष में फैला! इस प्रकार के वर्णन काव्य-शिष्टता के विरुद्ध और काव्य की सर्वमान्य शिष्टता से बाह्य हैं! काव्य अजायबघर नहीं है

जिसमें देश-विदेश की विभिन्न जातियों की सामग्री इकट्ठी हो जाए! इसके वर्णन अधिक शृंगारी हैं!"[4]

इस पर आश्चर्य ही व्यक्त किया जा सकता है कि पं. विश्वनाथ प्रसाद मिश्र यहाँ यह साफ भूल गए हैं कि 'धर्म-मोक्ष' के समानान्तर 'अर्थ-मोक्ष' को भी पुरुषार्थ मानने वाले, 'कामसूत्र' और तंत्र, खजुराहो और रीतिग्रंथों के रचयिता इस देश में 'विदेशियों के संसर्ग' के पहले भी देह और यौनिकता को लेकर कोई कुंठा नहीं थी। वे यह भी भूल गए हैं कि इस देश की तो मूल सांस्कृतिक दृष्टि में शामिल था द्वार पर आए हर व्यक्ति को अपना मानना! देश-विदेश, अपना-पराया इसने माना ही कब! कोई लड़ता-झगड़ता भी आए और द्वार पर रुक जाए तो उसे अपना ही मान लिया जाता है।

फिर युद्ध-क्लान्त वर्षों में स्त्री-पुरुष के आपसी सम्बन्धों का व्याकरण कैसे बदलता है, इस पर भी गौर करना चाहिए! इरफान हबीब ने 'मेडीवल इंडिया' नामक अपनी प्रसिद्ध पुस्तक के अपेंडिक्स में ख्वाजा खान द्वारा संकलित कुछ 'पेजेंट रोमांस' डाले हैं। उनमें से कुछ युद्ध और आतंक-जर्जर मध्यकालीन समाज में स्त्री-पुरुष सम्बन्ध के बदलते हुए छंद पर प्रकाश डालते हैं।[5]

सोलहवीं शताब्दी के इन सच्चे किस्सों में लिखने वाले को सबसे दिलचस्प बात लगती है औरत के चरित्र का यह पक्ष कि कितनी जल्दी-जल्दी वह स्वयं को नई-नई परिस्थितियों में ढालती गई, कितनी निस्संगता से उसने भाग्य के निर्णयों से समझौता किया। कई बार नायिका के धर्म-परिवर्तन और अन्य सम्भावित परिवर्तनों पर लेखक का कोई विचार नहीं बनता। जैसे कि एक किस्से में बनिया की बेटी अफगान के साथ रहती हुई मुसलमान बनती है, दुबारा अपने पति के पास रहते हुए वह हिन्दू रीति-रिवाज निभाने लगती है। अफगान मालिक के प्रति नायक की बेवफाई या उसकी अपनी पत्नी का तोताचश्म होना लेखक को चकित नहीं करता, न वह एक बार भी उपदेष्टा की मुद्रा ही गहता है।

आधुनिक पाठक के लिए यहाँ सबसे अधिक ध्यान देने वाली बात यह है कि अस्त-व्यस्त जनजीवन और विस्थापनजन्य अनिश्चितताएँ प्रेम की सान्द्रता पर भी ग्रहण लगा जाते हैं। अचानक सैनिक दस्ता आता है और सब कुछ घँघोल देता है—हिंसा आरोपित आत्मीयता का आलम रचती है। आरोपित आत्मीयता खोखली तो होगी ही। उसमें प्रदर्शनप्रियता अधिक होगी, घनत्व कम होगा, इसलिए परिस्थितियाँ बदलने पर तोताचश्म होना भी आसान होगा—स्त्री-पुरुष दोनों के लिए। एक बार आक्रमण और हिंसा का हुदहुद तूफान और उसके बाद महीनों की श्मशान-शान्ति,

बेरोजगारी और गरीबी! ऐसे में दत्तचित्त भाव से कोई प्रेम करे भी तो कैसे! ध्यान देने की बात यहाँ यह है कि नायक-नायिका—दोनों इस ध्वस्तप्राण, क्षणजीवी समाज में एकनिष्ठता के किसी दावे से मुक्त नजर आते हैं—

चित, चितु मारक जोगु भयौ, भयैं सुत सोगु।
फिरि हुलस्यौ जिय जोरसी, समुझै आरज जोगु।[6]

दो सखियाँ हँस रही हैं ये कहकर कि किसी ज्योतिषी पिता के यहाँ कोई पुत्र पितृघातक योग में पैदा हुआ। शुरू में तो उसे क्लेश हुआ पर गहरे मनन पर एक बात यह भी पता चली कि पितृघातक योग वाले इस बच्चे का दूसरा योग जारज योग है। इस बात पर वह मुदित हो गया कि अब मरेगा मेरा रकीब जिसका यह बेटा मेरी पत्नी के गर्भ से पैदा हुआ : यहाँ ध्यान देने की बात यह है कि ज्योतिष जानने वाला एक पढ़ा-लिखा व्यक्ति भी पत्नी का परकीया होना सहज भाव से स्वीकार लेता है, उसे तकलीफ तो होती है पर वह कोई हाय-तौबा नहीं मचाता।

मात्र सत्रह-अठारह शब्दों के दोहे में एक पूरी मिनिएचर पेंटिंग कैसे समोई जाती है और अलग-अलग दृष्टियाँ कैसे नियोजित की जाती हैं, सम्भावित अर्थ-पुंज अलग-अलग टोनल संयोजन में कैसे व्यंजनाएँ विकिरित करता है, इसका प्रमाण हैं रहीम की 'नगर-शोभा' जैसी फुटकर रचनाएँ भी! ठीक से देखा जाए तो हर फुटकर रचना अपने समय का महत्त्वपूर्ण सामाजिक दस्तावेज होती है, जहाँ समाज की अलग-अलग सरणियों का आपसी तालमेल और उसमें अनुस्यूत आपसी राग-द्वेष के तन्तु आसानी से विरचित (डी-कन्स्ट्रक्ट) किए जा सकते हैं! रहीम की यह रचना तो एक सरलहृदय वाग्विलास है, एक तरह का हास-परिहास, जैसा लीलाओं में या ब्याह-शादियों में पुरजनों-परिजनों के बीच होता है; एक तरह का मनमोदक लूटने की कोशिश। फिर भी अलग-अलग तरह के जातीय समीकरण इसमें पढ़े जा सकते हैं। कहीं-कहीं युगीन मान्यताओं के अनुसार 'अवर्ण' स्त्रियाँ 'अधिक उपलब्ध', अधिक खुली हुई दिखाई गई हैं, पर बिना जजमेंटल हुए—

बाजीगरिन बजार में, खेलत बाजी प्रेम!
देखत वाको रस रसन, तजत नैन व्रत नेम।
पीवत वाको प्रेमरस, जोई सो बस होई।
एक खरे घूमत रहे, एक परे मत खोई![7]

चोरति चित्त चमारिनी, रूप रंग के साज।
लेत चलाए चाम के, दिन है जीवन राज।
जावै वन्यों नेम सब, होई लाजकुल हानि
हो वाके संग पोढ़ई, प्रेम अछोरी तानि![8]

हरी-भरी गुन चूहरी, देखत जीव कलंक!
बाके अधर कपोल को, चुवौ परै जिमि रंग।
परम लता से लहलही, धरै पैम संयोग।
कर गहि गरै लगाइयै, हरै विरह को रोग।[9]

लाजकुल हानि के बावजूद चमारनी के साथ 'पोढ़ा' जा सकता है, चूहरी को हाथ पकड़कर गले लगाया जा सकता है पर ब्राह्मणी के सिर्फ पाँव छुए जा सकते हैं। उसके 'अंग-तरंग' में भी स्नान इस भाव से होता है जैसे गंगा की लहरों में 'परम-पाप पल में हरत गंगा रूप समान।' खत्री स्त्रियों का स्पर्श भी उद्धारक है—वे कायाकल्प करने वाली पारस मणियाँ हैं पर पारस मणि की कठोरता उनमें नहीं—फूल की कोमलता और सोने की चमक का मणि कांचन—संयोग हैं वे—'मानव रचि बिरंचि पचि, कुसुम कनक में सान'! उनके बाद जौहरिन की हँसी में छिटकते 'मानक लालों' का वर्णन है! और उसकी मुक्ता-माला के टूट पड़ने के संकेत भी हैं।

ध्यान देने की एक और बात है कि काम-केलि के दौरान भी कामगार स्त्रियों की आँखों में 'विरहट की चोट' है। बाजार में पराए पुरुषों का दृष्टि-विलास झेलते हुए पीछे छूटे या शायद युद्ध में खेत आए प्रेमियों/पतियों की याद उनकी आँखों में बरबस झिलमिला जाती है। 'नगर-शोभा' का पर्याय बनकर उभरा है हर तरह की कामगर स्त्रियों का नख-शिख वर्णन—वह भी काम-काज के दौरान। ज्यादातर स्त्रियाँ बाजार में उतरी स्त्रियाँ हैं 'बाजार से गुजरी भी नहीं', 'खरीदार' भी नहीं, बाजार में बैठी तरह-तरह की वस्तुएँ बेचती कारोबारी स्त्रियाँ, अकसर अकेली, इसलिए विरहदग्ध भी, पर बाजार का तकाजा है कि उन्हें सजना-सँवरना भी है और मुस्काना भी।

अब रहीम का कमाल इस बात में है कि वे मनोभावों का क्लिष्ट चित्रण छोटे-से स्पेस में भी कर लेते हैं और 'मेटाफिजिकल विट' की तरह दो-तीन धरातलों की आपसी झप्पी मंचित करने वाला सूक्ष्म मनोवैज्ञानिक युद्ध भी एक कौंध में ही उजागर कर देते हैं—नख-शिख वर्णन के समानान्तर! अब जैसे 'बनियाइन' रूप की हाट

बैठी, भौंहें मोड़ मुस्कुरा भी रही है। ऐसा करते हुए वह विरह-तराजू में डंडी मारती है यानी हल्की बेईमानी कर लेती है पीछे छूटे प्रिय की स्मृति से, पर यह स्वाभाविक ही है क्योंकि इतनी चिन्ताओं का बोझ चित्त लगातार नहीं झेल सकता—'डाँड़ी मारे बिरह की, चित्त चिन्ता घटि जात।'

एक दूसरा पक्ष इस 'नगर-शोभा' का यह है कि यहाँ ज्यादातर पुरुष भी जो घूम रहे हैं, 'विरही जन' ही हैं। नगर तो विस्थापितों का जमावड़ा होता ही है और उनमें से कितनों की आर्थिक स्थिति ऐसी होती है कि परिवार को साथ रख पाएँ तो बाजार के दृष्टि विलास (vicarious pleasure) से ही उन्हें काम चलाना पड़ता है—'औरों को हँसता देख मनु, हँसो और सुख पाओ' वाले भाव से! पनवाड़िन और अन्य स्त्रियाँ भी शायद उनकी इस स्थिति पर तरस खाकर ही 'नैन खवावे पान' की मुद्रा में आती हैं और फिर 'निसिदिन फेरैं पान ज्यों, विरही जन के प्रान'। बंजारिन अपने गिलट के गहने झमकाती इसलिए झूमती चलती हैं कि उनकी झंकार से 'बिरही हर जिय जाइ'।

तो कुल मिलाकर बाजार या नगर एक ऐसी जगह है जहाँ संयोग और वियोग की विरोधी मन:स्थितियाँ आपस में गलबहियाँ डाले ऐसे चित्र खिंचवा रही हैं जैसे मेलाघुमनियाँ साठ-सत्तर के दशक तक देहाती फोटोग्राफरों के तम्बू के भीतर आपस में सटी हुई 'फोटो' निकलवाती थीं। विरह की अग्नि स्त्री-पुरुष—दोनों में सुलगी है। पीछे छूटे हुओं को वे भूले नहीं हैं, पर थोड़ा हास-परिहास उसी में ये सम्भव कर लेते हैं, अब जैसे लोहारिनी को देखें—

बिरह अगिनि निसिदिन धेवे, ओ चित्र चिनगार।
बिरही जियहि जराई कै, करत लुहार-लुहार।

भक्तिकाल में कितनी तरह के पेशे के लोग एकजुट हुए होंगे, इसका सही आकलन करने में भी रहीम की 'नगर-शोभा' सक्षम है। इन दिनों जातिसूचक जनगणनाएँ फैशन में हैं, इस तरह का एक गुप्त प्रयोजन शायद 'नगर-शोभा' का भी हो! जितनी तरह के व्यवसाय वहाँ चित्रित हैं, उनमें से कई तो अब लुप्तप्राय हैं—जैसे तबखिन, भिश्तिन, सरीकन, कूँदिन, सबनीगरनी, धुनिआइन, ठठेरनी, भगेरनी, महावतिन, सखारिन, जिलादारिन और भटियारिन—

भटियारी अरु लच्छमी, दोऊ एकै घात।
आवत बहु आदर करे, जात न पूछै बात

भटियारी उर-मुँह करै, प्रेम पथिक को ठौर।[10]
धौंस दिखावें और की, रात दिखावें और।

मध्यकाल का 'हॉस्पिटैलिटी सेक्टर' सराय ही हुआ करती थी जिसका नियोजन-प्रबन्धन भटियार और भटियारिन किया करते थे! तरह-तरह के पथिकों का स्वागत करते हुए उन्हें जो सबसे हँसना-बोलना पड़ता होगा और पथिकों के मोहा जाने पर उनसे पल्ला भी छुड़ाना पड़ता होगा—इस पूरी प्रक्रिया का वर्णन एक ही कौंध में हो गया है। भटियारिनों के चरित्र पर संशय उठाया तो गया है पर तुरत उनकी तुलना लक्ष्मी से करके बात खत्म भी कर दी गई है!

धार्मिक उदारता का एक अच्छा उदाहरण शुरू का ही दोहा है, जहाँ 'नगर-शोभा' में चित्रित सारी नायिकाएँ आद्य शक्ति के रूप का विस्तार मान ली गई हैं—

आदि रूप की परम दुति, घट-घट रही समाई।
लघु मति ते मो मन रसन, अस्तुति कही न जाई।
नैन तृप्ति कछु होत है, निरखि जगत की भाँति।
जाहि-जाहि में पाइयत, आदि रूप की भाँति।[11]

जब आद्या रूप ही हैं समाज की सभी सरणियों की स्त्रियाँ तो फिर 'हिकारत की राजनीति' का प्रश्न ही कहाँ उठता है।

ध्यान देने की एक बात यह भी है कि मीनाबाजार में मुग्धा या पद्मिनी नायिकाएँ नहीं विचरतीं। सब-की-सब प्रौढ़ा स्वकीयाएँ हैं जो सामाजिक और राजनीतिक उथल-पुथल के एक झटके में खंडित परकीयाएँ भी हो सकती हैं। बार-बार की विवाह-सन्धियों, अपहरण, बलात्कार और विस्थापनजन्य दूसरी उठापटकें झेलती हुई स्त्री-देह कब किराए का कमरा हो जाए या गले में लटका ढोल—यह कौन कह सकता है! सौन्दर्य और यौवन ही जिस समाज में स्त्री-जीवन का केन्द्रीय सत्य हो, वहाँ बुढ़ापा कितना भयावह बना दिया जाता होगा ऐसी स्त्रियों के लिए जिनका जीवन किसी कारण पटरी से उतर गया, यह समझने की बात है! ऋतुमुक्ति (मीनोपॉज) के स्नायविक तनावों से जूझती हुई एक सन्तानविहीन परकीया चॉसर की 'वाइफ ऑफ बाथ' भी है। चॉसरकालीन समाज भी एक युद्धपीड़ित समाज ही था! पर चॉसर की नायिका आर्थिक रूप से स्वावलम्बी है। वह सफल कपड़ा विक्रेता है।[12] रहीम की ये नायिकाएँ नहीं जानतीं कि पति के कामों में हाथ बँटाते हुए जो गुर उन्होंने सीखे हैं, 'सुखद गृहस्थी' वाली 'चार दिन की चाँदनी' छिन जाने के बाद उनका सजग

उपयोग वे कर पाएँगी कि नहीं! जैसे कि बढ़ई की स्त्री अपहरण आदि के बाद के भयानक दिनों में सूखी पत्ती-सी उधियाती हुई अगर किसी दर्जी/लोहार/डोमादि के घर गई या किसी सवर्ण की 'रक्षिता' हुई तो वह अपने गुरों का क्या करेगी! एक मुट्ठी घास की तरह कहीं से उखड़कर कहीं और जड़ जमाते हुए कितनी तरह की अपमान शृंखलाओं, अपयश और दूसरी व्यावहारिक दिक्कतों से गुजरना होगा—यह समझना भी किसी सहृदय के लिए कठिन नहीं!

हारे-टूटे और थके पुरुष को स्त्री-देह गर्भ-गृह के समान सुखद लगती ही है, छुपने की एक खोह—पर स्त्री देह के भी अपने दुख हैं क्योंकि उससे एक संवेदनशील मन भी जुड़ा है—इसकी समझ कहीं-कहीं ही झलकती है! यह तो अयां है कि रहीम प्रज्ञावान थे—कवि, शिक्षक, परामर्शदाता, इतिहासकार, राजनीति टिप्पणीकार, राज्यनायक और सैन्यनायक की महती भूमिकाएँ निभाते हुए उन्होंने राजनीति (राजपूत-मुगल सम्बन्ध), मनोवृत्ति और सामाजिक आचरण (कोर्टली प्रोटोकॉल, बहु-सांस्कृतिकता के प्राक्-आधुनिक प्रभाव) और स्त्री-पुरुष सम्बन्धों के अनेक रंग देखे। चित्रकला, खासकर मिनिएचर पेंटिंग, स्मारक, मिथक, रिवाज, धार्मिक मोटिफ, दास्तान आदि नवेतिहासवादी संसाधनों के आलोक में इनकी उपदेशप्रवण या हृदयप्रवण (नगर-शोभा जैसी) रचनाएँ पढ़ी जानी चाहिए और इसलिए भी पढ़ी जानी चाहिए कि तत्कालीन समाज की सही समझ विकसित हो सके।

कविता के बारे में हम सभी जानते हैं कि प्रेम, सौन्दर्य, प्रकृति की महीनियों के अलावा धार्मिक-सामाजिक-राजनीतिक और आर्थिक बर्ताव की महीनियों का भी सजग और चुस्त ग्राफांकन वह करती चलती है! काल और स्थान की अवधारणा, बाजार, नगर, राज्यारोहण, युद्धारोहण, कसीदे, रंगमहल, सेना, गोशाला, रनिवास, हरम, कोप-भवन आदि कठिन साइट्स (ठैयाँ और ठिकानों) में जो भी महीन परिवर्तन घटे—मध्ययुग के महाकाव्य तो वे परिवर्तन सजग कुशलता से दर्ज करते ही हैं, उससे भी अधिक कुशलता से वे दर्ज करते हैं स्त्री-पुरुष सम्बन्धों के बदलते सम्बन्धों का व्याकरण! और इस क्रम में 'नगर-शोभा' जैसी फुटकर रचना भी अपनी नगर विदग्धता में पीछे नहीं रहतीं, ठीक वैसे जैसे रसखान की अठखेलियाँ करती, ठुनकती-ठनकती हुई चुटकियाँ जाति-विमर्श या स्त्री-विमर्श के सूक्ष्मातिसूक्ष्म लेंस से पढ़ने पर भी कहीं अटपटी और अपमानजनक नहीं जान पड़तीं। 'ताहि अहीर की छोहरियाँ छछिया-भर छाछ पे नाच नचावैं'—ऐसी छहरती हुई सी भाषा-तरंग में कोई कल्मष ठहर भी कैसे सकता है!

टिप्पणियाँ

1. 'इरिगेरे, द सेक्स विच इज नॉट वन', L'Arc, 58
2. सिंह प्रमोद कुमार (सम्पादित), 'विद्यापति पदावली', बिहार ग्रंथ कुटीर, 1980
3. याज्ञिक मायाशंकर, रहीम रत्नावली, गोपालदास सेवक प्रकाशन, काशी, 1879
4. मिश्र विश्वनाथ, नीलकमल बमबम सिंह, 'रहीम साहित्य की भूमिका', बिहार राष्ट्रभाषा परिषद, 1979
5. हबीब इरफान, 'मेडीवल इंडिया', नेशनल बुक ट्रस्ट, 1980
6. शर्मा देवेन्द्रनाथ, 'बिहारी सतसई', बिहार ग्रंथ कुटीर, पटना, 1975

7-11. 'रहीम रत्नावली'।

12. चॉसर, वाइफ ऑफ बाथ, 'कैंटरबरी टेल्स', डॉ. लैंग पर्व्स, फिंगर प्रिंट्स क्लासिक्स, 2017

स्त्री-विमर्श का लोकपक्ष और स्त्री भक्तकवि

विशेष सन्दर्भ : मीराबाई

यह तो हम समझते ही हैं कि भूमंडलीकरण के बाद का समाज प्रकट रूप में दोहरी नागरिकता का समाज हो गया है—एक ही समय में हम इंटरनेटबद्ध विश्व नागरिक भी हैं और सामूहिक इयत्ताओं से बँधे अपने-अपने देश के नागरिक भी। विश्व नागरिक की क्षैतिज बन्धुता (horizontal comradrie) ठीक से तभी परवान चढ़ती है जब हम अपनी-अपनी स्थानीयताओं में अच्छी तरह रचे-बसे हों वरना हम वही बनकर रह जाते हैं जिसे टी.एस. एलियट ने पिछली सदी की शुरुआत में भुसभरे, खोखले लोग (hollow men, stuffed men) और अगरधत्त इतवारी चेहरे (satisfied Sunday faces) कहा था!

आगर हमें अलग और विशिष्ट होने का अधिकार नहीं होगा, हमारी समानता (equality) बिस्कुट के पैकेटों की समानता (uniformity) होकर रह जाएगी या गाड़ी के पार्ट-पुर्जों की समानता। इसी समझ के साथ दुनिया के तीन प्रमुख विमर्श—अश्वेत, आदिवासी और स्त्री-विमर्श अपने-अपने लोक और उससे जुड़ी जातीय स्मृतियों से अन्त:पाठीय संवाद साधने पर विशेष जोर देते हैं क्योंकि लोक और उससे जुड़ी स्मृतियाँ ही हैं जो उनको विशिष्ट पहचान देंगे!

कुछ लोग स्त्री-विमर्श पर पश्चिमी प्रभाव के अतिरेक का अभियोग लगाते हैं पर उन्हें यह अच्छी तरह समझ लेना चाहिए कि 'कोलोनियल' और 'कैनोनिकल' (औपनिवेशिकता और प्रायोजित पाठ्यक्रम) दोनों पर करारा प्रहार स्त्रीवाद ने किया था और शुरू के दिनों में ही। ज्ञान-प्रत्याख्यान के वैकल्पिक स्रोतों की तलाश पर इसका बल हमेशा से रहा है—क्षेत्रीय साहित्य और देशी परम्पराओं का सन्धान, मौखिक इतिहास-लेखन, रीति-रिवाज-मिथक समीक्षा, तस्वीरें, घरेलू चिट्ठियाँ और

अन्य अनादृत दस्तावेज समेत अज्ञात पांडुलिपि-सन्धान और गलत तरजीह पर गए स्त्री-विरोधी पाठों पर लाल चिह्न के निशान स्त्रीवादी आलोचना ने ही सम्भव किए। दृष्टि-प्रक्षालक अन्य पुन:पाठीय और अन्त:पाठीय कार्रवाइयाँ भी स्त्रीवादी आलोचकों ने ही सम्भव कीं! अपने इन्हीं प्रयोगों और अनेकान्त मैं (multiple I) की अपनी मूल अवधारणा के कारण ही यह उत्तर-संरचनात्मक कहलाया!

स्त्रीवाद शुरू से यह समझता आया है कि मनुष्य के अस्तित्व की सार्थकता प्राकृतिक संसाधनों से इसके सर्जनात्मक, अन्त:क्रियात्मक संवाद में है! इसलिए काम के मूलाधिकार से किसी को वंचित नहीं किया जा सकता, पर काम करते हुए जो अहंवादी, ठिंगना, लालची भोक्ता-भाव उमड़ता है और दूसरे पर हावी हो जाने का भाव—उसके नियोजन के उपाय भी होने ही चाहिए! परिवार, प्रेम, यौनिकता और नैतिकता की नई परिभाषाएँ गढ़ते हुए इसके निराकरण के उपाय इसने सुझाए भी। इस सन्दर्भ में कुछ महत्त्वपूर्ण प्रश्न जो स्त्रीवादी आलोचना ने पूछे, वे यह कि प्रेम और सद्‌भाव पति और बच्चों तक या यौन सम्बन्धों और रक्तबद्ध सम्बन्धों तक ही सीमित क्यों? परिवार, रिश्तेदारों तक ही सीमित क्यों? प्रजननात्मक लेबर भी 'लेबर' का मान नहीं पाए तो क्यों? मातृत्व तो एक जीवन-दृष्टि है, यह जैविक मातृत्व (biological motherhood) तक ही सीमित क्यों? क्योंकि वर्ग, वर्ण और नस्ल की दीवारें औरतों ने खड़ी नहीं कीं, उनके बहनापे की बेल मीरा की प्रेम-बेल की तरह सब चारदीवारियाँ लाँघती हुई क्यों न मानी जाए?

चित्रों, भाषणों, लेखों, पत्रों, कथानकों और अर्द्धकथानकों के आधार पर एक मुकम्मल सिद्धान्त जो उत्तर-औपनिवेशिक स्त्रीवाद ने तैयार किया है, वह अगर (एक्लेक्टिक) है भी तो इसमें बुरा क्या है? जीवन भी अपनी समग्रता में एक्लेक्टिक ही होता है। विधात्मक चारदीवारियों के पार मलंग भाव से इक्कट-दुक्कट खेलता स्त्रीवाद एक्लेक्टिक, अन्तर्विधात्मक और अन्तर्विद्याशास्त्रीय तो होगा ही! जिसने गरीब-अमीर, ऊँच-नीच, पूरब-पश्चिम, हिन्दू-मुस्लिम का पदानुक्रम तोड़कर उन्हें एक चटाई पर बिठाने का संकल्प लिया, उसके तेवर कबीराना/फकीराना तो होंगे ही! 'सार-सार को गहि रहे, थोथा देइ उड़ाय' वाली घरेलू सूक्तियों से यह अपना मॉडल लेगा ही! और वह यह भी मानेगा कि लोकपक्ष जरूरी है, पर परम्परा रूढ़ियों के कंकड़ समेत तो अपनाई नहीं जा सकती! परम्परा से रूढ़ियाँ तो फटकनी ही होंगी! परम्परा के सन्दर्भ में 'ज्यों-की-त्यों धर दीनी चदरिया' का रूपक नहीं चलेगा, इसलिए हमें एक एक्लेक्टिक-सी, पैचवर्क वाली कथरी सिलनी ही होगी।

न अन्धानुसरण, न सर्वोच्छेदन—नए और पुराने का विवेकपूर्ण संयोजन—यह प्रमेय ध्यान में रखते हुए इसने तीन महत्त्वपूर्ण काम किए जिसका आधार प्रमेय थी बुद्ध की सम्यक् दृष्टि, उसी बुद्ध की सम्यक् दृष्टि जिन्होंने स्पष्ट कहा था—"अन्तर हि अत्तनानाथो कोहि नाथे परोलिया अन्तनाव सुदन्तेन नार्थ लयति सुल्लभं।" (मनुष्य स्वयं अपना स्वामी है, उसका दूसरा कोई स्वामी नहीं। जो स्वयं पर स्वामित्व करता है, दुर्लभ स्वामित्व को प्राप्त होता है।)

इस प्रमेय से उद्‌भूत तीन प्रस्थान-बिन्दु इसके थे—

(क) स्त्री-लेंस से देश-दुनिया और स्वयं स्त्री के देह-मन और भाषा की समझ का विकास।

(ख) विकास के सम्यक् मॉडल की तलाश जहाँ कोई किसी पर हावी न हो, न प्रकृति का दोहन हो, न मनुष्य का! अवसर सबको बराबर मिले, और सबमें अन्तर्निहित सम्भावनाएँ और सद्‌भावनाएँ मुकुलित हों।

(ग) करुणा-संबलित न्यायदृष्टि का पल्लवन जिससे युद्ध और दंगा, घरेलू और बाहरी आतंकधर्मिता, दशानन हिंसा और असन्तुलन धीरे-धीरे जनजीवन और व्यक्तिगत जीवन से तिरोहित हो जाए।

इन तीनों प्रस्थान बिन्दुओं के आलोक में स्त्री-आलोचना ने जो कुछ महत्त्वपूर्ण प्रयाण सम्भव किए हैं, उनमें से कुछ की चर्चा करते हुए हम कुछ अन्य सम्भावित क्षेत्रों की ओर इशारा करेंगे जिसमें काम हुआ तो इसका लोकपक्ष और अधिक विकसित होगा। उदाहरण के रूप में स्त्री भक्त-कवयित्रियों की चर्चा होगी, विशेषकर मीरा की!

अन्तःपाठ और पुनःपाठ : उपलब्धियाँ और संकल्प

(क) रचनात्मक संवाद : इस सन्दर्भ में पहला काम जो स्त्री आलोचना ने सम्भव किया है, वह है स्त्री-लेंस से भाषा की मानक रचनाओं, रीति-रिवाजों और स्थापनाओं का पुनःपाठ जिससे स्त्री-सम्बन्धी पूर्वग्रह (स्टीरियोटाइप) उजागर हो सकें यानी कि उजागर हो सके उसका—

(i) विद्रूपण

(ii) विलोपन

(iii) अवमूल्यन

क्या हैं वे उम्मीदें जो हर स्त्री से की जाती हैं—कम खाओ, कम स्पेस घेरो, गुड़िया-जैसी दीखो और चाभी वाली गुड़िया जैसा व्यवहार भी करो। भौतिक संसाधनों और अवसरों से वंचित रहो और सद्गुणों को ही स्त्रीधन समझकर सन्तोष करो—सहिष्णुता, धीरज, दया, ममता आदि सद्गुणों की साझेदारी पुरुष न करेंगे, उन पर तुम्हारा एकाधिकार होगा और बाहरी अवसरों पर उनका! स्त्रियाँ पहले तन-मन से सेवा करती थीं और घर की, अब तन-मन-धन से घर-बाहर दोनों देखो, और 'गेट आउट', 'शट-अप' आदि का मंत्राभिषेक और देह-दोहन के हजार कुचक्र झेलती हुई भी चुपचाप सबकी सेवा में जुटी रहो! दूधो तब नहाओ जब पूतों फलो, बेटी जनो तो चुल्लू-भर पानी में डूब मरो और उसे भी नमक चटाकर तुरत मारो या तिल-तिल गलाकर हम मार देंगे...वगैरह! इस आशय का एक उदाहरण तैत्तरीय संहिता से दिया जा सकता है जहाँ पिता को पितृसत्ता निर्देश देती है कि पुत्र जन्मे तो आनन्दातिरेक से उठाना, पुत्री जन्मे तो माता के पास लेटी रहने देना (शायद यह सोचते हुए कि आगे इस बला का करना क्या है)—

पूमांस पुत्रं जनयंत पुमतनु जायताम
भवसि पुत्रणां माता जातानाख्य यान

इस तरह की बातों की खिल्ली उड़ाना स्त्रीवाद सिखाता है और मजे की बात यह है कि कई बार लोकगीतों में भी व्यवहृत मिमिक्री, पास्तीज, इंटरपेलेशन आदि मजाकिया तकनीकों से स्त्रीविरोधी शास्त्रों की खिल्ली उड़ाई गई है! उस पर पलटवार किया गया है। अगर शास्त्रों में या रिवाजों में कुछ ऐसा है जो बचाने लायक है तो उसे बचाते हुए, उसका प्रत्यारोपण नई जमीन पर कर लिया गया है और स्त्री-दृष्टि से पुरानी कथा का पुनर्गायन या पुनर्लेखन भी कर लिया गया है।

उदाहरण के लिए देखें तेलुगू लेखिका, वोल्गा की कृति 'विमुक्त' जिसमें उन्होंने जंगल-प्रवास के दौरान सीता का अलग ही रूप प्रस्तुत किया है! सारे कामकाज निबटाकर सीता परशुराम की माँ रेणुका और अहल्या, उर्मिला और शबरी आदि स्त्री-किरदारों की देहली जाकर बैठती हैं और उनके मुख से उनकी कथा सुनती ही नहीं, उस पर अपनी सजग टिप्पणी भी देती हैं, जो बहनापे के रस में डूबी हुई है! वापस लौटती हुई सीता उनसे उपदेश भी लेना नहीं भूलतीं!

तमिल और अंग्रेजी की प्रसिद्ध लेखिका और स्त्री लेखन संग्रहालय 'स्पैरो' की कर्ता-धर्ता अम्बई ने भी तमिल और आदिवासी रामकथाओं के कई सजग स्त्री-पाठ

तैयार किए हैं, और उन्होंने तो पशु-पक्ष से कई स्त्रीवादी फेबल भी लिखे हैं 'द डियर एंड द फॉरेस्ट' नाम की इनकी कृति स्त्री की पर्यावरण-सजगता का भी बड़ा उदाहरण है।

उड़िया की जानी-मानी लेखिका प्रतिभा राय ने 'याज्ञसेनी' नाम के अपने सिद्ध उपन्यास में द्रौपदी का कथा-पक्ष रखा है और पाँच पतियों के बीच जीने का असमंजस भी। पाँचों में कोई उसके सखा नहीं बन पाते, सखा कृष्ण ही बनते हैं जिनसे मन की बातें कही जा सकती हैं—पितृसत्तात्मक दाम्पत्य की यह बड़ी विडम्बना यहाँ बखूबी उकेरी गई है।

अंग्रेजी कविता में सीता की बेटियों का रूपक संयुक्त दास गुप्ता ने उठाया है। हिन्दी कविता में द्रौपदी के जीवन का यह विडम्बनात्मक पक्ष सुमन केसरी ने बाँकपन से उजागर किया है! मिथकीय और ऐतिहासिक स्त्री-पात्रों से अन्त:पाठीय संवाद के कई उदाहरण अनामिका की कविताओं में भी मिल जाएँगे।

(ख) आलोचनात्मक विग्रह : इस क्षेत्र में दूसरा बड़ा काम हुआ है स्त्री-केन्द्रित अनुभूतियों के आलोक में मिथकीय चरित्रों की नई विमर्शात्मक व्याख्या, दस महाविद्यालयों और मातृशक्तियों का तेजस्वी विश्लेषण, ग्रामीण और पहाड़ी देवियों से जुड़े लोकाख्यानों का नया भाष्य। इस क्षेत्र के प्रमुख नाम हैं—मृणाल पाण्डे, नमिता गोखले, नीता गुप्ता, मालाश्री, लवली गोस्वामी आदि।

(ग) सम्पादन/अनुवाद/भाष्य : दुर्लभ स्त्रीवादी या स्त्रीचेता-सम्यक् पाठों का अन्वेषण-संचयन-विश्लेषण भारतीय भाषाओं के सन्दर्भ में इतना बड़ा काम है जिसमें हमारी कुछ प्रखर स्त्रीवादी चिन्तकों ने बड़ी भूमिका निभाई है। कुमकुम संगारी, रूथ वनिता, मधु किश्वर, अरुंधती सुब्रमण्यम और अलका त्यागी ने भक्त कवयित्रियों की बड़ी भूमिका लिखीं और उनके अनुवाद भी सम्भव किए! रूथ ने उर्दू की बेगमाती जबान में लिखी रचनाओं का भी सम्यक् भाष्य किया! ऋतु मेनन, उर्वशी बुटालिया, जसवीर जैन, पुष्पा भावे, माधवी शुक्ला, ममता कालिया, रोहिणी अग्रवाल, रेखा सेठी, सुधा सिंह, गरिमा श्रीवास्तव आदि ने पुनर्जागरण काल से लेकर अब तक की दुर्लभ रचनाएँ विद्वत्तापूर्ण भूमिकाओं के साथ उपलब्ध कराईं।

इस सन्दर्भ में मलयालम की विदुषी वनजा का कृत्य भी महत्त्वपूर्ण है—प्रकृति से स्त्री के बहुविध सम्बन्धों का आकलन करती रचनाएँ वे संकलित भी कर सकें तो 'ईको फेमिनिज्म' वाला उनका काम और व्यापक आयाम पा जाएगा!

कुछ और सम्भाव्य क्षेत्र

इस क्रम में जो कुछ और सम्भाव्य क्षेत्र हैं, बहुत दिनों से मेरी इच्छा उस दिशा में काम करने की थी, और मेरी अगली पुस्तक निम्नांकित शीर्षकों के अधीन उसी ओर बढ़ना चाहती है—

(1) 'स्वाधीनता आन्दोलन' और 'विभाजन' के दौरान उभरे हिन्दी-उर्दू स्त्री-लेखन में 'देश' की अवधारणा : 'विद्याविनोदिनी' और 'फाजिल'/'जामिल' की परीक्षा पास दादी-नानियों का नया 'लोक'।

(क) 1854 के एजुकेशन डिस्पैच से 1923 की हंटर कमीशन रपट तक स्त्री-शिक्षा के खिलाफ छपे कार्टून।

(ख) बिहार-बंगाल की चौपाटियों में भाइयों और पिताओं को पंखा डुलाती और उन्हें शिकंजी पिलाती लड़कियों में 'विद्याचोरी' का साक्ष्य : उस समय के लोकगीत।

(ग) जर्नलों/ग्रामोफोन, कैलेंडर आर्ट्स, बायस्कोप और फिल्मों से खुलता संसार।

(2) पूरे मुहल्ले की स्त्रियों की गोद में पलकर बड़ा हुआ पारम्परिक पुरुष और क्रेच में पलकर बड़ा हुआ नवल पुरुष : पुरुषार्थ-विमर्श के आईने में पिछले 70 साल।

(3) नायक-नायिका भेद के प्रत्यावर्तन : धीरोदात्त दलित और दलित पद्मिनी तक की अन्तर्यात्राएँ। प्रौढ़ा प्रगल्भा और दूतिकाओं का नया स्त्रीवादी पाठ।

(4) लोकाख्यानों और लोकगीतों का स्त्रीवादी पाठ।

(5) भारतीय देवियों और मातृशक्तियों से अन्त:पाठीय संवाद।

(6) स्त्री-लेखन और स्त्रीभाषा की लोकाभिमुख तकनीकें : बहुकेन्द्रीयता और पदानुक्रम भंग—

(क) **कथा भंग**— फिक्शन-नॉनफिक्शन के बीच की विषम आवाजाही; पैराफ्रेज, कैटलॉगिंग, पास्तीज और अन्त:पाठीय संवाद।

(ख) **लयभंग**— आत्म परावर्तन, पैरोडी पॉटमेंट्यू (मिश्र शब्द) पुनरावृत्ति, सिमियोटिक तरंगों की उछाल।

(ग) **फोकलशिफ्ट**— टेलिस्कोपन, बायोमाइथोग्राफी, विस्मयादिबोधक अनुगूँजें, सिनेस्थेसिया, डिस्कॉर्डिया कॉनकार्स!

इसी पुस्तक के परिशिष्ट के रूप में मैंने भारत की स्त्रीभक्त कवियों के कुछ अनुवाद और उनसे कुछ अन्त:पाठीय गपशप की सोची है और आगे उसी पर थोड़ी बातचीत करूँगी!

दोस्त-ईश्वर से परिहास : स्त्री भक्त-कवियों का 'लोक'

"What might nowadays be voguishly called getting in touch with the woman whithin himself turns out to mean getting in touch with the mass-murderer."

"इन दिनों आभ्यन्तर में बसे स्त्री-तत्त्व के अवगाहन की बात बहुत होने लगी है, पर कोमल भावनाओं के नाम पर होने वाली इस तरह की (आध्यात्मिक और सुप्रारैशनल) यात्रा अकसर हमें कट्टर फसादियों तक ही ले जाती है!"

—टेरी ईगलटन, *होली टेरर*, 2005

आध्यात्मिक और सुप्रारैशनल अन्तर्यात्राओं पर एक बड़ा प्रश्नचिह्न लगाते हुए बहुतेरे युद्ध और दंगे, धर्म के नाम पर हुए तमाम अतिवादी फसाद हमारे सामने खड़े हैं जब, उस समय भक्ति कविता की सैद्धान्तिकी गढ़ना आसान नहीं! भेदभाव की जितनी संरचनाएँ धर्म ने खड़ी की हैं, उनमें सबसे ज्यादा शोषण स्त्रियों का ही हुआ है, पर यह भी सच है कि 'रैशनल' के ऊपर जो 'सुप्रारैशनल', ज्ञान के ऊपर संज्ञान का यूटोपिया सदियों के उपक्रम से गढ़ा गया है—उसकी सर्वाधिक तत्पर नागरिक स्त्रियाँ ही रही हैं : 'हारे को हरि नाम' के इस तर्क से कि—

हमको मालूम है जन्नत की हक़ीकत लेकिन
दिल के ख़ुश रखने को ग़ालिब ये खयाल अच्छा है!

'वो सुबह कभी तो आएगी' की उम्मीद में लगातार वर्तमान का स्थगन और अतीत की लीपापोती स्त्री-जीवन का एक विकट सच अब तक है तो मध्ययुग में भला क्यों न रहा होगा जहाँ की ये भक्त कवयित्रियाँ हैं पर उन तक और उनके काल तक आने के पहले थोड़ी-सी बातचीत हम आज के इस जमाने में भक्ति-काव्य के औचित्य और भक्ति-काव्य की सैद्धान्तिकी पर कर लें।

स्त्री का निजी स्पेस : इतना तो हम सभी जानते हैं कि स्त्रीवाद का पहला चरण संसदीय, वैधानिक, राजनीतिक और संस्थागत परिवर्तनों की गुहार लगाता हुआ मोटे तौर पर उन्नीसवीं शताब्दी के 'लिबरल ह्यूमनिस्ट' (उदारवादी)

फ्रेमवर्क में काम करता रहा और इसका मुख्य सरोकार था 'इतिहास' में स्त्री की जगह तलाशना!

दूसरे चरण पर मार्क्स से ज्यादा फ्रायड और लकां, इरेगिरी, सियू, क्रिस्तेवा और शॉदरॉव आदि मनोभाषिकों की छाया थी और रैखिक प्रगति रेखांकित करने से ज्यादा इसका जोर था स्त्री का अपना निजी स्पेस और समृद्ध अन्तरंग उभारने पर, प्रकृति, परिवेश और बृहत्तर विश्व से उसका आत्मन क्या आध्यात्मिक सम्बन्ध बनाता है, इस पर या उसके अपने अनुभूति मंडल पर। इसी परिप्रेक्ष्य में हम स्त्री भक्ति कविता की बात करेंगे।

स्त्री भक्ति कविता की अपनी सामाजिकी भी है और अद्‌भुत मनोगतिकी भी! एक खास तरह की ट्रान्सपर्सनैलिटी सारी भक्तकवि रही हैं, पर अपने 'लोक' से इनका नाता कितना गहरा है—इसका प्रत्यक्ष प्रमाण हैं इनके रूपक और बिम्ब, लोकभाषा के बाँके ताल-छंद पर इनकी अद्‌भुत पकड़ जिसकी बात हम आगे करेंगे!

धार्मिक प्रपंच : भारतीय मध्यवय और धर्मसंकट

भारत में अकसर ही कहते हैं : 'हारे को हरि नाम'। और जीत की खुशी में मताए हुए को? उनको क्या कहा जाए? उसको तो अपने नाम के आगे कुछ और नहीं सूझता! या तो अपना नाम या फिर अपने पथ-प्रदर्शक का! तैंतीस करोड़ देवताओं के इस देश में देवताओं की भी आबादी लगातार बढ़ ही रही है। सबसे नया देवता अब बाजार देवता है! मार्क्स, गांधी, सार्त्र, अम्बेडकर का भी भक्ति-सम्प्रदाय कुछ कम बड़ा नहीं है। 'बाणभट्ट की आत्मकथा' पढ़ते हुए आपको नाथों-सिद्धों-बौद्धों और जैनियों का तंत्र-पक्ष और जनतंत्र-पक्ष—दोनों जिस गहमा-गहमी में एक-दूसरे से उलझता नजर आता है, प्राय: वैसी गहमा-गहमी हमें आज भी फिजां में हर ओर घुली दीखती है। क्या है इस गहमा-गहमी के मूल में? श्रेष्ठता-ग्रंथि! पथ अगर श्रेष्ठ है तो मेरा! व्यक्ति यदि श्रेष्ठ हूँ तो मैं! जीने के लिए 'हम किसी से कम नहीं' वाली अलमस्ती जरूरी भी है लेकिन 'जो हैं, केवल हम हैं'—यह प्रमाद 'हारे को हरि नाम' से ज्यादा गया-बीता है।

मर्दानगी से मताए हुए लोग इसी प्रमाद का शिकार हैं और स्त्रियाँ हैं 'हारे को हरि नाम' की सजल व्याख्या, मगर दुनिया जिस तेज, जिस ऊर्जा, जिस शक्ति से अनुप्राणित-स्पन्दित-उत्प्रेरित है—वह शक्ति-पुंज भी उनके ही भीतर है; उनके बिना

दुनिया के सब चर-अचर (और शिव भी) शव है—परम्परा कहीं-न-कहीं इस तथ्य पर भी उँगली रखती तो है।

'नेक लड़की सिंड्रोम' या 'बेचारी, दुख की मारी' वाली आत्मदया की शिकार स्त्रियों के सामने भारतीय देवियों की निर्मिति पर विचार कर लेना एकदम जरूरी हो जाता है। पर इस सन्दर्भ में यह भी समझ लेना जरूरी है कि धर्म कोई निष्पाप, भोली-भाली 'कैटेगरी' तो है नहीं। संस्थायन हमेशा दिक्कततलब होता है—वह चाहे प्रेम का संस्थायन हो विवाह के रूप में या अध्यात्म का धर्म के रूप में। और जो धर्म जितना पुराना हो—उसके साथ पाठ-कुपाठ की, व्याख्या-कुव्याख्या की उतनी ही लम्बी और आत्म-विरोधी परम्पराएँ (हर्मेन्यूटिक्स) कतर-ब्योंतनिपुण चूहों की तरह पीछे लग लेती हैं। धर्म कुछ हद तक तो एक अफीम, एक सम्मोहन, एक बाँसुरीवाला है ही। कई बार उसकी बाँसुरी कृष्ण की बाँसुरी होती है—कंस के त्रास से उकताए ग्वालों को कला-संगीत, प्रेम-लालित्य की स्वयंसमर्थ यूटोपिया, एक वैकल्पिक स्पेस में लिए जाने वाली। कई बार वह 'ऑरफियस' का 'लायर' होती है—मृत्यु आदि प्राकृतिक आपदाओं के पार का एक दृश्य-विधान रचकर शोक-संतप्त आत्मा को कुछ तोस-भरोस थमाने वाली, एक अलग तरह के काल्पनिक सन्धान में उसे व्यस्त कर देने वाली। पर कभी-कभी वह लोककथा के बाँसुरीवाला की बाँसुरी बनकर उन चूहों को भी गण-मुनि की तरह साथ समेटे चलती है जो अन्ततः उसकी ही जान खा जाते हैं—स्त्री-विरोधी, दलित-विरोधी व्याख्याएँ और निर्मितियाँ सामने उकेरकर, दूसरे धर्म/मत/लिंग/वर्ण/नस्ल आदि के खिलाफ वैमनस्य का प्रचार करके, गरीब और दुखी आदमी में एक खास तरह की कुंठा रचके कि उसने कुछ कर्म ही ऐसे किए होंगे जो उसको इस जन्म में ऐसा जीवन मिला।

धर्म का सबसे बड़ा कुपाठ तो उसके कर्म-सिद्धान्त की असंगत व्याख्या है। मार्क्स ने हीगेल से जो मुख्य असहमति व्यक्त की थी, वह इस पर ही कि दैववाद (प्री-डेस्टिनेशन का सिद्धान्त) एक खास तरह की अकर्मण्यता पैदा करता है, इसलिए यथास्थितिवादी और मानवताविरोधी है—

'the rich man in his castle
the poor man at his gate,
all creatures great and small
that good God made them all'

हमारे स्कूल की एक प्रार्थना यह भी थी। इसमें जो पूरा चित्र खड़ा होता है—उसमें

चुनौती कहीं भी नहीं है। यह पदानुक्रम भगवान का बनाया हुआ है और भगवान इसी में खुश हैं कि धनी आदमी किले में रहे, गरीब आदमी फाटक पर, कभी अच्छे घर की सोचे भी नहीं, उसी तरह सिर झुकाकर फाटक पर खड़ा रहे। स्कूल की सामूहिक प्रार्थना में इस तरह का यथास्थितिवाद पिरोया गया था जो अब हमें खटकता है, मगर उस समय इस पर ध्यान भी नहीं जाता था कि हमें घुट्टी में क्या पिलाया जा रहा है।

थोड़े बड़े हुए तो—

'बिधि के बनाए जीव जेते हैं जहाँ के तहाँ/खेलत-फिरत उन्हें खेलन-फिरन देव' का दर्शन सामने आया कि भाई, चुप बैठे कुदरत का करिश्मा सराहो! प्रश्न न पूछो। कोई चुनौती न दो। किसी को छेड़ो मत—जो जहाँ है, कायम रहने दो। संरचना बदलने की जरूरत नहीं है। जगत तपोवन हो—'अहि-मयूर, मृग-बाघ', मिल-जुलकर रहें—आदर्श स्थिति तो यही है, पर आदर्श निभता है क्या? 'दीरघ दाघ निदाघ' का आपातकाल इन्हें स्तब्ध करके एक पेड़ की छाया में सुस्ताने को विवश कर भी दे, मगर सहज होते ही मयूर साँप को, बाघ हिरण को खा जाएगा।

'छोटी मछली बड़ी मछली को खा जाती है', 'जिसकी लाठी उसकी भैंस', 'माइट इज राइट' आदि कहावतें सामाजिक डार्विनिज्म का जीता-जागता लौकिक भाष्य हैं। डार्विन ने 'सर्वाइवल ऑफ द फिटेस्ट' द्वारा धर्म को पहली बड़ी चुनौती दी थी, यह बताकर कि मनुष्य ईश्वर की नहीं, बन्दर की सन्तान है, पर खुद डार्विन को यह नहीं सूझा कि दुनिया जब स्वाभाविक जैविक विकास का प्रतिफल है और कोई ईश्वर इसके आपसी उलझाव की समस्या सुलझाने नहीं आएगा तो समाज में ही मिल-जुलकर कुछ ऐसे विधान रच लिए जाएँ जो खरगोशों, हिरणों और उन भोले वंचितों के पक्ष में खड़े हों, उन्हें एकता का पाठ पढ़ाएँ और सुरक्षित जीवन के कुछ सार्थक क्षण जुटाने का इन्फ्रास्ट्रक्चरल (आधारभूत) अवलम्ब भी उन्हें दें।

यह सबसे पहले सूझा मार्क्स को। मानवाधिकारों के समर्थन में, कमजोर के समर्थन में एक 'प्रेशर-ग्रुप' कायम करने का सुन्दर सपना उन्होंने देखा। वंचितों को एकजुट रखने का मूलमंत्र भी उनका ही दिया हुआ है—पढ़ी-लिखी सब स्त्रियाँ इसलिए मार्क्स की कृतज्ञ हैं हालाँकि परम्परा भी इसके समर्थन में कुछ संकेत सामने रखती है—जैसे कि चित्रग्रीव नामक कपोतराज का जाल में फँसे कबूतरों को यह सन्देश कि एकजुट होकर जाल-समेत ही उड़ जाओ और मेरे मित्र, मूषकराज के पास चलो। लघुपतनक नाम का यह मूषकराज 'पंचतंत्र' में जाल काट भी देता है जो अपनी परम्परा का जाल है। 'पंचतंत्र' अपनी परम्परा का पहला सबल और सार्थक सेक्यूलर पाठ है—एक

जगह भी भगवान का नाम लिए बिना जो आध्यात्मिक मूल्यों की ऐसी सुन्दर व्याख्या सामने रखता है कि नैतिकता की आधारभूत संरचना झक से उजागर हो जाती है।

बहुत दिनों से मेरे मन में यह बात हिलोरें ले रही है कि सब धर्मग्रंथों, व्रतकथाओं, त्योहारों और संस्कारों की एक धर्मनिरपेक्ष व्याख्या कोई स्त्री अध्ययन-मंडल करे और 'एसेप्स फेबेल', 'पंचतंत्र', 'हितोपदेश' आदि सेक्यूलर पाठों का भी। ईश्वरनिरपेक्ष नैतिकता का ग्राफ क्या बनता है—इसका सन्धान यह सहज ही सिद्ध करेगा कि ईश्वर कम-से-कम स्त्रियों के लिए एक बहुत ही प्यारी निर्मिति है। मनुष्य जिस ऊँचाई तक उठ सकता है—इसका उत्कर्ष है ईश्वर। आसपास की दुनिया में तो वैसे धीरोदात्त, धीरप्रशान्त, धीरललित पुरुष दिखाई देते नहीं जो स्त्री-मन की सूक्ष्म संवेदनाएँ समझ सकें—इसलिए प्राय: हर स्त्री भैंस के आगे बजती हुई बीन बनकर रह जाती है।

कुछ दिन वह उपक्रम करती है आसपास के लोगों में महीनी भरने की लेकिन लम्बा खिंचता जाता है यह इन्तजार और आदर्श प्रेमी/पिता/सखा/बालगोपाल की कल्पना से ही काम चलाना पड़ता है।

लेकिन यह कल्पना जरूरी है, ईश्वर नाम का यह 'वर्किंग हाइपोथेसिस' जरूरी है। यह उसके जीवन में थोड़ा तो रंग-रस भरता है और भविष्य के 'नए आदमी' की गढ़न का एक ब्लू प्रिंट भी सामने रखता है। कभी-कभी यह सड़े-गले आसन्न के विरोध का तेज भी भरता है—जैसे मीरा आदि भक्त कवयित्रियों के यहाँ एक के स्वीकार में बाकी सबका, पितृसत्ता का, राज्यसत्ता का भास्वर नकार—

मेरे तो गिरधर गोपाल दूसरो न कोय

महाराष्ट्र की भक्तकवि जनाबाई के यहाँ इस आदर्श पुरुष का ब्लू प्रिंट हम कुछ ऐसे पढ़ सकते हैं—

हे माधव, देखो न—
कितने तो काम धरे हैं सिर पर,
इतना आटा गूँधना है अभी,
इतने कपड़े कूटने हैं
आओ भी, हाथ बँटा दो थोड़ा
या फिर तुम हेर दो जूँएँ ही जरा—
कुछ तो करो, कुछ करो।

मराठी कविता की एक पंक्ति के आधार पर पल्लवित, जो मैंने औरंगाबाद की एक बस में मजदूर औरत के मुँह से सुनी थी। मस्ती में आँख मूँदे गाए जाती थी वह। उसकी मस्ती से आकर्षित मैं उसकी सखी बनी। बहनापे का एक अजब सूत्र हमारे बीच आज भी कायम है।

सामान्य औरतों के जीवन में—भक्ति सब समस्याओं की खूँटी कैसे बन जाती है और एक बड़ा कवच भी—उसे एक कविता में ढालने की कोशिश की थी कभी :

खंडिता

सम्य : सुबह साढ़े सात, एफ.एम. टाइम
स्थान : सीढ़ी के नीचे आलने घेरकर बनाया गया पूजा-घर
दृश्य : कुर्सी पर दफ्तर की साड़ी। देह पर एक भीगा कुर्ता, हाथ में दुर्गासप्तशती
'*या देवी सर्वभूतेषु*...सविता, देखो बेटी, जल तो नहीं रही सब्जी?
निद्रारूपेण संस्थिता...जागा पिन्टू, उसे जगाओ, स्कूल-बस छूटेगी।
नमस्तस्यै नमस्तस्यै...फोन बज रहा है, उठाओ तो!
मेरा होगा तो कह देना—सी.एल. पर हूँ आज!
सिर दुख रहा है!
ऊँ जयन्ती काली-महाकाली—अखबार वाले भैया, रुक लो!
आती हूँ, कर लूँ हिसाब, कल मिल गई मुझे तनख्वाह।'

—देवी की मूर्ति से मुखातिब

अच्छा, सुनो देवि,
अब तुम ही मेरी प्रतीक्षा करो।
सदियों से बन्द पड़ी हो मूर्तियों में
अकड़ गई होगी ये पीठ तुम्हारी
एक मुद्रा धारे-धारे।
कहो तो जरा 'मूव' मल दूँ!
किसने कहा था कि खेलो तुम
इतनी मगन होकर स्टैचू-स्टैचू?
लेटो-लेटो, उधर करवट करो,
यह नस दबेगी तो होगा आराम!
बैठी-बैठी देखती रहना—
दूध उफनकर नहीं गिर जाए!

किसी भी तथाकथित देवी या देवता के आगे सिर नवाना दरअसल एक सात्त्विक भाव के आगे सिर नवाना है। मन के भावों के अनुरूप देवता भी अनंत हैं—'मानिए जो भावै'! तैंतीस करोड़ देवताओं में किसी एक का वरण दरअसल अपने व्यक्तित्व के मूलभाव के रेखांकन की कोशिश है। इस तरह वह अपने सही 'मैं' को पहचानने की कोशिश या, पुरातन संकेत में कहूँ तो, आत्मसाक्षात्कार है।...आसपास की दुनिया इतनी विद्रूप, विशृंखल, छल-छद्म से भरी दीखती है कि कोई भी संवेदनशील मन के एक स्वर्गनुमा यूटोपिया और देवनुमा आदर्श की कल्पना में थोड़ा सुख पा लेता है। यह एक तरह की थेरेपी भी है—

ऐसा कोई ना मिला जिन सौं रहिए लागी
सब जग जलता देख्या अपनी-अपनी आगी।

चूँकि आसपास ऐसा कोई मिला ही नहीं जो विश्वसनीय हो, सुकून से भरी जिसकी उपस्थिति हो—हम कल्पना में एक अलख जगा लेते हैं, और भला हो मिथकीय परम्पराओं का जो इसमें हमारी मदद करती हैं—यह समझाती हुई थी 'Human kind cannot bear very much reality...'

स्त्रीचिन्तन के आलोक में धर्मों का धर्मनिरपेक्ष आकलन : पूर्वापर अध्ययन : "Sweet are the uses of adversity"—शेक्सपियर के इस रोचक कथन की खिड़की से विश्वयुद्ध के बाद का संसार देखें तो एक बात यह स्पष्ट होगी कि कम-से-कम पश्चिम में स्त्रियाँ नौकरी के चक्कर में ही सड़कों पर आने को विवश हुईं—तब जब युद्ध में पुरुष बड़ी संख्या में खेत आए पूरी 'मनीऑर्डर इकोनॉमी' गई चूल्हे-भाड़ में और बच्चों-बूढ़ों की आर्थिक जिम्मेदारी भी स्त्रियों की ही हो गई! उस काल की प्रसिद्ध फिल्मों और उपन्यासों के शीर्षक ही बताते हैं कि औरतों को किस तरह की नौकरियाँ मिल पाती थीं—'नर्सिंग फेयरी', 'सेकेंड शिफ्ट', 'टेलीफोन गर्ल', 'माई फेयर स्टेनो', 'एजुकेटेड वाइफ'! इतने छोटे पदों पर, मातहत की तरह गरीब और मजबूर (पितृसत्तात्मक विश्व की हिंसक चालाकियों से अनभिज्ञ) स्त्रियाँ काम करें तो स्त्री-पुरुष के बीच का व्याकरण बदलेगा ही जिसकी भरपूर चर्चा उस समय के पल्प साहित्य और फिल्मों में भी है। भारतीय साहित्य और फिल्मों में इसकी अनुगूँजें थोड़ी देर से सुनाई पड़ीं—'वाइल्ड कैट्स ऑफ बॉम्बे', 'चालू जमाना' एक तरफ तो दूसरी तरफ 'मुस्लिम सोशल्स' भी ('मेरे महबूब', 'मेरे हुजूर', 'बहू बेगम', 'मेरे गरीबनवाज')। 'ये मुस्लिम सोशल्स' तो अब गायब हो

ही गई हैं दृश्य से। इन सबके पहले चालीस के आसपास एक और फिल्म आई थी 'वाइ आई बिकेम अ क्रिश्चियन'! धैर्य से इन लोकप्रिय फिल्मों के स्त्री-किरदारों की तरफ से सोचकर देखें तो एक पंक्ति में यही निष्कर्ष सामने किया गया है कि 'चालू जमाना' से निबटने की दृष्टि 'धर्म' ही देगा! एक प्रसिद्ध फिल्म में चित्रित स्त्री और बलात्कारी के बीच का संवाद देखिए—

"भगवान के लिए मुझे छोड़ दो!"

"इतना अच्छा माल भगवान के लिए छोड़ दूँ?"

और यह संवाद हँसी के मन्तव्य से फिल्माया गया था! 'सत्यमेव जयते' के दर्शन पर चलने वाली ये फिल्में और लोकप्रिय कहानियाँ अन्त में तो खींच-तानकर सत्य की विजय और मजबूर स्त्रियों की सुहाग-वापसी और पुत्र-वापसी घटित कर देती हैं, पर बीच के दृश्य इतने भयावह और यथार्थ के इतने निकट होते हैं कि दर्शन से ज्यादा मन पर प्रभाव उन्हीं का होता है और भगवान-भगवान करते ही औरतों की जिन्दगी जाती है!

इधर कुछ दशकों से जब आतंक की घटनाएँ बढ़ी हैं और उनकी रिपोर्टिंग भी दृश्य माध्यमों पर बारम्बार बम वर्षा की क्षिप्रता से होने लगी हैं, भारत में शनि-मन्दिरों की संख्या अजब ढंग से बढ़ी है, मंगल के देवता गणेश के आइकन भी हजारों डिजाइनर मुद्राओं में बिकने लगे हैं, रक्षा-स्तोत्र और तावीजें भी टेलीशॉपिंग पर भरपूर खरीदे जाते हैं! घर से बच्चे निकले नहीं कि माताएँ कवच-कीलक-अर्गला बाँचने लगती हैं या दुआएँ पढ़ने लगती हैं। पहले तो सड़क पर निकले लोग मोबाइल फोन के आश्रय इस हद तक नाभिनालबद्ध होते भी नहीं थे कि हर मोड़ पर अपना हाल बताते चलें पर इतना नहीं घबराती थीं माताएँ/पत्नियाँ/प्रेमिकाएँ! इधर जनजीवन की असुरक्षाएँ बढ़ी हैं तो धर्मप्राणता भी बढ़ी है! वैसे कहावत तो यह पुरानी है कि बकरे की माँ कब तक खैर मनाएगी, पर आतंककातर इस युग में जब सूचना भी एक बम ही है, इसकी व्याप्ति अधिक समझ में आती है!

ऐसे में कुछ स्त्री अध्ययन मंडल यह मानने लगे हैं कि धर्म एक मनोवैज्ञानिक आवश्यकता है। अपने मूल स्वरूप में यह है तो एक गम्भीर उपक्रम ही, फिर उसे विकृत मानस वाले दंगाइयों के हाथ तोड़े-मरोड़े जाने के लिए छोड़ा ही क्यों जाए! वैसे तो विश्व-धर्म की बात विश्वसाहित्य की अवधारणा के बहुत पहले ही पनप गई थी—1723 में प्रकाशित 'रेलिजस सेरेमनीज एंड कस्टम्स ऑफ ऑल द पीपुल्स इन द वर्ल्ड' (सं. बर्नर्ड पिकार्ट) के बाद से ही कुछ विश्वपर्यटक अलग-अलग देशों

में घूमते हुए अलग-अलग धर्मों, रीति-रिवाजों, पूजा-पद्धतियों और अन्य मान्यताओं की पर्याप्त चर्चा अपने वृत्तान्तों में करने लगे थे, पर बाद में 'थियोसॉफिकल सोसाइटी', 'नियो बुद्धिज्म', 'नवसूफीवाद', 'धर्म-विज्ञान' आदि प्रवर्तित करती संस्थाएँ विश्व-शान्ति और सद्भाव को निवेदित हुईं और इनमें भी अधिकांश प्रतिशत स्त्रियों का ही था। आज भी इकेदा, एलिजाबेथ क्लारेट आदि के नाम से चलने वाले अन्तर्राष्ट्रीय धार्मिक संगठन द्वार-द्वार जाकर सब धर्मों के सार-संक्षेप ही प्रस्तुत करते हैं—'आत्मक्रान्ति' को सभी क्रान्तियों का मूल बताती हुई सोकागाकाई संस्था की कई शान्तिसेनानियों से मेरी बात हुई जिनका स्पष्ट कहना था कि दूसरों के दोषों पर सिर खपाने से बेहतर है अपने दोषों का निवारण—नैतिक पर्यावरण तभी सुधरेगा विश्व का जब लोग 'आत्मक्रान्ति' में लगें! और अब तो पश्चिमी स्त्री-चिन्तक भी इसे मान्यता देने लगी हैं।

जरूरी है तो बस दरवाजे और खिड़कियाँ खुली रखना, इतर परम्पराओं से मुक्त संवाद की पहल। इसी क्रम में भक्त कवियों, धर्मग्रंथों और गाथाओं की भी नई विवेचनाएँ जरूरी हैं। आवश्यक है उनका पुन: पाठ और साथ में यह समझना भी जरूरी है कि हर युग किसी क्लासिक रचना का नया भाष्य लिखता है जैसा जे. कृष्णमूर्ति, ओशो आदि ने सम्भव किया।

इसी क्रम में हिन्दी की सगुण और निर्गुण भक्तिधारा—दोनों के तट पर कुटिया छवाए जो विशिष्ट स्त्री-चरित्र हमें मिलते हैं, उनसे गपशप का नाता जरूर बनाया जा सकता है।

स्त्री भक्त-कवि : दर्शन का जटाजूट सुलझाते सरस संवाद

दर्शन ज्ञानमार्गी होते हैं, भक्ति प्रेममार्गी है। ज्ञान तर्कगम्य होता है, प्रेम अनुभूतिगम्य तो निगमनात्मक पद्धति से सीधा निष्कर्ष यह बैठेगा कि दर्शन तो तर्कगम्य है, और भक्ति अनुभूतिगम्य। तर्क का अनुभूति से कोई सीधा तो नाता बनता नहीं, फिर दर्शन से भक्ति का सीधा नाता कैसे बनेगा? क्या भक्ति भी कोई दर्शन है? है तो, शायद उसी तरह जैसे अपनी उच्छल तरंगमयता के बावजूद प्रेम भी एक दर्शन तो है ही!

भागवत की मानकर चलें तो दर्शन ज्ञान और वैराग्य नामक दो भाइयों की संयुक्त कार्रवाई है! भागवत की कथा शुरू ही ऐसे होती है कि नारद मुनि बीहड़ जंगल से होकर गुजर रहे हैं तो एक नदी के किनारे एक अत्यन्त रूपवती युवती उन्हें सिसकती

मिलती है! यह अरण्यरोदन का बड़ा ही सुभग पक्ष है कि मिथकीय कथाओं में वह बहुत देर अरण्यरोदन रह नहीं पाता, उसे जल्दी ही एक करुणाप्रवण कष्ट-निवारक मिल जाता है! नारद रुके, उन्होंने गौर किया कि सुरम्या के अगल-बगल दो वृद्ध खाँसते हुए बैठे हैं और वह स्नेह से उनका माथा सहलाती हुई रो रही है! नारद को लगा, उसके पिता-पितामह होंगे, पर वे निकले उसके बेटे, ज्ञान और वैराग्य जो बूढ़े होकर अब मरने ही वाले थे! भक्ति नाम था माता का और भक्ति चिरयुवा होती ही है—मधुरा रस से भरी हुई—उसके ये दो तर्कप्रवण बेटे ही बूढ़े खन्नास हुए जाते हैं क्योंकि वे किसी की नहीं सुनते, अपनी ही हाँके चले जाते हैं : मृत्युमुखी वार्धक्य का पहला लक्षण यही है कि माधुर्य खो दो, लचीलापन खो दो, मधुरा स्त्रीभाव खो दो और दिन-भर गालियाँ देते बैठो! जो पुरुष ऐसा नहीं करते यानी कि सरस, नमनीय, संवादप्रवण बने रहते हैं—साक्षात् विष्णु या शिव ही हो जाते हैं, मृत्यु उनके पास नहीं फटकती और 'मॉरल ऑफ द स्टोरी' आगे बढ़ाएँ तो इसमें यह भी जोड़ सकते हैं कि लक्ष्मी, राधा, अंडाल, मीरा, बहिनाबाई, जनाबाई—जैसी महीयसी कन्याएँ या फिर दस महाविद्याओं, पार्वती, ललद्यद और अक्क महादेवी जैसी पद्मिनी नायिकाएँ उन्हें वर लेती हैं!

अरण्यरोदन करती भक्ति से नारद टकराए तो उन्होंने उसके वृद्ध बेटों का कल्याण कैसे किया, यह सब श्रीमद्भागवत में पढ़ा जा सकता है, हमारे काम की बात यहाँ बस इतनी है कि मैंने महीयसी स्त्रियों की जो पहली सूची दी है, वे वैष्णव सम्प्रदाय की लोकप्रिय देवियाँ या भक्त कवि हैं और दूसरी सूची की पद्मिनी नायिकाएँ हैं शैव-परम्परा की देवियाँ और स्त्री-कवि!

वैसे तो पूरा धर्म-दर्शन एक कविता की तरह भी पढ़ा जा सकता है, कम-से-कम साहित्य के छात्रों को तो उसे वैसे ही पढ़ने में सहूलियत होती है तो हम वैसा ही क्यों न करें! यह क्यों न मानकर चलें कि हर देवता एक महाभाव है—कोई वीरता का रूपक, कोई सौम्यता का! और ये जो देवादिदेव हैं—विष्णु और शिव—वे भी एक ही लक्ष्य—मोक्ष या मुक्ति की ओर जाने वाले दो महामार्गों का प्रतीक हैं! एक का आधार प्रमेय योग है, दूसरे का तंत्र, पर आगे चलकर दोनों एक ही हो जाते हैं, इसको ही प्रतीक रूप में ऐसे कहा गया है कि शिव के हृदय में विष्णु का निवास है, विष्णु के हृदय में शिव का! पर 'रामायण' तक पहुँचते हुए स्थिति विषम हो जाती है। शिव का पुजारी रावण शिव की प्रत्यंचा नहीं उठा पाता, और विष्णु के अवतार राम उसे तोड़ देते हैं! तो यहाँ किस चीज का प्रतीक है शिव का धनुष? जैसे 'नानक नाम

जहाज है', बुद्ध का पंथ 'यान' है—बड़ा जहाज, महायान, छोटा जहाज, हीनयान, वैसे ही शिव की प्रत्यंचा एक ऐसी बेटिकट सवारी है जिसमें किसी का प्रवेश निषेध नहीं : भूत-प्रेत, सुर-असुर—कोई उसकी शरण आया नहीं कि उसका बेड़ा पार हुआ! चूँकि असुरों का भी बेड़ा पार करा देते हैं औघड़दानी और इस अभयदान से असुर उत्पात मचाते हैं, कहीं-न-कहीं तो मर्यादा की सेंसरशिप लगानी होगी! शायद यही सोचकर प्रत्यंचा के रूप में यह परम्परा ही तोड़ दी गई कि जीव-मात्र का कल्याण हो। योग्यता का क्षेपक लगा दिया गया त्रेता में कि कल्याण उसी का हो जो कल्याण के योग्य हो! एक आचार-संहिता लागू हुई, मर्यादा के सूत्र लागू हुए। शिव-प्रत्यंचा या शैव परम्परा का टूटना एक तरह का अग्रकथन है रावण-वध का, रावण जो कि शिव-भक्त है!

पर रावण-वध के बाद मर्यादा के नाम पर भी बहुत कबाड़ा होता है, सीता-निष्कासन, शम्बूक-वध वगैरह। तो त्रेता का वैष्णव मत 'लालित्य' का नाम ले लचीला हो जाता है! यहाँ ध्यान देने की बात यह है कि कोई वैष्णवपंथी स्त्री कवि कभी राम की उपासक नहीं हुई, हुई भी तो कृष्ण की उपासक ही, कृष्ण जो हँसमुख सखा हैं, नटखट हैं तो होने दो, ऐसी एकनिष्ठता का क्या करना जो सीधा देशनिकाला ही दे दे! अंडाल, मीरा, बहिनाबाई और जनाबाई—चार वर्गों, चार वर्णों से आई हैं, पर पितृसत्ताक परिवारों की तुलना में चारों को लीलावान, हँसमुख दोस्त पुरुष पसन्द हैं जो कि कृष्ण हैं! सारा जीवन वे उनके साथ मनोविनोद करती हैं, किसी की नहीं सुनतीं और एक अलग-सी यूटोपिया बसाकर उसमें रम जाती हैं। उससे भी बड़ी बात कि जिस आवेगमयी, चित्रमयी भाषा में वे कल्पित पुरुषों से बराबरी में गपशप करती हैं, उसमें स्त्री-भाषा की ठाठ के वे सब लक्षण हैं जो आगे चलकर यानी हमारे युग में एलेन सियू, लूस इरिगेरे और जूलिया क्रिस्तेवा जैसे मनोभाषाविदों के हाथों 'जोसुआ' या आनन्दातिरेक के सम्यक् विश्लेषण का माध्यम बना!

स्त्री भक्त-कवि : अस्मिता विमर्श के आईने में

एम.एस. शुभलक्ष्मी या शुभा मुद्गल के कंठ में अठखेलियाँ करती भक्ति कविता या सूफी कविता सुनते हुए मन में तरह-तरह के छोटे खयाल, बड़े खयाल उठने ही लगते हैं, और अस्मिता के आलोक में स्त्री भक्ति-कविता का पाठ जरूरी लगने लगता है!

भक्ति आन्दोलन और अस्मिता आन्दोलन—दोनों उदारचेता आन्दोलन हैं जिनकी शुरुआत 'अहंकार-विलयन' की महाबोधि यात्रा या निजी क्षितिज-विस्तार में होती है और जो पहुँचना चाहती है सर्वमंगल के उस महान क्षितिज तक जिसके आगे राह नहीं है। यह तो विज्ञान और पराविज्ञान—दोनों की मूल स्थापना है कि यथार्थ के तीन आयाम होते हैं—पदार्थमयता का आयाम, चेतना का आयाम और अनंत का आयाम जो गहराई का आयाम भी है और जिसकी परिमिति अगोचर है—इन्द्रियातीत होने की हद तक असीम और अगोचर! विज्ञानविद् उसके नाभिकीय केन्द्र में एक चुम्बकीय आकर्षण वाले चमकीले नाद-बिन्दु की संवेदन उपस्थिति की बात इन दिनों कहने लगे हैं और उसका उन्होंने नाम दिया है गॉड पार्टिकल (ईश-कणिका)। माना जा सकता है कि सृष्टि का गुरुत्वकेन्द्र वही है यानी उसकी विधायक-संचालक-विध्वंसक शक्ति। अगर मांगलिक ऊर्जाएँ हमने स्पेस में छोड़ीं तो मांगलिक ऊर्जाएँ ही लौटकर हमारा आत्मन् घेर लेंगी, अमंगलकारी या नेगेटिव संवेदन भेजने पर हमारे आत्मन् पर भी नारकीय संवेदनों का परावर्तन हो जाएगा। हमारी कृषिप्रधान सभ्यता में 'जैसा बोया वैसा काटा' एक आम अनुभव है! इसके आधार पर भक्ति कविता का नया सिद्धान्त कुछ यह बनेगा कि भक्त-कवि दास्यप्रेरित विनय, साक्ष्यप्रेरित प्रीति और माधुर्य, निर्वेदप्रेरित शान्ति की जो मांगलिक ऊर्जाएँ कवि काव्य-फलक से सृष्टि में विकिरित करते रहते होंगे, (प्रशस्ति और धन्यवादमूलक जो भाविक ऊर्जाएँ सृष्टि में भेजते होंगे) सृष्टि उनके प्रत्युत्तर में उनके आत्मन् पर ऐसे ही मांगलिक भावों की महामना दस्तक भेजती होगी। शायद इसी क्रम में उसके चित्त की सारी संकीर्णताएँ विलीन हो जाती हैं और आत्मन् क्रमश: सारी सरहदें तोड़ता हुआ अनंत में विलीन हो जाता है। तो जो मांगलिक ऊर्जाएँ इष्ट को, सृष्टि को, समाज को, दाता-भाव में हम निवेदित करते हैं, उनसे उनका कुछ भला होता हो, न होता हो—हमारा अपना भला जरूर हो जाता है! उत्तर-आधुनिक अन्वेषणों के आलोक में भक्ति सिद्धान्त का सारांश मेरी समझ में ये ही आया—इस्लाम, बौद्ध, जैन, हिन्दू और सिक्ख धर्मग्रंथों के कई तेजस्वी भाष्य इसी चक्कर में मैंने पढ़े कि कुछ ऐसा उभयनिष्ठ प्रमेय समझ में आए जिसका सम्बन्ध मैं अस्मिता-लेखन के 'केयर-एथिक्स' से जोड़ सकूँ।

इतना तो हम समझते ही हैं कि अस्मिता लेखन का दर्शन है भेदभाव की सारी संरचनाएँ ढहाते हुए पर्यावरण-सजग, युद्ध और आतंकविरत बहुलतावादी विश्व का विकास! सारे उत्तर-मनोभाषिक अध्ययन यह स्पष्ट कर चुके हैं कि प्रकृति भी ऊँच-नीच नहीं मानती! पारस्परिक सहयोगपरक सम्बन्धों का अन्तर्जाल है प्रकृति और

नाभिनालवाला जो रिश्ता समवेत का निजी से होता है, बहिरंग का अन्तरंग से, वो ही अस्मिता का आत्मन् से है। और यह भी कि वर्ग-जाति-लिंग-सम्प्रदाय आदि निरे संयोगों से बँधी यह अस्मिता स्पर्द्धामूलक भी होती है और सहकारितामूलक भी। पते की बात यह है कि अस्मिता-लेखन स्पर्द्धामूलक पक्षों के प्रति पूरा सजग होता हुआ भी सहकारितामूलक पक्षों का महास्वप्न आज तलक देखता है। टूटी-फूटी चीजों से जैसे वंचितजन पेपरमैशी की सुन्दर-सुन्दर चीजें गढ़ लेते हैं : टूटे-फूटे महावृत्तान्तों से अस्मितालेखन सर्वसमावेशन के महास्वप्न रचे जा रहा है—यह कम आश्चर्य की बात नहीं! स्त्री-दलित आदिवासी लेंस से देखने पर युद्ध, दंगा, बँटवारा, भूमंडलीकरण, पर्यावरण, वर्ण-व्यवस्था और वर्ग-वैषम्य, सब एक नया आयाम पा रहे हैं।

महाप्रमेयों के ध्वंस की घड़ी जब आई, लघु-आख्यान और अस्मिता-विमर्श उसी मनोबल से उठे जिससे सूर्यास्त के वक्त दीये की लौ उठती है और शोषण का इतिहास 'सर्वाइवल' के इतिहास के रूप में पढ़ा जाने लगा। दूसरों के दुख दूर करने में लग जाना अपने दुख से मुक्ति का सर्वथा कारगर उपाय है—भक्त कवियों की यह बात अस्मिता लेखन ने आत्मसात् कर रखी है। यथास्थिति को चुनौती देते हुए वैकल्पिक स्पेस गढ़ लेने का उसका तरीका, चिमटे की एक फटकार पर निजी को समवेत से चटाक जोड़ लेने का उसका तरीका भी भक्ति काव्य से काफी मिलता-जुलता है।

अस्मिता-आन्दोलन भी अहंकार-विलयन की, सबको एक चटाई पर बिठाकर घरेलू बिम्बों में अपना अनुभूत सत्य कहने की, बढ़ाते-बढ़ाते उसे सर्वसमावेशी कर लेने की वही बात कहते हैं। ज्ञानमार्गी निर्वेद, वात्सल्य, साख्य भक्ति के तहत अहं की सरहद बढ़ाते-बढ़ाते सर्वसमावेशी कर ली जाती है। दास्य और मधुरा भक्ति में यह प्रक्रिया उलटी चलती है। अहं की सरहद घटाते-घटाते उस शून्य पर ले आई जाती है 'जिसके आगे राह नहीं है', पर सर्वसमावेशन उसमें भी वैसा ही होता है।

पर सूचनाओं को ही ज्ञान समझ लेने का विभ्रम हमें ठीक से प्रेममार्गी होने नहीं देता। वात्सल्य, माधुर्य, साख्य, दास्य, निर्वेद आदि जो महाभाव हैं, अपनी परमशुद्धता में हमारे भीतर पैदा नहीं होते। वात्सल्य बाधित हुआ है कि बच्चों का पालन-पोषण अकसर हम अपनी अधूरी इच्छाएँ पूरी करवाने की खातिर करते हैं। माधुर्य बाधित हुआ है चूँकि स्त्रियाँ मनुष्य हो गई हैं, और उन्हें बराबर का मनुष्य समझते हमारा कलेजा काँपता है। दास्य भक्ति बाधित हुई है कि दलित-आदिवासी और दूसरी जमातों का भी वैयक्तीयन हो गया है और उनकी आँखों से अज्ञान का यह पर्दा भी उतर गया है जो महिमान्वितों को भगवान मान लेता था और भगवान की कल्पना भी

सजे-धजे राजा या सामन्त की तरह ही कर पाता था। निर्वेद इसलिए बाधित है कि पैसा ही अब नया खुदा है, तैंतीस करोड़ देवताओं के इस देश में बाजार नया देवता है जिसे शान्ति नहीं, स्पर्द्धा, प्रायोजित आतंक और कूटनीति से अपनी दुकान चलानी है। ठीक है कि—'ज्ञान न खेतौ ऊपजै प्रेम न हाट बिकाई!' ज्ञान न सही, सूचनाएँ तो कम्प्यूटर के खेत में लहलहा ही सकती हैं। प्रेम न सही, पर सेक्स तो हाट में अच्छी पैकेजिंग के साथ बिक ही सकता है! आनन्द न सही, सुविधाएँ तो खरीदी जा ही सकती हैं—भले ही उन सुविधाओं के एवज में धरती माँ बुखार में तपती नजर आए, सारा पर्यावरण तहस-नहस हो जाए!

बाकी बचा साख्य तो यही आजमाना चाहता है विमर्शात्मक लेखन जो कन्धे पर हाथ रख घरेलू बिम्बों में दुख-सुख बतियाते हुए, निजी समवेत, कॉस्मिक-कॉमनप्लेस, देहाती-शहराती, पौर्वात्य-पाश्चात्य के बीच का पदानुक्रम भी उसी तरह ढाहते हुए जैसे वर्णों-वर्गों, लिंग-सम्प्रदायादि के बीच का पदानुक्रम! पाठों के बीच भी एक अन्तरंग गपशप उसी तरह प्रस्तावित करते हुए जैसी हम विभिन्न वर्गों-लिंगों-सम्प्रदायों के बीच चाहते हैं।

मेरी समझ में भक्तिकालीन रचनाओं से अन्त:पाठीय जैसा संवाद विमर्शात्मक लेखन, खासकर स्त्री-लेखन ने किया है, उतना समकालीन लेखकों में किसी और ने नहीं। इससे बड़ा इसका प्रमाण क्या होगा कि इनके सरोकार एक हैं, तादात्म्य बनता तभी है जब सरोकार एक होते हैं! इसका सबसे बड़ा साक्ष्य मेरे साथ घटी एक घटना है। सन् 1996 में मुझे 'काली फॉर विमेन' द्वारा आयोजित एक अन्तर्राष्ट्रीय सेमिनार के दौरान दूसरी भारतीय भाषा की स्त्री लेखकों के साथ एक ही शिविर में कई दिन बिताने का मौका मिला। वहीं एक रात हमने तय किया कि मराठी, तमिल, कन्नड़ और हिन्दी की भक्त कवयित्रियों का अंग्रेजी अनुवाद हम एक-दूसरे के सामने रखें ताकि उस वक्त की बगावत का अन्तरंग सामने आ सके। अनुवाद करते समय प्राय: सबके मन में एक ही तरह की प्रेरणा जगी कि 'ज्यों-की-त्यों धर दीनी चदरिया' वाला यथावत अनुवाद एक तरफ, और उसके बगल में उससे अन्त:पाठीय संवाद करता एक आधुनिक स्त्री-पाठ—दोनों साथ-साथ तैयार हों; इस क्रम में तमिल की अंडाल, कश्मीर की ललद्यद, कन्नड़ की अक्क महादेवी और महाराष्ट्र की जनाबाई से—मैंने जो अन्त:पाठीय गपशप की, उसके कुछ टुकड़े मैं आपके सामने रखती हूँ, इस बात के प्रमाण के रूप में एक आधुनिक स्त्री-मन से इन पाठों में धड़कता स्त्री-मन कितना मिलता-जुलता है, कितने मिलते-जुलते हैं घरेलू बिम्ब, गहनतम

बात सरल ढंग से सामने रखने की उनकी अन्तरंग शैली, और देह को लेकर इनकी चिन्ताएँ भी कितनी मिलती-जुलती हैं—

व्यर्थ है मेरा सिंगार-रूप-यौवन
उस दूध की तरह
जिसे न बछड़ा पी सका
और न जो बाल्टी में ही
भरा जा सका।
इस साँवले आम्रपल्लव की तरह
मैं कर रही हूँ प्रतीक्षा कि
कब पतझड़ का पीला वैभव
चबा ले मुझे।
सुध ही नहीं लेता मेरा गोवर्धन—
काटकर जो फेंक दूँगी अपने स्तन
तो उसको पता चलेगा।

—अंडाल

मान की पराकाष्ठा है यह जहाँ आत्मत्रास प्रिय का ध्यान खींचने का एकमात्र उपाय रह जाता है। घना है यह एहसास कि देह मिट्टी है, एक ऐसा आम्रपल्लव जिसे कल पतझड़ के पीले दाँत चबा जाएँगे, फिर भी दैहिकता का एहसास इतना सघन है कि उसे भी दूध की तरह प्रिय के कंठ उतारना है—इसके पहले कि जीवन की गैया बिसुख जाए। आधुनिक स्त्रियों के यहाँ देह अधिकतर शोषण की आधारभूमि के रूप में चित्रित हुई है, पर कहीं-कहीं वह आनन्द-निर्झर के रूप में भी सामने आती है—खासकर तब जब मनचीता पुरुष या कम से कम उसका काल्पनिक प्रारूप सामने होता है। इस लोक में तो मनचीते पुरुष उपलब्ध होते नहीं तो कल्पना के लोक में ही उसकी अनंत छवियों से तरह-तरह के मान ठानती हैं भक्त कवयित्रियाँ! भाषा की रंगीन पिचकारी से मनचीते कल्पना-पुरुष को अपने रंग में रँग लेना चाहती हैं या फिर उसके ही रंग में रँग जाना चाहती हैं—'मैं तो साँवरे रंग राची' भाव से।

इतना हम सभी समझते हैं कि बौद्ध और जैन धर्मों की निग्रहवादी संचेतना के विपक्ष में सगुण भक्तों का यह सरस देहवाद पढ़ा जा सकता है! बौद्ध और जैन धर्मों का बढ़ता प्रभाव काटने के सूक्ष्म राजनीतिक उद्देश्य से भी सगुण भक्ति आन्दोलन संचालित था।

मन्दिर भी राजनीति-मंडप सजाते हुए सभी वर्गों-वर्णों-लिंगों के लोगों को एक दरी पर बिठाने लगे थे—वाणिज्य-व्यापार द्वारा सम्पोषित कारीगरों का समूह भी इसमें शामिल होने लगा था, और भक्त कवयित्रियों को 'सन्तन ढिंग' बैठने का अवसर मिलने लगा था!

एक बिम्ब के सहारे अपनी बात कहूँ तो जैसे कुंडलिनी मूलाधार से चलकर सहस्रार तक उठ सकती है, गैर-ब्राह्मण और स्त्रियाँ भी भक्ति की सीढ़ी से भाव के उच्चतम शिखर तक पहुँच सकते हैं—प्राय: ऐसी ही एक मान्यता उमड़ने-घुमड़ने लगी थी। लोक-लुभावन इसी राजनीति के तहत लोकभाषा में ज्ञान-ध्यान वार्ता और लेखन सम्भव हुआ शायद! कुल मिलाकर बात यह थी कि भक्ति अब वैयक्तिक स्तर पर रूमानी विहार न होकर, राजनीतिसजग आन्दोलन बन गई थी, पर स्त्री की स्थिति ऐसी कि अब भी उसकी देह जबरदस्ती के घाव झेलने को विवश थी, इसी स्थिति के प्रतिकार के लिए निर्वस्त्र तीर्थाटन पर निकल पड़ीं कश्मीर में ललद्यद, कर्नाटक में अक्क महादेवी। डंके की चोट पर अक्क बोलीं—

राजा वसूलेगा कर
धन-वन-जमीन पर,
लेकिन लगाएगा कैसे लगान
रूप पर या गन्ध पर
वह प्रगाढ़ शान्ति जो मुझको
लपेटे है चारों तरफ से—
कैसे ले जाएँगे वे छीनकर?
उसका ही नूर दुशाला जिसका,
क्या उसको करना है वस्त्रों का?

—अक्क महादेवी

इसी तरह मलिन नेत्रों वाले पंडितों को चुनौती देती ललद्यद कहती हैं—

शास्त्र रट जाना आसान है,
उस पर अमल करना मुश्किल,
सच का सन्धान नहीं
बच्चों का खेल।
आँख गड़ाकर देखा तो उड़ गए
शब्द आखिरी—

खुशदिल, प्रशान्त—
मुझे मिला बैठा वहाँ
मेरा वह उठा-बैठापन!

—ललद्यद

'ऐसा कोई ना मिला जिन सौं रहिए लागी' का मर्म स्त्रियाँ जितना समझती हैं, पुरुष नहीं समझते, क्योंकि पुरुषों की पसन्द के हिसाब से ढलने की जितनी कोशिश स्त्रियाँ करती हैं, स्त्रियों की पसन्द के हिसाब से ढलने की उसकी शतांश कोशिश भी पुरुष नहीं करते। कई बार उन्हें सूझता ही नहीं कि ऐसा करना चाहिए क्योंकि बहुधा वे उन्हें मनुष्य ही नहीं समझते, इसका नतीजा होता है कि स्त्रियाँ भी अपनी पसन्द का बबुआ या तो अपने बच्चों में या अपने 'मदन गोपाल' में ढूँढ़ लेती हैं—और फिर अकसर ऐसा होता है कि देह का पिंजरा तो गृहस्थी के द्वार पर टँगा हुआ रह जाता है, पर मन की चिड़िया उड़ जाती है फुर्र! महाराष्ट्र की तीनों भक्त कवियों के साथ ऐसा ही हुआ, उन्होंने घर नहीं छोड़ा, आधुनिक स्त्रियों की तरह घर-गृहस्थी करते हुए अपना वैकल्पिक संसार कल्पना में बसाया और काल्पनिक सखा से मजेदार टोन में गपशप की। तुकाराम की बहन, मुक्ताबाई निर्गुण भक्ति में पगी थीं, पर तंत्रसिद्ध अपने गुरु चंगदेव से उनके प्रश्नपरक संवाद स्त्रीभाषा के बाँकपन का अद्भुत नमूना हैं। कुछ अनूठी लोरियाँ भी इन्होंने लिखी हैं जहाँ गुरु ही माँ है और शिशु भी :

पालना हृदय में ही डोल रहा,
मौन की डोर से बँधा!
शान्ति, क्षमा, देहशून्यता—
आई हैं झुंड बनाकर नाम धरने शिशु का!
सगुन खिलौना हो है।
जब माँ की चुटकी से
सोऽहम् सुनते-सुनते
आ जाएगी योगनिद्रा,
जागेगा किसी और ही लोक में
मेरा बबुआ!
(लम्बी कविता का छायानुवाद)

—मुक्ताबाई

मुझसे पूछा जाए तो नई जमीन पर सूर-तुलसी की दो प्रसिद्ध पंक्तियों के पुनर्रोपण से अस्मिताधर्मी साहित्य का मूल दर्शन रेखांकित करूँ—

बहिरौ सुनै मूक पुनि बोलै
रंक चलै सिर छत्र धराई।

पहली कामना तो अस्मिताधर्मी साहित्य की ये ही है कि जो कभी नहीं बोले, मुँह खोलें, और जिन्होंने कभी किसी भी बात पर कान नहीं दिया, उन्हें धैर्यपूर्वक सब सुन-समझकर आत्मप्रक्षालन की सुध आए।

दूसरी पंक्ति तुलसी बाबा की—

अब लौं नसानी अब न नसैहौं।

'अस्मि' का मतलब ही है 'मैं हूँ'—मैं भी हूँ—जरा देखो इधर 'हम भी मुँह में जबान रखते हैं / कोई पूछे कि मुद्दआ क्या है...' पर 'मैं हूँ' का व्यंजनात्मक विस्तार 'मैं हूँ न' का आश्वासन देता हुआ पत्ता-पत्ता बूटा-बूटा स्नेह से अँकवार आता है। अस्मिता आन्दोलन में भी स्त्री-आन्दोलन ने अपनी 'अस्मि' की परिधि हमेशा विराट रखी—छठे दशक में नि:शस्त्रीकरण का, सातवें में नेग्रिच्यूड का, आठवें में सिविल राइट्स का, नवें में भूमंडलीकरण और पर्यावरणगत समस्याओं का बृहत्तर मुद्दा स्त्री आन्दोलन के आँचल तले ही पला। एक बूँद खून बहाए बिना सिर्फ भाषिक औजारों से, घर में और घर के बाहर अस्मिता-लेखन ने वही पहल की जो भक्ति-कविता ने कभी की थी! जनतांत्रिक मुद्दों पर मनोवैज्ञानिक युद्ध साधने का फैसला भक्त-कवियों की तरह अस्मिता लेखकों ने भी कभी छोड़ा नहीं। 'जो है, उससे बेहतर चाहिए'—की धुन दोनों एकतारों पर बजी। यथास्थिति को चुनौती और वैकल्पिक जीवन चुनने का आत्मबल ही इन्हें नाभिनालबद्ध करता है।

मोक्ष और स्वाधीनता : एक पंक्ति में कहें तो मुक्ति अपने दोनों अर्थों में क्षितिज अगाध कर लेने की सम्भावना का ही दूसरा नाम है। भक्ति आन्दोलन और अस्मिता आन्दोलन इसी अगाधता को समर्पित आन्दोलन माने जाएँगे!

महादेवी की मीरा : मनचीते पुरुष की खोज

एशियाई स्त्रीवाद जे. बर्नहार्ट की इस अवधारणा से सहमत नजर आता है कि 'कहते रह गए फ्रॉयड धर्म को 'भ्रान्ति' और मार्क्स उसे अफीम बताते रह गए, पर मनुष्य की जात लाइलाज रूप से धर्मप्राण ही रही।'[1] इसलिए समझदारी इसी बात में है कि

हम उभयनिष्ठ धार्मिक प्रवृत्तियों या आध्यात्मिक मूल्यों (नैतिक कथाओं, मिथकों, रीति-नीतियों) की एक साझा गुदड़ी सिलें और फंडामेंटलिज्म की धज्जियाँ उड़ाते हुए धर्मेतर अध्यात्म के पैरोकार बनें जहाँ कुछ भी भ्यावह रूप से गम्भीर और सँकरा नहीं, तरल हँसमुख दोस्त दृष्टि से परिचालित है सब कुछ! जरूरी है तो बस खिड़कियाँ-दरवाजे खुले रखना, इतर परम्पराओं से मुक्त संवाद की पहल। इसी क्रम में भक्त कवियों, धर्मग्रंथों और गाथाओं की भी नई विवेचनाएँ जरूरी हैं। आवश्यक है उनका पुन:पाठ और साथ में यह समझना भी जरूरी है कि हर युग किसी क्लासिक रचना का नया भाष्य लिखता है।

हिन्दी साहित्य के ज्यादातर इतिहास स्त्री-कविता के नाम पर 'मीरा' स्टेशन से एक छुक-छुक गाड़ी छोड़ते हैं। यह गाड़ी बीच के छोटे-छोटे स्टेशन फलाँगती सीधी 'महादेवी' पर रुकती है और मजे की बात यह कि इतनी सदियों के अन्तराल के बावजूद दोनों स्त्री-कवियों के 'चिरप्रतीक्षित पुरुष' एक जैसे हैं—काम्य परिवेश गढ़ने में निमग्न डीक्लास सखा। 'ज्ञानिनामअग्रगण्य' चरवाहा किशोर मीरा रानी के मनचीते पुरुष हैं। रहा महादेवी का प्रश्न तो उनके निजी जीवन के दायरे में हैं तो बस बुद्ध और गांधी, जो कहीं से भी 'मैचो' अतिपुरुष नहीं। दोनों के मनचीते पुरुष बराबरी में संवाद के लिए प्रस्तुत हँसमुख साथी हैं जो देश-काल में जरूरी परिवर्तन घटित करते हैं पर खून-खराबे से नहीं, रीति-नीति से। गपशप और हास-विलास के लिए हरदम उपलब्ध नहीं रहते, वियोग में डालते हैं। पर वह वियोग भी मीठा है क्योंकि उसमें मारपीट, गाली-गलौज की स्मृतियाँ डाका नहीं डालतीं। एक कल्पनाशील स्त्री के लिए तो सहज सौहार्द का तरल आश्वासन ही बहुत है और यह एहसास कि उस चिरप्रतीक्षित की स्मृतियाँ मधुर हैं और परिवेशगत विषमताओं के विरुद्ध संघर्ष के जिस महामिशन से वह जुड़ा है, वह उसे (स्त्री को) भी एक ऐसा स्नेह-तरल रचनात्मक स्पेस दे रहा है जहाँ हर समय कोई सिर पर सवार नहीं है!

मीरा जन्मशती के अवसर पर राजस्थान की कई संस्थाओं ने महादेवी को मीरा पर बोलने के लिए बुलाया था। राजस्थान के अलग-अलग हिस्सों में घूमकर वे मीरा पर बोली थीं। राजकमल प्रकाशन के लिए यह भाषण-शृंखला सम्पादित करते हुए यह बात मेरे मन में कौंधी कि समकालीन स्त्री-कविता में उभरने वाले दोस्त-पुरुष और दोस्त-परिवेश का ब्लू-प्रिंट कहीं-न-कहीं मीरा और महादेवी के मनचीते/चिरप्रतीक्षित पुरुष से जुड़ता है जो बृहत्तर परिवेश की विडम्बनाएँ समेटने में व्यस्त है और जिसे अपनी साथिन से यह उम्मीद भी है कि वह उसके वियोग में रोती-झींकती बैठी नहीं

रहेगी बल्कि अपनी सर्जनात्मक वृत्तियों का ऊर्जस्वी उपयोग करती हुई एक ऐसा खुला-खिला भाषा-घर रचेगी जिसमें दरवाजे और दीवारें हों ही नहीं—हवा की तरह, रूपकों की तरह, धूप की तरह कोई कभी भी, कहीं से भी आ-जा सकता हो। घर वही होता है जहाँ आप लौट सकें। इसलिए स्मृतियाँ घर हैं। सपनों से स्मृतियों तक की आवाजाही हरदम कायम रहती है। कविता घर है। जल्पना से कल्पना का नाता जब भी विच्छिन्न हुआ, सारे पुल टूट गए। कल्पना और जल्पना, निजी और समवेत, माइक्रो और मैक्रो, वैचारिक और राजनीतिक के बीच का पदानुक्रम स्त्री-भाषा एक आवेगमय झप्पी, एक हँसमुख जक्स्टापोजिशन में तोड़ती है। स्त्री-भाषा का यह उद्यम गैर-बराबरी के प्रतिकार के अनुरूप ही है, जो इसका बृहत्तर दर्शन है। इसके सूत्र मीरा-महादेवी की कविता में भी ढूँढ़े जा सकते हैं।

दीवारें लाँघने का यह क्रम ही स्त्री को (स्त्री-भाषा, स्त्री-साहित्य को भी) वह हँसमुख दोस्त-दृष्टि देता है जो पदानुक्रम ढा दे। हास्य जगता ही वहाँ है जहाँ सोचने और देखने के स्थापित क्रम को एक खुशदिल-सी चुनौती मिलती है। मीरा की भाषा में यह खुशदिल चुनौती स्पष्ट है, महादेवी की भाषा मुँह पर आँचल रखकर हँसती है—खासकर गद्य में। अवज्ञा वहाँ है पर सविनय, मीरा की तरह बिन्दास अवज्ञा नहीं। हँसने के क्रम में वे रक्त और यौन सम्बन्धों तक कीलित 'परिवार' और 'धर्म' की जकड़बन्दियों को चुनौती देना भी नहीं भूलतीं! वैष्णवों से मीरा का मलंग विवाद और काशी विश्वविद्यालय के आचार्यों से महादेवी की गम्भीर असहमतियाँ इस बात का स्पष्ट साक्ष्य वहन करती हैं कि उनकी कविता की तरह उनकी धर्मचेतना भी जकड़बन्दियों के बाहर थी! अब्राह्मण होने के कारण महादेवी वर्मा बनारस हिन्दू विश्वविद्यालय से संस्कृत में एमए नहीं कर सकीं, पर संस्कृत के आर्ष साहित्य से किए गए उनके अनुवाद और बौद्ध दर्शन से ही नहीं, बल्कि बुद्ध के व्यक्तित्व से भी उनका गहरा अनुराग किसी भी शास्त्र से अधिक अन्तर्दृष्टिपूर्ण है। कृष्ण, गांधी या और किसी योगीनुमा पुरुष के लिए स्त्रियों के मन में जो एक स्वाभाविक आकर्षण होता है, वह शायद इसलिए कि सामान्य पुरुषों की तरह वे उनके पीछे नहीं पड़ते और थोड़े से शान्त-सचेत होते हैं, स्त्रियों के ज्ञानात्मक या संवेदनात्मक विस्तार में उनकी रुचि होती है, उन्हें गर्भ-मात्र या काया-मात्र मानकर खारिज करने में नहीं! इसलिए बाद के साहित्य में पनपी दोस्त और हमदर्द पुरुष की अवधारणा से भी उन्हें जोड़ा जा सकता है जिसे रेचल ऐल्स ने 'हेजेमोनिक' करार दिया है—

वर्चस्ववादी मर्दानगी के धारक 'धाँसू रूप से आदर्श' पुरुष नहीं होते। वे

तो अपने ढंग से अनूठे, सबसे अलग—लोकप्रिय नायक, फंतासी-प्रतिमाएँ और अनुकरणीय प्रतिमान होते हैं। वर्चस्ववाद सांस्कृतिक प्रभुत्व से सम्बन्ध का प्रश्न ही तो है, गणनावाद उसके स्वभाव में नहीं, सिर्फ सिर गिनकर सन्तुष्ट वह नहीं होता।[2]

ज्यादातर पुरुष पढ़ी-लिखी, परिष्कृत मन वाली स्त्रियों के इस मनचीते पुरुष से चिढ़ते हैं। इस पूरे ब्लू प्रिंट से वे चिढ़ते हैं क्योंकि इस पर खरा उतरना कई बार उनके लिए सम्भव नहीं होता और इस आदर्शीकरण की कुछ समस्याएँ भी हैं; खासकर पश्चिम में : सच पूछिए तो निर्विवाद रूप से आदर्श पुरुष कौन है—अमेरिकी मर्द—शादीशुदा, जवान, उत्तर अमेरिकी सफेद मर्द, शादीशुदा और नौकरीशुदा, कद-काठी, कार-बार—सब कुछ आदर्श, एक इंच कम, न ज्यादा, खेल के मैदान में भी बाजी मार आया पुरुष। जो पुरुष ऐसा नहीं हो पाता, अपूर्ण और अयोग्य होने की एक कसक उसे आजीवन परेशान रखती है।

भूमंडलीकृत बाजार द्वारा प्रस्तावित 'कम्पलीट मैन' अब तो भारत में भी रेमंड्स सूट पहनने वाला और बड़ी गाड़ी पर घूमने वाला सम्पन्न पुरुष हो गया है, पर स्वाधीनता आन्दोलन तक ऐसी बात नहीं थी! नेहरू तो इस छवि में थोड़े फिट भी होते पर जिन दो स्त्री-कवियों की बात आज हम करने चले हैं, उसमें एक का मनचीता पुरुष तो ज्ञानी चरवाहा था, दूसरे का राजपाट छोड़कर चल देने वाला सिद्धार्थ और (दूसरे चरण में) एक लँगोट में विलायती राउंड-टेबल कॉन्फ्रेंस हो आने वाला निर्भीक मोहनदास। इन तीनों में से किसी को अपने पौरुष के अनवरत रेखांकन के लिए अतिपुरुष होने की जरूरत नहीं थी और इसलिए ये संवेदनशील स्त्री कवियों के अनन्य सखा हो पाए।

ध्यान से देखें तो एशियाई स्त्रीवादियों की साहित्यिक आलोचना स्रोत-विश्लेषण में उत्तर-औपनिवेशिक, साम्य-दर्शन में समाजवादी, भाषिक विश्लेषणों और अस्मिता-विषयक अवधारणाओं में उत्तर-संरचनावादी है। 'सार-सार को गहि रहै, थोथा देइ उड़ाय' से ही इसने अपना मॉडल लिया है और इसकी अगाध गम्भीरता का आकलन तब तक सम्भव नहीं होगा जब तक हम हिन्दी में स्त्री-साहित्य की इतिहास-दृष्टि का सही आकलन नहीं करते और उसके नैतिक भूगोल का भी जिसका सीधा सम्बन्ध धर्मेतर आध्यात्मिक चेतना से बनता है।

दुनिया के पैमाने पर स्त्रीवादी धर्म-चेतना के तीन शिविर हैं—एक क्रिश्चियन और मुसलमान स्त्रियों के व्याख्याशास्त्र से जुड़ता है, दूसरा बौद्ध स्त्रियों के आत्म-नियोजन

से और तीसरा प्रकृति के येन-प्रिंसिपल या दैवी चेतना के आकलन से। भारतीय सन्दर्भ में देखें तो यहाँ हम थेरीगाथा और भक्त कवयित्रियों की आधुनिक व्याख्याओं के अलावा मिथकों, लोक-परम्पराओं और रीति-रिवाजों के स्त्रीवादी विश्लेषण का अध्याय भी जोड़ सकते हैं। भारतीय स्त्री-साहित्य गहरे अर्थों में अन्त:पाठीय है और अपनी जातीय स्मृतियों में इसकी जड़ें गहरे धँसी हैं। इस आधारभूत तथ्य की समझदारी ही कुमकुम संगारी, रूथ वनिता, पुष्पा भावे आदि की आलोचना-दृष्टि को परम्परा-प्रक्षालन का धीरज देती है और बार्बरा आई ओन तथा हेली माउंटेन आदि की काव्य-दृष्टि को परम्पराओं के अन्त:पाठीय संवाद का! इगेलहार्ट के एक स्थानीय रिवाज का उत्खनन करती हुई वे मासिक स्राव से भीगे धागे से पेड़ लपेटने का बिम्ब एक विराट धरातल पर प्रतिष्ठित करती हैं—

औरतों ने बुना है हमेशा,
हम भी बुने जा रही हैं ये धागा परिधि में अपने जीवन की
औरतों ने बुना है समय और विस्तार बुने हैं,
हम भी बुने जा रही हैं ये धागा परिधि में अपने जीवन की
जैसे कि बीज बुनती हैं धरती में हम,
आओ, बुनें धागा परिधि में अपने जीवन की
जैसे कि कविता में शब्द बुनते हैं,
आओ, बुनें धागा परिधि में अपने जीवन की
जैसे कि बुनती हैं औरतें हमेशा,
ये धागा बुनती हैं और देवी माँ होती हैं, एकदम से साथ उनके।[3]

इसी लय में भक्ति की वीविंग स्वाधीनता विमर्श और ज्ञान की वीविंग संज्ञान से करती हुई हमारी स्त्रीवादी अध्येता आगे बढ़ी हैं ताकि कम-से-कम स्त्री-साहित्य में 'विशिष्ट' और 'सामान्य', 'शास्त्रीय' और 'लौकिक', 'मैक्रो' और 'माइक्रो' का पदानुक्रम टूटे और नैतिक भूगोल से असम्पृक्त न हो स्त्रीवादी इतिहास-दृष्टि।

2

एक देश में या एक जीवन में जो ऐतिहासिक या नाटकीय मोड़ आते हैं, उनका मंचन दोहरा होता है—एक मंचन युद्धभूमि में, सड़कों पर, भूमिगत रास्तों में, कहवाघरों में, पार्टी-दफ्तरों, पबों में, अखबार के दफ्तरों में, स्कूल-कॉलेजों, नाट्य संस्थानों, मन्दिरों-

मस्जिदों-गिरजाघरों के प्रांगण में, रजवाड़ों में, संसद में; और उनके समानान्तर एक और जगह, जिसे घर कहते हैं। जो भी लड़ाइयाँ बाहर लड़ी जाती हैं, जो भी कारस्तानियाँ बाहर की जाती हैं, उसका यथोचित बखान, उचित सम्पादन के साथ यानी कहीं से बढ़ाकर, कहीं से घटाकर पत्नी-बच्चों, भाई-बहनों-बुजुर्गों के सामने, पुरुष करते हैं। और छने-छनाए उपाख्यान, ये फिल्टर्ड नैरेशन स्त्री-मन, बाल-मन में ऐसा छायाचित्र रचते हैं जिसमें वह सुना-सुनाया इतिहास अपने ढंग से, दुबारा रचने का संकल्प धीरे-धीरे अपने रंग भरने लगता है। जो भी सुना गया, उसे अन्तर्मन में दर्ज करते हुए भी एक स्वचालित सम्पादन चलता रहा है यानी कि उसकी आलोचना-प्रत्यालोचना चलती रही है, गृहीता के संस्कार कुछ बातों का काल्पनिक विस्तार करते हैं, कुछ का अन्यमनस्क सम्पादन।

स्वाधीनता-संग्राम के दौरान स्त्रियों की जो भी इतिहास-दृष्टि बनी, स्त्री-साहित्य में उसकी परछाइयाँ हैं। यह ऐसा समय था जब स्त्रियाँ गौरवगाथाओं का और दमनचक्रों का मूक श्रोता-भर नहीं थीं। वे इसकी द्रष्टा, अभिनेता, योद्धा भी थीं। सुने और देखे हुए के बीच का, कल्पना और जल्पना के बीच का फर्क उस वक्त के पूरे साहित्य में दर्ज है। सत्य एक बड़े मूल्य, बल्कि हथियार की तरह उभरा था, इसलिए सुने और देखे हुए का, कथनी और करनी का भी फर्क उतना नहीं था, और हर बड़ा कवि संकल्पसिद्ध मौन में तपने का आदर्श रखता हुआ कुछ ऐसा ही सोचता दीखता था कि—

वक्त आने पर दिखा देंगे तुझे ऐ आसमां,
हम अभी से क्या बताएँ, क्या हमारे दिल में है।

आखिरकार, वक्त एक बड़ी दराज, एक बड़ी जेब तो है ही। इनसान अपने संकल्प, अपने सपने और स्मृतियाँ उसी में तहाकर छुपा लेता है, और इन्तजार करता है उस घड़ी का जब वह अपने पूरे मर्म में उनका उद्‌घाटन कर पाएँ।

'मनसाचिन्तिन कर्मणावचसा न प्रकाशयेत/अन्यलक्षित कार्यस्त यत: सिद्धि न जायते'—स्त्रियों से ज्यादा इस बात का मर्म कौन समझेगा भला। 'विनयपत्रिका' में तुलसीदास सीता से कहते हैं कि माता, उस समय मेरी अर्जी लगाना रघुवीर के आगे जब उनका चित्त प्रसन्न हो, यानी कि मूड ठीक हो। स्त्री से ज्यादा पुरुष का मूड तोड़ने वाला होगा भी कौन! जिन्दगी मुँह ताकते बीत जाती है। अपनी मनौतियाँ-चुनौतियाँ भी वे उस अभेद्य गाँठ में छुपाकर रखती हैं जिसे देरिदा अपोरिया कहते हैं।

महादेवी का मीरा-पाठ

हर पाठ में एक गुत्थी होती है। उस पर उँगली पड़ते ही सूत्र पकड़ में आ जाते हैं

और अर्थ खुल जाता है। पाठ को पाठ के विरुद्ध पढ़ना यानी सीवन उधेड़कर पाठीय अवचेतन तक पहुँचना आसान हो जाता है। यहाँ महादेवी की पहली और अन्तिम स्थापनाओं की गाँठ में 'सविनय अवज्ञा' और 'अहिंसात्मक प्रतिकार' का महाप्रमेय है। इसी महाप्रमेय के आलोक में 1930 के आसपास का पूरा स्त्री-विमर्श समझा जा सकता है।

महादेवी के मीरा-विमर्श में अपने युग की आहटें साफ सुनाई देती हैं—विद्रोह की मीठी धमक, जैसे थोड़ा-सा कहना है, थोड़ा अव्यक्त रख लेना है, पर्दे के खिलाफ बोलना है पर सिर से आँचल गिरने नहीं देना है। कुल मिलाकर कहें तो महादेवी वर्मा की स्थापनाएँ विद्रोह की मर्यादित अभिव्यक्ति हैं, विद्रोह की प्रतीककीलित भाषा का भास्वर उदाहरण। मीरा में भी वे विद्रोह का उन्नयन ही देखती हैं—प्रकट विद्रोह के अपने गीतों का साक्ष्य लेकर कहती हुई कि वे सामयिक सन्दर्भों में बँधे थे, इसलिए काल-कवलित हो गए। निजी सन्दर्भों के पार वियोग का रूपायन ही असली कला है, यानी वियोग किसी भी आदर्श स्थिति का अभाव है—घर में, सड़क पर, राजनीति में, सामाजिक संकायों में।

आखिर हम भूलें भी कैसे कि महादेवी वर्मा छायावादी कविता की इकलौती बेटी हैं, सात भाइयों वाली चम्पा की तरह अकेली, गम्भीर और मातृमना। कुछ-कुछ वैसी ही जैसी हमारी दादी की पीढ़ी की ज्यादातर स्त्रियाँ होती थीं—किस्से-कहानियों, गीतों-मुकरियों का सागर, ज्ञान-विवेक की पूरी पिटारी, पर जब जीवन के निजी प्रसंगों की बारी आती, छत्तीस तोले के करधन की तरह वे प्रसंग तकिए की रुई के नीचे कहीं गायब हो जाते। कोई तो बात होगी कि उन दिनों की एक हिट फिल्म थी—'मैं चुप रहूँगी...'। महादेवी जी ने तो फिर भी बहुतेरे, उद्‌भट सत्य उकेरे हैं, उन्हें डीकोड करना हमारा काम है।

आत्मसन्धान की धुन में घर से निकल पड़ी सब स्त्रियों से मीरा का तादात्म्य सम्भव है, पर यह बात भी अपनी जगह कायम रहेगी कि मीरा का जीवन उस अर्थ में आधुनिक नहीं है जिस अर्थ की आधुनिकता के हम अन्वेषक हैं। पितृसत्तात्मकता और राजसत्ता के समस्त निषेध के बावजूद मीरा बोलती हैं दास्य भक्ति की भाषा ही। वे एक दोस्त की भाषा तो नहीं बोलतीं और कुमकुम संगारी की तरह औषधि-विज्ञान के शब्द उधार लेकर कहें तो उनके समस्त रूपक 'लो-रिस्क मेटाफर्स' ही हैं। यह समझधारी एक तरह की बचाव वृत्ति से आती है और इसका स्पष्ट सम्बन्ध सविनय अवज्ञा की भाषिक तकनीक से बनता है। रहना तो प्रतिरोधों के बीच ही है, वहीं रहकर अपनी राह बनानी है। एक विधा के रूप में कविता सात पर्दों के पीछे से ऑपरेट करने

की अभ्यासी भी रही है। इससे भी मीरा को चिक की एक ओट-सी मिली। पर यहाँ से भी उन्होंने स्फुलिंग तो बिखेरे ही। संक्षेप में कहें तो मीरा का जीवन घर-बार छोड़कर अपने वजूद की खोज में सड़क पर निकल आई स्त्री का जीवन है, जिसके देह-मन की वे सब दुर्गतियाँ सम्भव थीं, जो व्यवसाय या वजूद या किसी बृहत्तर सत्य की तलाश में घर से निकल आई लड़कियों की होती हैं। (घर छोड़कर तो मैं ऐसे कह रही हूँ जैसे घर में दुर्गति नहीं होती। होती वहाँ भी है। खुद मीरा की दुर्गति राजमहल में कम नहीं हुई थी। पर सड़कों के खतरे और विकट हैं। ताड़ से गिरे खजूर पे अटके वाला खजूर भी नहीं हैं सड़क। कोई अटकन भी नहीं होती वहाँ। फुटबॉल हो जाती है औरत। अनंत हो जाता है उस पर लगने वाली शार्प किकों का सिलसिला।)

मीरा या मदर टेरेसा या इस तरह की अन्य औरतों की बचाव-वृत्ति का एक आजमाया हुआ अस्त्र है लिंग-चेतना से ऊपर उठ जाना। पर जैसाकि कुमकुम संगारी[4] का अन्तर्दृष्टिपूर्ण लेख भी बताता है, मीरा जैसी भक्त कवियों की एक समस्या है—पितृसत्तात्मक षड्यंत्रों का एक घेरा तो वे लाँघ लेती हैं, स्वयंवरा हो जाती हैं पर पितृसत्तात्मकता का हल्का आख्यान्तरण उनमें भी होता है। तभी तो वही दास्यभक्ति आरोपित कर देती हैं अपने कृष्ण पर भी, जिसे काटकर वे आगे बढ़ी थीं। जो शुरू में एक सखा की तरह, वर्ग-जाति आदि कृत्रिम विभेदों के ऊपर उठे एक दोस्त की तरह उन्हें आकर्षित करता था, उससे भी एक दोस्त की भाषा में वे बात नहीं कर पातीं। सिमोन द बोउवार और सार्त्र की दोस्ती मशहूर है, मगर हाल-फिलहाल बोउवार जैसी स्त्री के अपने एक अनाम प्रेमी के नाम लिखे कुछ पत्र प्रकाशित हुए हैं, जिनकी भाषा दास्य-भक्ति की भाषा है। तो क्या मुक्ति एक क्रमिक प्रक्रिया है जो कभी पूर्ण नहीं होती—एक मुसलसल सफर कि मंजिल पे पहुँचे तो मंजिल बढ़ा दी। यहाँ लगातार चौकसी जरूरी है। रामभरोसे बैठकर जग का मुजरा लेने भर से बात नहीं बनती, यहाँ खुद भी तलवार की धार पर चलते रहने का संकल्प साधना पड़ता है। क्या सचमुच बड़ी कठिन है डगर पनघट की? या 'चाकर राखो जी' और 'लीनो मोल' की आपसदारी मनुष्य मन की एक अन्तरंग वृत्ति है, जिसका कोई निस्तार नहीं। चलिए, इतनी भी गनीमत है कि कोई एक तो हो इस धरती पर जो चाकर राखे मगर 'तराजू पर तुलने' और 'मोल लिए जाने' के बाद।

मीराबाई और अन्य स्त्री भक्त-कवि

वैसे तो 'हेजियोग्राफी' का अर्थ सन्तों की जीवनी होता है, पर इंग्लैंड में हेजियोग्राफी

परम्परा के तहत ज्यादातर कथाएँ (अपनी खूबसूरती से तबाह) स्त्रियों के नन बनने या बना दिए जाने के कारुणिक प्रसंगों के इर्द-गिर्द बुनी गई हैं। इनके पन्ने पलटते हुए बुद्धकालीन थेरी गाथाएँ बरबस याद आती हैं, जहाँ धम्म का वरण मूलत: स्वैच्छिक है।

पर पूरे मध्य एशिया और भारत में भी कई बार महिला सन्त धर्म को, धार्मिक संरक्षण को एक खोह की तरह भी इस्तेमाल करती दीखती हैं। जैसे चिड़िया बाजों की क्रूर फड़फड़ाहट से परेशान होकर खोह में चली जाती है, बहुत सारी महिला सन्त, धर्म की शरण में गईं, हालाँकि इस खोह में भी साँप कुंडली मारे पड़े थे। ताड़ से गिरे, खजूर पे अटके। चलो, अटके तो। धम्म से गिरे तो नहीं। हड्डी नहीं चटकी। एक आश्रय तो मिला। एक कद-काठी मिली। तात्कालिक मुक्ति का एहसास हुआ। एक वैकल्पिक स्पेस की नींव पड़ी, जो अपेक्षाकृत सुरक्षित और दुनियावी जंजालों से मुक्त एक प्राय: स्वतंत्र स्पेस था। आज भी है। आज भी पूरे घर में पूजाघर ही एक स्पेस होता है जहाँ स्त्रियाँ थोड़ी देर निश्चिन्त बैठ सकती हैं हालाँकि 'दूध ले लो', 'टिफिन बना दो', 'अखबार लाओ' की खटर-पटर वहाँ भी मचती रहती है। एक तरह से देखा जाए तो ये पूजाघर ही स्त्रियों का बैंक, डाकघर, घरौंदा, तकिया, खेल का मैदान और टेलीफोन-एक्सचेंज हैं। यहाँ आकर चैन की साँस भरती है थकी हुई औरत—

अच्छी विमुक्त हुई।
तीन टेढ़ी चीजों से
अहा, मैं मुक्त हुई
ओखली से, मूसल से
अपने कुबड़े पति से
भली ही विमुक्त हुई।
गया, मेरा निर्लज्ज पति गया
जो मुझको उन छातों से भी
तुच्छ समझता था
जिन्हें वह बनाता था
अपनी जीविका के लिए।

—सुत्तपिटक, *थेरी गाथा* (सुमंगला माता)[5]

धर्म भी एक छतरी ही था। धर्माधिकारी भी निर्लज्ज पति की श्रेणी में आते थे।

धर्म की छतरी मरोड़-भींचकर उसका एक डंडा भी बना लिया गया था, स्त्री की पीठ पर टूटने वाला विकट दंड। यूनान और रोम के प्राचीन वैभव और पुनर्जागरणकालीन (व्यक्ति-केन्द्रित) चतुर्दिक अभ्युदय के बीच काले नद-सा बहता यूरोपीय मध्यकाल कई नए परिवर्तनों का वाहक भी था। महारानी एलिजाबेथ का समय पुनर्जागरण कहलाता है, किन्तु उसके पहले की अवस्था घोर सुषुप्तावस्था नहीं थी। बहुत सारी नई संस्थाएँ जग-बन रही थीं, जो किसी-न-किसी रूप में अब तक हमारे बीच जीवित हैं। इनकी एक सूची बनाने चलूँ तो लम्बी हो जाएगी, पर कुछ महत्त्वपूर्ण अवधारणाएँ/संस्थाएँ गिनाना तो जरूरी ही है जिनका सूत्रपात मध्ययुग में हुआ—विश्वविद्यालय, कानूनी संहिताएँ, रोमानी प्रेम, आधुनिक भाषाएँ, राजनीतिक सीमाएँ, राष्ट्र-राज्य, व्यापारी शहर, बैंक, चेक, गोली-बारूद, कम्पास, बुक-कीपिंग, चश्मे—सब मध्ययुग की ही देन हैं।

पर मध्यकाल की स्त्री-दृष्टि शोचनीय थी। उपदेशों, आचार-संहिताओं, कहावतों, पाठ्यपुस्तकों, औषधि-विज्ञान के ग्रंथों, सन्त-कथाओं और रोमांसों में भी धड़ल्ले से मध्ययुग स्त्रियों को कोंचता था। तीन तरह के अभियोग लगते थे स्त्री-समाज पर जिनसे ऊबकर स्त्रियाँ धर्म की राह चल देती थीं। पहला तो यह कि स्त्रियाँ बेहद भौतिकवादी, देहवादी, भोगप्रिय होती हैं। एक मुर्गा पन्द्रह मुर्गियों को यौन-तुष्टि देता है, पर पन्द्रह मर्द मिलकर एक स्त्री को यौन-तृप्ति नहीं दे सकते।[6] दूसरा अभियोग यह था कि स्त्रियाँ भाषा का कचूमर निकाल देती हैं झूठ बोलने, बक-बक करने, गप्प हाँकने, झगड़े और फरियाद करने में। 'सिटी ऑफ लेडीज' की शुरुआत में ही क्रिस्टीन लिखते हैं कि एक झगड़ालू चंट बीवी की चाँयँ-चाँयँ गिरजाघर के घंटे का निनाद भी ढक लेती है।[7] तीसरा अभियोग यह कि साज-सिंगार और दिखावे में स्त्रियों की गहरी रुचि होती है। उनका ज्यादातर समय इसमें ही बीत जाता है कि बाहरी आकर्षण कैसे बनाए रखा जाए। आन्तरिक गुणों के विकास पर इनका ध्यान ही नहीं जाता। इन तीनों अभियोगों का एक ही प्रतिकार था—सन्त बनकर दिखा देना। ईव का चोगा छोड़कर मदर मेरी, वर्जिन मेरी का झिलमिल आवरण डाल लेना स्त्री-काया पर, कामनाओं पर सिटकिनी-सी चढ़ा देना। घर में रहकर तो यह सम्भव नहीं था। घर से बाहर बस दो ही दरवाजे थे—एक गिरजाघर का, दूसरा चकलाघर का। पहला विकल्प दूसरे से बेहतर था, पर मजेदार बात यह है कि 'ननरी' दोनों को कहा जाता था।

सेंट ओड ने शादी की जहमत से बचने की खातिर अपनी नाक तक काट ली थी।

एप्रिक एक मठ में रहने आई तो मर्द वेश में। क्रिस्टिना मार्गरेट की माँ ने तो प्रतिज्ञा ली थी कि उनकी जिद्दी लड़की का कौमार्य-भंग किसी तरह कोई कर दे तो उसे वे मोतियों से तौलें। उनके पिता ने कहा था कि 'परम्परा से प्रयाण की उसकी हिम्मत ही कैसे हुई, अपनी इज्जत बचाकर बाप की इज्जत सड़कों पर नीलाम करती है। एक साधारण लड़की की यह मजाल कि वह वर्जिन मेरी बनना चाहे।' एक साधारण लड़की की मजाल तब भी दुनिया देखती थी, अब भी दुनिया देखती है। साधारण की शक्ति हरदम असाधारण होती है। पूरब में, पश्चिम में, उत्तर में, दक्षिण में। परम्परा से प्रयाण करने वाली स्त्रियाँ हर जगह, हर समय रही हैं, पर पहले इसका एहसास सर्वव्यापी नहीं था कि 'हाय राम, कुड़ियों का है जमाना'। पहले जमाना कुड़ियों का नहीं था, गुड़ियों का था। इसलिए इक्का-दुक्का विशिष्ट सन्तों ने मुक्ति की चेतना पाई। अब मुक्ति का अर्थ और व्यापक हुआ है। साधारणीकरण हो गया है इसका। इस अर्थ में कि आँगन-चौबारे, गली-मुहल्ले, खेत-खलिहान, दफ्तर-कारखाने, देवालय, वेश्यालय हर जगह की स्त्री मीरा के घुँघरुओं की तरह एक नई तरह के मुक्ति-संगीत के तबोताब में ठनक उठी है।

सोलहवीं शताब्दी की राठौर राजकुमारी मीरा मेवाड़ के सिसौदिया परिवार में ब्याही गईं। बिन माँ की बच्ची मीरा जितना प्रतिरोध कर सकती है, उसने किया। उनके बाल-मन में कृष्ण की छवि बसी थी। मरने से पहले माँ ने कभी खेल-खेल में समझा दिया होगा कि वह कृष्ण की परिणीता है तो अब वह यह मानने को तैयार नहीं थी कि बिना दोष के पहला पति छोड़े क्यों और दूसरा ब्याह क्यों रचाए? रचा भी ले तो उसके इशारों पर क्यों नाचे, उसकी कुलदेवी क्यों पूजे, अपने हरि की तलाश में डगर-डगर क्यों नहीं घूमे, सन्तन ढिंग बैठ-बैठ हरि-चर्चा में रस क्यों न पाए! मंडी हाउस, विश्वविद्यालय, शोध-संस्थान, अखबार और टीवी के दफ्तरों, पुस्तकालयों के कैफे और चाय-ढाबों में आधुनिक स्त्रियाँ कला-साहित्य चर्चा में जो रस पाती हैं, दरअसल उसी रस का परिपाक है जो मीरा को हरि-चर्चा में मिलता होगा। 'सन्तन ढिग बैठि-बैठि लोकलाज खोई' का दंश अब भी स्त्रियों की जान खा जाता है। सीधे मुँह किसी से बात की नहीं कि लोक-कम्प्यूटर में शयन-कक्ष और स्नान-गृह तक की अटकलें दर्ज हो जाती हैं!

'सूली ऊपर सेज पिया की' कहती हुई मीरा जल्पना के ऊपर कल्पना की ही प्राण-प्रतिष्ठा करती नजर आती हैं और विच्छिन्न यथार्थ के ऊपर एक सम्पन्न आदर्श लोक, एक यूटोपिया की! आधुनिक स्त्री-यूटोपिया धर्मेतर अध्यात्म (सबलाइम) की

जो अवधारणा सामने रखता है, उससे इतना तो स्पष्ट हो ही जाता है कि स्त्रीवाद और धर्मोन्माद सौतेली शक्तियाँ हैं! अन्धी आधुनिकता के दोनों विरोधी हैं, सांस्कृतिक प्रतिनिधित्व के साधनों पर दोनों की दृष्टि है, पर धर्मोन्माद उन पर असंगत एकाधिकार चाहता है। और स्त्रीवाद, ठीक इसके विपरीत, यह कामना करता है कि साधनों और अवसरों का सम्यक् (प्रजातांत्रिक) आवंटन हो (सिर्फ कामना ही नहीं करता, अनवरत कोशिशें भी करता है कि यह हो)। एक और बुनियादी फर्क दोनों में यह है कि परम्परा से रूढ़ियाँ चुन-फटक लेने की तमीज जैसी स्त्रीवाद के पास है, धर्मोन्माद के पास नहीं! इस क्रम में महादेवी की पहल अपने एकान्त को, अपने आपको ही चीरकर दो भागों में बाँटने और अपने आपसे संवाद कायम करने की महत्त्वपूर्ण पहल है। दाम्पत्य के क्लेशों को लेकर लम्बा-चौड़ा शिकायतनामा दर्ज करने के स्थान पर महादेवी इक्कट-दुक्कट में निष्णात बच्ची की तरह कड़वे यथार्थ के विषम चौखटे साफ लाँघ जाती हैं और कल्पित आदर्श के साथ-साथ खुद अपने से जो नया सम्बन्ध कायम कर लेती हैं, वह कम साहस का काम नहीं।

सुभद्रा कुमारी चौहान ने वीर और वात्सल्य रसों को महादेवी की करुणा से अलग एक पहचान दी। यह उनका बड़ा अवदान है। रस-निक्षेप की दृष्टि से और शब्द-चयन के निकष पर भी स्त्री-कविता का परिवृत्त बड़ा करने का श्रेय उन्हें जाता है। काव्य-भाषा की जकड़न खोलने में, उसे बातचीत की भाषा के करीब लाने में सुभद्रा कुमारी की कविताओं की बड़ी भूमिका है। यही काम पाँच दशक पहले भक्त कथयित्रियों ने किया था, विशेषकर मीराबाई ने। पर स्त्रियों के कामना-विमर्श की दृष्टि से मीरा की कविता महादेवी की कविता से सीधी जुड़ती है। कैसे, यह हम आगे देखेंगे।

कंकरीट की सड़कें और मीराबाई : मनचीते पुरुष का सन्धान

मीरा का स्त्री-पाठ चार-पाँच स्तरों पर सम्भव है—भाषा और शिल्प के स्तर पर, घरेलू राजनीति के सन्दर्भ में, लोक-लाज और लोक-निन्दा के प्लेटफॉर्म पर और पुरुष-सौन्दर्य और पुरुष-आचरण की मीमांसा के स्तर पर।

अन्तिम बात से ही शुरू करती हूँ। कैसा पुरुष किसी भरी-पूरी और संवेदनशील स्त्री का मनचीता हो सकता है, यह प्रश्न पिछले पचास साल से अपने हिन्दी प्रदेश में भी रुई की बुइयों की तरह हवा में हिलोरें ले रहा है। आधुनिक स्त्री की मुख्य

चिन्ताओं में एक चिन्ता यह भी है कि क्या खाकर वह एक मरखंड, गरियंडे, उद्धत-उद्दंड और हिंसक पुरुष से प्यार करने का जज्बा जगाए। धर्म-भाव से किसी पर करुणा बरसाई जा सकती है, सेवा-उपचार और स्नेह उड़ेला जा सकता है। पर प्रेम एक जिद्दी एहसास है। उस पर जबर्दस्ती नहीं चलती। वह किसी की नहीं सुनता। समर्पण इतना विराट भाव है कि हर ऐरे-गैरे, नत्थू-खैरे के आगे वह घटने से रहा।

साहचर्यजन्य स्नेह तो सम्भव है। लगातार पीछे पड़े रहिए, तो ऊबकर या दया-विगलित होकर स्त्री आपसे दो बोल बोल सकती है, पर बहुधा वे बोल प्रेम के नहीं, स्नेह और सद्भाव के होते हैं। 'याचना' का उत्तर 'दान' तो हो सकता है, समर्पण नहीं। अपना समय, अपना साथ किसी को मानवीय धरातल पर भी दिया जा सकता है। उसको ही प्रेम समझने की भूल पुरुषों से होती रही है। बौद्धिक या आत्मिक सत्संग की खातिर सड़क पर आई स्त्री को प्रणय-निवेदन के लिए स्वतंत्र घूमती स्त्री समझ लेने की भूल एक आम भूल है। मीरा उसका अच्छा प्रत्युत्तर देती हैं—'अच्छा तो तुम भी पुरुष हो'...। लिंग चेतना से मुक्त करने वाली निरपेक्षता पुरुषों के हिस्से बहुत कम आती है क्योंकि उनके मन में युगों से बैठाया गया है कि स्त्री और जमीन कब्जा करने की चीजें हैं। सत्संग के लिए, बौद्धिक-आत्मिक विमर्श के लिए पास आई स्त्री भी उन्हें सिर्फ देह दीखती है और स्त्री की स्थिति यह कि—

अभगलो गइलन बरियात, उहऊँ मट्ठा भात!

लोक-मंडल की बात तो चलिए, बाद में करते हैं। युगों तक स्त्रियाँ मरतीं, क्या न करतीं, या 'जो मिल गया, उसी को मुकद्दर समझ लिया' के भाव से कुटिल-खल-कामी पतियों की भी सेवा करती गईं। लेकिन, हाँ, सेवा ही, प्रेम नहीं। प्रेम के लिए पात्रता चाहिए। कोई तो बात हो जो अभिभूत कर दे। मसलन कि संयम, शालीनता जो पुरुषों में सबसे नायाब होती है। जैसाकि पहले भी कहा, आप सोचकर देखिए कि स्त्रियाँ शंकर या बुद्ध जैसे जोगियों की ओर क्यों आकृष्ट होती हैं। इसलिए कि वे उनके पीछे नहीं पड़ते, स्वयं को स्वयं में ही धारण करके धैर्यपूर्वक दूसरों का दुख दूर करने का धीरज उनमें होता है। काम-क्रोध-लोभ के अतिरेक से पीड़ित व्यक्ति से प्रेम कर पाना असम्भव है—खासकर मीरा जैसी संवेदनशील स्त्री के लिए जिसके मन में बृहत्तर सन्धान पक चुका है, कोई और भी धुन बज रही है।

प्रेम के लिए नैतिक परिष्कार पहली शर्त है। डाकू से भी प्रेम होता है। क्यों नहीं होता। लेकिन उस डाकू से जो दानी है, एक तरह का रॉबिनहुड; एक तरह का

गॉडफादर। प्रेम आदर्श से ही सम्भव है। समझा तो स्त्रियों ने पहले भी होगा, पर हब्बा खातून, अंडाल, ललद्यद, अक्क महादेवी, जनाबाई, बहिनाबाई, मीराबाई आदि भक्त कवयित्रियों ने डंके की चोट पर पहले-पहल यह कहने का साहस किया कि आसपास जैसे अबंड पुरुष दीखते हैं, काम्य नहीं हो सकते। हमें तो कृष्ण या शिव जैसा कोई योगी चाहिए। एक यूटोपिया, एक काल्पनिक विकल्प ही हैं देवता, और क्या हैं! दानवीर, कर्मवीर, स्थितप्रज्ञ, न्यायप्रिय हो कोई। सारे विकारों से मुक्त, तो हम खुलकर उसका वरण करें—आत्मा स्वयं अपना स्वयंवर रचाए, एमिली डिकिंसन के शब्दों में कहें तो—द सोल सेलेक्ट्स इट्स ओन सोसाइटी।[8]

सच पूछिए तो काम्य पुरुष और पुरुष-आचरण का एक खाँचा, एक ब्लू प्रिंट-सा देती है मीरा की कविता। थोड़ा-सा रूप-वर्णन तो वह करती है, लेकिन असल आकर्षण का स्रोत कृष्ण का लोकरंजक स्वरूप है—दीन-दुनिया के सहायक, लीलामय, पुरमजाक, संगीतपटु, अहिंसक, स्थितप्रज्ञ, रणछोड़ की लालित्यमय छवि ही क्यों मीरा को भाती है, समझने की बात यह है। मीरा का समय हमारे समय की तरह ही एक युद्ध-कातर और हिंसा-विह्वल समय था। ऐसे में हर राजपूत कन्या से अपेक्षा की जाती थी कि वह हाड़ा रानी की तरह थाल में सिर रखकर प्रस्तुत कर दे ताकि मोह से मताया पुरुष निश्चिन्त युद्ध जीतने चला जाए। पर मीरा एक ऐसे गढ़ंत, एक ऐसे कन्स्ट्रक्ट का वरण करती हैं जो धर्म-युद्ध को अन्तिम उपाय मानता है, और ऐन युद्धभूमि में लगता है गीता बाँचने यानी साहित्य-कला-दर्शन का आश्रय वहाँ भी नहीं छोड़ता; और खुद के लिए जिसका प्रण है कि वह हथियार नहीं उठाएगा, मनोवैज्ञानिक युद्ध लड़ेगा, भाषा ही जहाँ हथियार बनती है।

यहीं हम उठाते हैं, भाषा-शैली का प्रश्न। मीरा का युद्ध भी एक मनोवैज्ञानिक युद्ध है, जहाँ भाषा हथियार बनती है। एक स्त्री के पास भाषिक हथियारों के सिवा कौन से हथियार होते हैं भला! और किसी मनोवैज्ञानिक युद्ध में वे ही हथियार काम भी आते हैं—अभिधा, लक्षणा, व्यंजना—तीनों की ताकत (अलग-अलग टोनल वैविध्य या स्वर-भंग के साथ आजमाती हुईं) साधनहीन स्त्रियाँ भी मंचित कर लेती हैं। कुएँ पर, पानी के नलके पर, राशन की क्यू में, सरकारी अस्पताल के क्यू में, जंगल-पहाड़ पर, मिल में, फुटपाथ पर समोसा-नमकीन बेचती हुई स्त्रियों की भाषा के कई जानदार मुहावरे तो खुद मैंने नोट किए हैं। कोई भी कर सकता है यदि उनसे अन्तरंग बातचीत गाँठे, उनसे दोस्ती करे। अक्क महादेवी और मीराबाई के साथ मुश्किल यह थी कि सड़क पर आने के पहले सड़क का जीवन उन्होंने देखा नहीं था। वे महलों से सीधी

सड़क पर चली आईं। महलों में या किसी भी सामन्ती बन्दिश में रहने वाली स्त्रियाँ कैसे वाक्य बोलने की अभ्यासी होंगी, जरा ठहरकर सोचें—आदेशात्मक वाक्य जिसे अंग्रेजी में इम्पेरेटिव मूड का वाक्य कहते हैं या फिर कोई अच्छा दृश्य देखा या कोई कथा सुनी तो विस्मयादिबोधक वाक्य!

पर मीरा की भाषा किसी पद्मिनी नायिका की वैभवविदग्ध, व्यंजनाबोधक भाषा नहीं है। ज्यादातर पद अभिधा की ताकत का खासा बेधक प्रयोग लेकर सामने आते हैं। सामान्य स्त्री की खरी-खरी बातों का जायजा वहाँ मिलेगा। कोई लाग-लपेट नहीं, कोई कताई-बुनाई नहीं, कहीं-कहीं ही रूपक और बिम्बन की तबोताब है। पर उसकी बात बाद में करेंगे, पहले इन धड़ से सुना दी गई बातों का मर्म समझें—

नहिं भावै थारो देसलड़ो रंगरूड़ो।
लोग बसै सब कूड़ो।
थारे देसां में राणा साध नहीं छैं,
त्याग्योर से चूड़ो।
गहना-गीठी राणा हम सब त्यागा,
काजल टीकी हम सब त्यागा, त्याग्यो छै बन्धन जूड़ो।
मीरा के प्रभु गिरधर नागर, बरपायोछै पूरौ।[9]

सिंगार-पटार और स्त्रीसम्मत विशिष्ट अनुभूतियों की चर्चा पग-पग पर है; पर लगातार यह एहसास बना हुआ है कि मनमोहन का मन सामान्य गहने-कपड़ों से थोड़े जीता जाना है। वह सामान्य पुरुष नहीं, कोई सामन्त नहीं, उसको तो भाएगा—

ओडया लज्जाचीर, धीरज का घाघरौ
छिमता कांकण हाथ, सुगमत को मूँदड़ो
दिल दुलड़ी दरियाव साँच को दोवड़ौ
उबटन गुरु को ज्ञान, ध्यान को धोवणौ
साँवलिया सूं प्रीत, औरां सूं आखड़ी।[10]

विशिष्ट अनुभूति के क्षण रूपक तो नहीं, लेकिन उपमानों की एक झड़ी-सी लग गई है। वहाँ कल्पना दो धरातलों पर लगातार काम कर रही है—आकाश और धरती के बीच जैसे लगातार सुधियों की बारिश हुई हो। (बारिश के नाम से याद आया कि रेगिस्तान में जन्मी यह स्त्री अपने घनश्याम की चर्चा, उसके मोरपंख की

चर्चा, पपीहे की चर्चा में विशेष सुख पाती होगी।) भावनाओं का एक सुखाड़ ही है, जिसके प्रत्युत्तर में मीरा की कविता 'सावन के घन' की आतुरता से स्त्री-जगत के प्रत्यक्ष अनुभवजगत (कोड) के आकाश में उमड़ी। चरखा, मटका, चूल्हे की आग वगैरह की चर्चा भी पग-पग पर है। नाच-गान की अलग मुद्राएँ और स्वरलिपियाँ भी हैं ही। 'लियो जी तराजू तोल' आदि पदों में खोमचा-कबाड़ी आदि से घरेलू क्रय-विक्रय वाले जीवन्त प्रसंग हैं और स्त्री भाषा का वह आनन्दातिरेक भी जिसे न कोई उपदेश झाड़ना है, न ज्ञान बघारना है। एक प्रतिकूल परिवेश में अनुभव से अर्जित आत्मज्ञान डंके की चोट पर, बिना किसी कुहेलिका के, मीरा सामने रख देती है—

बादल देख झरी हो, स्याम मैं बादल देख झरी।
काली-पीली घटा उमंगी, बरस्यो एक घरी,
जित जाऊँ तित पानिहिं पानी, हुई सब भोम हरी।
जा का पिव परदेस बसत है, भीजै वर खरी।
मीरा के प्रभु गिरधर नागर, कीज्यो प्रीत खरी।[11]

मीरा ने खरी प्रीत की थी। वे हर जगह बरस जाने वाली बदली नहीं थीं। एक के बहाने सारी सृष्टि अच्छी-अच्छी लगने लगे, यह बात अपने आप में दुरुस्त है, पर अच्छी-अच्छी लगने का मतलब स्नेह-सद्‌भावपूरित होना है, सर्वस्व समर्पण नहीं। सर्वस्व समर्पण की जिद तो कभी करनी ही नहीं चाहिए। होना होगा तो वह स्वयं घटित होगा। सर्वस्व समर्पण दाल-भात का कौर नहीं है। जो ओस चाटकर, अलग-अलग जगह बिखरी बूँदें चाटकर प्यास बुझा लेने की एषणा रखते हैं, उनको मीरा जैसी बागी सन्त कवियों की एक ही सलाह है कि 'धीरज' का घाघरा धारें और लज्जा का चीर। ओस चाटने से प्यास नहीं बुझती। अधीर न हों, इन्तजार करें। 'धीरज' का घाघरा चुन्नटदार है, उसका घेरा अनंत है, पर उसको धारे बिना यूटोपिया नहीं मिलता, कोई आदर्श नहीं मिलता। जो चट से मिल जाए, वह माया है। सत्य वह है जो अर्जित किया जाए। क्षमता का कंगन और सुमति की अँगूठी धारण करके ही सत्य से मिला जा सकता है, पर सत्य-सन्धान के पहले छोटे लोभों की मैल ज्ञान के उबटन से छुड़ानी होगी और दिल को दरिया करना पड़ेगा। नेकी कर और दरिया में डाल। बहता पानी निर्मला। किसी भी यूटोपिया, किसी भी सत्य का सन्धान एक तपस्या है।

सत्य कब मिलेगा, यह तो तय नहीं है। पर सच्चे सन्धान की प्रक्रिया में हैं आप तो हो सकता है वह आर्किमिडीज की तरह, पानी में, टब में अन्यमनस्क भाव से नहाते

हुए आपके मन में अचानक कौंधे, एक आइडिया की तरह। एक आइडिया, एक विचार जो दुनिया बदल दे, आपके सारे प्रश्नों का हल ढूँढ़ने में आपकी मदद कर दे और आप मीरा की तरह, आर्किमिडीज की तरह, अक्क महादेवी की तरह एकदम से सड़क पर दौड़ जाएँ, यूरेका-यूरेका कहते हुए बल्कि गाते हुए, जैसे मीरा गाती हैं।

मीरा की कविता यूरेका की कविता है, सब भक्त कवियों की कविता यूरेका की कविता है। लम्बे चिन्तन-मनन के बाद, मन में लगातार मथानी चलाने के बाद जो अवक्षेपित होता है, उस नवनीत में जीवन का सार, जीवन की स्निग्धता तो होगी ही, उतनी ही भारहीनता भी होगी। बहुत फिंटी हुई बड़ी हल्की हो जाती हैं। फिंटे हुए बेसन, मन, मक्खन का हल्कापन क्लिष्ट विचारों से उद्‍भूत सरल प्रमेयों में भी होता है। भक्त कवि इस सरलता का अमृत चखकर ही बड़े होते हैं, इतने स्निग्ध और इतने सरल। सरल होना दुष्कर है, बहुत-बहुत दुष्कर। येट्स की कविता के तीन चरण इसका प्रमाण हैं। सरल रेखा या पूर्ण शून्य खींच पाना पिकासो जैसे बड़े चित्रकार के लिए ही सम्भव है। सरल रेखा दो बिन्दुओं के बीच की निकटतम दूरी है। वक्रता दूर करती है, अपने ही लक्ष्य से, अपने ही यूटोपिया से, अपने प्रियतम से। यह बात भी मीरा की कविता अपने पूरे बाँकपन में सामने रखती है, बाँकपन कहीं-कहीं है, भ्रू-भंग भी है ही—लेकिन है वह मध्यावधि अवस्था ही। अन्तिम बात अकाट्य सरलता है। सत्य है तो सरल होगा ही, कम-से-कम आयतन घेरेगा, कम-से-कम शब्द कहेगा जैसे मीरा की कविता कहती है। बहुत लम्बे-चौड़े भाष्य का कोई स्कोप ही नहीं बनता। मन मस्त हुआ तो क्या बोले।

सरलता का उत्स एक मग्न किस्म की आपसदारी है और बृहत्तर दुनिया से अपना सुख साझा करने की उमंग भी। उमंग भी हमेशा सरल होती है, नंगे पाँव दौड़ा देने वाली—'आवत ही हरषें नहीं, नैनन नहीं सनेह/तुलसी वहाँ न जाइए, कंचन बरसैं मेह'। कहाँ नहीं जाना है, इस विवेक से परिचालित है स्वाधीनता। सच्ची स्वाधीनता हमेशा विवेक से, संयम से संचालित होती है। पर वह विश्लेषण करने नहीं बैठ जाती। अगर किसी को राह सुझाती भी है तो इशारों में और ये इशारे बूझने की पात्रता भी चाहिए। पश्चिम की भक्त कवयित्रियों से लेकर अपने यहाँ तक की भक्त कवयित्रियों में यह विवेक है। इसलिए उनकी कविता ज्ञानबोझिल, दर्शनबोझिल नहीं है। उसमें सार-संक्षेप है, निष्कर्षों का गाम्भीर्य, विवेक का गाम्भीर्य। एमिली डिकिन्सन कहती हैं—

यह मेरी चिट्ठी है दुनिया को, जिसने कभी मुझे लिखा नहीं वापस![12]

यह संवाद की एकतरफा पहल है, एक तरह का एकालाप। जिसमें पात्रता होगी, इसका मर्म खुद ही समझ लेगा।

अब आते हैं घरेलू राजनीति और लोक-लाज वाले पक्ष पर। मीरा के कई पद भाई, सास, देवर और ननद ऊदाबाई को सम्बोधित हैं—

ऊदाबाई मन समझ जाओ अपने धाम
राजपाट भोगो तुम ही हमसे न तासूं काम

डॉ. पद्मावती शबनम मीरा की ननद, ऊदाबाई की तरफ से गाया हुआ एक पद गाती हैं—

थाथो बरज-बरज मैं हारी,
भाभी मानो बात हमारी।
राने रोस किया था पर साधो में मत स्त्री।
कुल को दाग लगै छै भाभी, निन्दा हो रही भारी।
साधो के संग वन-वन भटकी, लाज गँवाई सारी,
बड़ा घरा में जनम लिए छै नाचौ दे दे तारी।[13]

इस जैसी समस्त सलाहों और डाँट-डपट के प्रतिकार में मीरा हँसकर अपनी बात रखती हैं, सहज भाव से रखती हैं, बहनापे के भाव से रखती हैं। उनका बहनापा द्रौपदी और भीलनी तक से जुड़ता है। सड़क पर हुए विकट अनुभव अपने कई पदों में वे साझा करती हैं—वे उन्हें बताती हैं कि सड़क का जीवन जीते हुए खल-कामियों से वे कैसे निपटीं—

विषयी कुटिल एक भेषधारि साधु लियो।
कियो यों प्रसंग मोसों अंगसंग कीजिए।
आज्ञा मोको दई आप गिरधारीलाल।
अहोशीष यदि लई करि भोजन हूँ लीजिए।
असमनि समाज में बिछा लेजि बोलि लियो।
सब अब कौन की निन्दक रस भीजिए।
खेत सुख-भ्यौ, विषै भाव सब गयो,
तयो वाचन तै आपे, मोको भक्तिदान दीजिए।

यह पद लक्षणा और व्यंजना की पराकाष्ठा है। जिसे अशोभन प्रस्ताव (इंडीसेंट प्रपोजल) कहते हैं, उससे स्त्रियाँ कैसे निबटें, इसके कुछ सूत्र आपको यहाँ मिल जाएँगे। मीरा से किसी ने कहा, स्वयं गिरिधर के आदेश से मैं आपके पास आया हूँ, आप मेरे साथ रमण करें। मीरा सुन्दर थीं। स्त्री थीं। सड़क पर थीं। राह चलते ऐसे शोहदे मिलते ही रहे होंगे। सिद्धहस्त भाव से उन्होंने कहा—'धन्य भाग मेरे, प्रभु का आदेश है तो यहीं सबके सामने आप सड़क पर सेज सजाएँ और रमण करें।' उसे पानी-पानी तो होना ही था। न मारा, न पीटा, न हाय-तौबा मचाई, बस एहसास कराया कि मैं तो तुम्हें जान ही गई हूँ, तुम भी मुझे जान लो। स्वयं में झाँको, क्या तुम मेरे योग्य हो? राह चलते मोहा जाने वाले भोगी / लोभी क्या खाकर तेजस्वी स्त्री के योग्य हो पाएँगे? फर्स्ट डिजर्व, देन डिजायर।...ठीक है, आदमी हो, कामना जग ही गई तो कोई बात नहीं। उसे काबू करो। अपना उन्नयन करो, योग्य बनो और करो इन्तजार कि कोई स्त्री तुम पर आसक्त हो, खुदा बन्दे से खुद पूछे, बता तेरी रजा क्या है? इस प्रसंग में सूक्ष्म, शर्मीली पहल स्त्री को ही करनी चाहिए। पुरुष का काम है योग्य बनकर इन्तजार करना।

एक जगह अक्क महादेवी कहती हैं—मेरी देह ही मेरी गुरु है। औरत की देह ही उसका गुरु है। उसके अनुभव ही उसके गुरु हैं, अनुभव जो ज्यादातर खट्टे-कड़वे ही होते हैं। आप तो गईं सत्संग के लिए, इस भाव से गईं कि कुछ सीखने को मिलेगा, और गुरु है कि उसे देह के आगे कुछ दीख ही नहीं रहा। यदि गुरु ऐसा नहीं है तो जो लोग आपको गुरु के पास जाते देखते हैं, उससे आपको मिलते देखते हैं, वे ही घनचक्कर हैं। 'सन्तन ढिंग बैठि-बैठि लोकलाज खोई।' वह तो खैर कहिए कि किसी शोहदे ने सीता का नाम वाल्मीकि से नहीं जोड़ा, वरना अटकलें लगाने को कोई कुछ भी लगा सकता है। दिमागी विकृति का कोई इलाज थोड़े ही है। जिन्हें आपने बरजा-डाँटा हो या जिन्हें ध्यान देने लायक नहीं जाना हो, वे तो आपको नीचा दिखाने की हरसम्भव कोशिश करेंगे ही। यह कोशिश कुछ देर की खातिर आपको दुख देगी, पर फिर आप सोचेंगी, और कोई जाने-न-जाने, मैं स्वयं को जानती हूँ। सत्य अपना प्रमाण खुद है, जब मैंने कोई ओछा काम किया नहीं, क्यों चुप हो बैठूँ, क्यों इनकी बात का असर लूँ—हाथी चले बजार, कुत्ता भूँके हजार—

कोई निन्दो कोई बिन्दो
मैं चलूँगी चाल अपूठी।

अन्य आयाम : महादेवी के लेंस में

आधुनिक हिन्दी कविता की मीरा कही जाने वाली महादेवी अपने जीवन के अन्तिम दशकों में मीरा का जो पाठ प्रस्तुत करती हैं, वह उनके अपने अवचेतन, अपने युग के अवगुंठनों पर भी उतना ही प्रकाश डालता है जितना मीरा के पाठीय अवचेतन और उनके देशकाल पर। निम्नांकित पंक्तियों के साक्ष्य से मैं यह कह पा रही हूँ—

"कर्तव्य के लिए परम साहस के साथ सभी कष्टों को सहना ही यहाँ की स्त्री का धर्म रहा है।...अनबोले ही स्त्री उस युग में बलिदान देती है।...मीरा का काव्य इस यशस्वी वीर स्त्री के चरणों का रक्तचिह्न है जिसमें गौरव है, सौन्दर्य है और पवित्रता है।" (गौरवमय चुप्पी और डिग्निफायड सफरिंग के छायावादी आदर्शों का, पवित्रता और बलिदान का महिमान्वयन)।

मीरा ने विष का अमृत बनाकर, भक्तिगीतों में ढालकर अमृत-प्रसाद को जन-जन में बाँट दिया है। (सर्जनात्मकता का उन्नयनकारी पक्ष, छायावादी सौन्दर्यशास्त्र के अनुकूल)।

"आज श्रीकृष्ण का रास हो रहा है, मीरा का जन्म इसी रास पूर्णिमा के दिन होना चाहिए।...जन्म तो हम भावना से लेते हैं, शरीर का जन्म आगे-पीछे भी हो सकता है। हमारा मन भावना में ही जन्म लेता है। जो क्षण हमें भावना में मिल जाता है...उस क्षण के लिए हम समग्र जीवन जीते हैं...मिट्टी हटाते-हटाते अचानक हमारे हाथ में एकाध हीरक कण उपलब्ध हो जाता है...हमारा तुच्छ अहं उस विराट समष्टि का अथवा उस समष्टिकर्ता निर्माता के साथ एकाकार अथवा अखंड बन जाता है।" (कल्पना में ही यथार्थ का अनुकूलन, पुनर्नियोजन)।

"राजनीतिक-सामाजिक पराजय का प्रभाव मुख्यत: तत्कालीन शासक वर्ग पर ही पड़ता है; ज्ञानियों, सन्तों और भावनाप्रधान संसार की झंझटों से दूर रहने वाले वर्ग पर इसका अधिक प्रभाव पड़ना कम सम्भव है, अत: भक्ति आन्दोलनकर्ताओं पर विदेशी आक्रमणकारियों के समक्ष हार का प्रभाव पड़ने की चर्चा अर्थहीन-सी लगती है।" (भक्ति और सर्जना की दुनिया को स्वयंसमर्थ, सामाजिकता के आग्रहों से ऊपर मानने का छायावादी आग्रह)।

"मनुष्य की चेतना से आप परिचित ही हैं। यह एक चेतना नहीं है, अपितु यहाँ चेतनाओं का सन्धान है...मनुष्य के साथ समस्त प्रकृति अधूरी है। कहीं सुषुप्त चेतना है, कहीं प्रसुप्त चेतना, कहीं अवचेतना है तो कहीं पराचेतना। मानव के चित्त में

सारी चेतनाएँ हैं...आज का मनोविज्ञान पराचेतना की स्थिति स्वीकार नहीं करता... मानता है कि संसार अवचेतना में रहता है...यदा-कदा चेतना के स्तर पर जाग पड़ता है। इस सिद्धान्त का भी धर्म पर प्रभाव पड़ा है। किसी-न-किसी चेतना के हम सब अवतार हैं।" (मनुष्य और प्रकृति/ब्रह्मांड के अवयवों को अन्त:सम्बद्ध संज्ञान मानने वाला छायावादी दर्शन)।

अवतारवाद ने अर्द्धस्त्रीश्वर के पुरुष-स्त्री को अलग कर दिया।...कबीर ने सबको फटकारा (अन्य भक्त कवियों ने दैन्य दिखाया)—मीरा माधुर्य में रमी रहीं—सिद्ध-समाज की ज्ञानचर्चा में भावनाएँ नहीं बाँधी (सारांश मेरा)।

"स्वयं मैंने विद्रोह के गीत लिए थे, वे सब गीत अब खो गए हैं। विद्रोह चिरकाल तक ठहर नहीं सकता...जब विद्रोह समाप्त हो जाता है, विद्रोह के गीत प्राय: भुला दिए जाते हैं..." मीरा का विद्रोह भी मधुर है, मीरा किसी के प्रति कोई राग-द्वेष नहीं रखतीं।...गांधी जी ने 'भारत छोड़ो आन्दोलन' में अंग्रेज जाति को यहाँ से चले जाने का आग्रह किया था, मगर मीरा ने किसी को हट जाने का इशारा नहीं किया।... उन्होंने प्रेम, करुणा, भक्ति, कर्तव्य, ब्रह्मचर्य, संयम और अपरिग्रह के उदात्त गुण जीवन में उतारे (शाश्वत और कालातीत होने का छायावादी आग्रह)।

"मीरा के गीतों में भारतीय विधवा के चिह्नों का अभाव है। उन्होंने तो कहा है—मो भावे पचरंग चीर रँगाऊँ, पचरंग चोला पहनूँ—झुरमुट खेलन जाऊँ।" (आशय : भारतीय विधवा कामनातीत होती है)। मीरा के गीतों में न केवल विरह है, न केवल विद्रोह...उनके गीतों में सभी मनोभावों का मधुरतम चित्रण पाया जाता है—संयोग-शृंगार, ज्ञान-चर्चा...जो कुछ मीरा कहती हैं, उसमें मधुर भाव है, कहीं भी द्वेष, क्रोध या चिढ़ की हिंसा नहीं है। अन्य भक्त कवियों के काव्य में तो यदा-कदा नाराजगी की आंशिक हिंसा भी झलक जाती है। जैसे गोपियाँ कहती हैं कि पपीहे की चोंच मरोड़ दी जाए, कोयल के पंख नोच डाले जाएँ, क्योंकि वे श्रीकृष्ण के बिना भी बोल पड़े...मीरा के विरह गीत इतने अहिंसक और आत्मपरक हैं कि इनकी तुलना किया जाना भी कठिन है। (गांधीवाद आग्रह)।

"जिस बादल में पानी नहीं होता, उससे बिजली पैदा नहीं हो सकती। पानी से भरा बादल ही बिजली का दाह सँभाल सकता है। अकेला शौर्य मंगलमय नहीं होता।...मीरा के हृदय हार से ही भारतीय हृदय का विकास हुआ है।" (सुप्रा-रेशनल तत्त्व की स्थापना)।[14]

ध्यान से पढ़ने पर स्पष्ट है कि महादेवी ने सविनय अवज्ञा के युगीन आदर्श के रूप में मीरा का एक पाठ प्रस्तुत किया, समकालीन स्त्रियाँ परेशानियों के आलोक में पाठीय अवचेतन अलग ढंग से टटोलकर बहनापे की श्रृंखला आगे बढ़ा सकती हैं। पर इन दोनों विखंडनों के पहले, भूमिका के रूप में, थोड़ी-सी चर्चा मीरा के अपने देश-काल, उनके अपने नैतिक भूगोल की, जिसने उन्हें रचा।

मीरा के जन्म के समय बाबर ने समरकन्द फतह किया था। दो विफल आक्रमणों के बाद भारत में अन्ततः उसने पैर जमा लिए थे। मीरा के मेवाड़ से मेड़ता जाने के ठीक दो वर्ष बाद (1531 में) हुमायूँ राजगद्दी पर आया और लगातार शेरशाह सूरी के आक्रमण झेलते हुए अन्ततः उससे हार भी गया। शेरशाह के राजकाल में ही मीरा ने शरीर छोड़ा।...इस बीच राजस्थान के राजपूत घराने न सिर्फ मुगलों से बल्कि आपस में भी लगातार लड़-भिड़ रहे थे।

बाहर की दुनिया से हार-थककर, चिढ़कर घर लौटा आदमी औरतों की क्या गत करता है, सबको पता है। एक तरफ कुल-मर्यादा, कुल गौरव के नाम पर बालिका-वध, सती, विधवा-विद्वेष, दूसरी तरफ मैट्रिमोनियल अलायन्स के रूप में भेड़-बकरियों के बथान के रूप में रनिवासों का विकास। वीर-प्रसविनी बनना ही तब स्त्रियों का मूल धर्म था। ऐसे में स्वाभाविक है कि पति की अंकशायिनी बनने से साफ इनकार करने वाली स्त्री या तो बावरी (पागल) करार कर दी जाएगी या पुंश्चली। सुहाग-चिह्नों और अनुरागोन्माद के कई लक्षणों की मीरा के काव्य में एक दमकती हुई सी उपस्थिति है। इसीलिए महादेवी वर्मा का संस्कारी मन यह मानने के लिए राजी नहीं होता कि मीरा वैधव्य-शापित थीं, जबकि प्रोफेसर विश्वनाथ त्रिपाठी जैसे कई आचार्य मीरा-काव्य को विधवाविमर्श की तरह ही पढ़ते हैं। उन्हें यह मानना मर्यादासम्मत दीखता है कि पति की तो वे आदर्श पत्नी थीं, उनका दाम्पत्य जीवन भरा-पूरा था, किसी कारण सती नहीं हो पाईं और परिवार के अन्य जन निष्ठुर हुए, तब उन्होंने भगवद्भक्ति में मन रमा लिया। यानी वे दुनिया पूरी तरह ही ट्रांसेंड कर गईं; पर लोग हैं कि बात बनाते रहे क्योंकि विधवाओं और वेश्याओं के लिए एक ही सम्बोधन था—राँड़।

आधुनिक पाठक के लिए वैधव्य के दुर्गिंजन से मुक्ति पाने को छटपटाती स्त्री के फ्रेम में 'सूली ऊपर सेज पिया' के विराट अर्थ-गौरव का संकोचन खासा कठिन है। 'मजबूरी का नाम महात्मा गांधी' वाली बात। सती न हो पाने का दाह कविता को ही मीठी आँच वाली सेज बना गया—मीरा जैसे विराट व्यक्तित्व की महिमा से

यह स्थापना मेल नहीं खाती। निर्णय की स्वाधीनता का तेज जिसमें ऐसा प्रखर हो, यह भला धुआँएगा क्योंकर! जो करना होगा, कर गुजरेगा (प्रतिकारवश), पार्वती की तरह अग्निकुंड में कूदकर या सीता की तरह धरती में धँसकर।

महादेवी जी की इस स्थापना में बल है कि मीरा की कविता में कभी एक क्षण भी किसी दैन्य, किसी अपराधबोध, किसी डाँट-फटकार की आहट नहीं है। न वे कबीर की तरह की अक्खड़, उपदेशमयता से कीलित हैं, न सूर-तुलसी की तरह विनय से दग्ध। विष को भी अमृत बना लेने वाला माधुर्य ही है यहाँ। 'राणा जी ने भेजा विष का प्याला/पी गई मीरा हाँसी रे' में या ननद को सम्बोधित पदों में एक हल्का-सा तंज तो दिखाई देता है, लेकिन देवर-भाभी या ननद-भाभी वाले सम्बन्ध का माधुर्य वहाँ भी झिलमिलाता-सा है। पदों की गीतात्मक विधा में आत्मकथा के प्रसंगों की कौंध स्त्रीसुलभ मधुर हास्य के साथ छौंक देना मीरा के लिए ही सम्भव था।

मीरा और भी तरह से मीठे हास्यबोध का पता देती हैं—'बदनामी लागे मीठी।' 'निन्दो चाहे बिन्दो' का यह मस्तानापन हर्षातिरेक की पराकाष्ठा है। 'गोविन्द लीनो मोल' के रूपक का विस्तार भी वे मेटाफिजिकल व्यंग्य-विनोद के साथ करती हैं—'कोई कहे महँगो, कोई कहे सुहलो, लियो जी तराजू तोल।' लारेंस 'कैप्टेन्स डॉल' में लिखते हैं कि स्त्रियों की यह मुसीबत है कि वे पुरुषों को गुड्डा बना लेना चाहती हैं। स्त्रियाँ भी पुरुषों पर यह अभियोग लगा सकती हैं कि पुरुष ही नहीं, घरवाले भी उन्हें गुड़िया समझते हैं। महादेवी वर्मा ने इस पर सहज आपत्ति उठाई है कि वीरता के पुरस्कार के रूप में कन्या का दान स्वयंवर के नाम पर स्त्री का पण्यीकरण ही था। पर मीरा जिस खरीद की बात करती हैं, उसमें जॉन डन वाला मेटाफिजिकल विट चमक रहा है। मोल ली हुई चीज डंके की चोट पर अपनी हो जाती है—उसे न कोई छीन सकता है, न उस पर कोई दावा ठोंक सकता है, फिर यह ऐसी-वैसी खरीद तो है नहीं, अपना वजूद देकर यह अमोल वस्तु खरीदी गई है, इसलिए यह और अनमोल और अविभाज्य है।

इस तरह के विटी प्रयोग एमिली डिकिन्सन के यहाँ भी बहुत मिलते हैं। कोर्ट-कचहरी से लिया गया 'एफिडेविट' जैसा शब्द भी उनके यहाँ एक विशिष्ट अर्थगौरव पा जाता है—

नर्क से कोई आत्मकथा नहीं लिखी किसी ने
और स्वर्ग का हलफनामा नहीं था।

स्त्रियाँ ऐसे प्रयोगों में निपुण होती हैं क्योंकि कॉस्मिक और कॉमनप्लेस के बीच कोई पदानुक्रम वे नहीं मानतीं। आत्मीयता का विस्तार उनकी भाषा को एक सहज प्रजातांत्रिक, संवादधर्मी गौरव देता है। पदानुक्रमकीलित नहीं होता उनका संसार। ऊँच-नीच—सारे प्रसंगों को एक चटाई पर बिठाकर उनसे अपना सुख-दुख बतिया लेने की आत्मप्रवाही सहजता ही उन्हें 'लोक और शास्त्र' के बीच का पदानुक्रम तोड़ने में भी मदद करती है।

'पग घुँघरू बाँध मीरा नाची रे' में भी एक हल्का-सा विनोद है। नागर जी का 'सुहाग के नूपुर' बताता है कि गणिकाओं के मन में सुहाग के नूपुर की कितनी साध होती थी, क्योंकि घुँघरू ही उनके हिस्से आए थे। घुँघरू की झंकार सघनतर होती है, लोक को निवेदित कि सुनो भाई लोगो, यह मैं हूँ। डंके की चोट पर अपने स्वतंत्र वैभव का उद्घोष करती हुई एक कॉस्मिक नृत्य मीरा जो नाची हैं, उसकी टंकार आज के स्त्री-साहित्य में भी जीवित है। जीवित है यह ठस्सा कि कुलवधू वाले नूपुर की मीठी-सी रुनझुन में नहीं, डंके की चोट पर मैं अपनी मुक्ति का जश्न मनाऊँगी। फ्रेंच मनोवैज्ञानिक इरिगेरी ने स्त्री-भाषा में जिस मिमिक्री की आहट सुनी थी, सबको धता बताकर आगे निकल जाने वाली वह नटखट त्वरा यहाँ गुंजायमान है।

इसी तरह 'मेरे तो गिरधर गोपाल दूसरो न कोई'—यहाँ एक के स्वीकार में सारी दुनिया का निषेध, पितृसत्ता, राज्यसत्ता, सबका निषेध शामिल है जो उस समय के लिए बड़ी बात थी। यही नहीं, एक सामान्य गोपी के रूप में रानी अपनी कल्पना करे, यह भी एक क्रान्तिकारी घटना है। गोपियों का समाज पदानुक्रमग्रस्त समाज नहीं था। इससे भी बड़ी बात यह कि यहाँ स्त्री एक लदा हुआ गर्भ-भर नहीं थी। उसकी कामना का विस्तार मातृत्व से इतर भी कहीं था। अपनी नॉन-प्रोडक्टिव भूमिका में भी स्त्री का प्रेम वरेण्य है, इस तथ्य को स्वीकृति देती दीखती हैं मीरा। और मुक्ति-पथ पर जो बाधा बनता है, उससे परिहासपूर्वक कहती हैं—'तू ही मुझसे पर्दा कर ले, मैं अबला बौरानी।'

पर्दा तो उससे किया जाता है जिससे लीला करनी हो, जो अपनी टक्कर का पुरुष लगे। बाकी तो सब बाल-बुतरू हैं उनसे क्या पर्दा! उनको तो पाल-पोसकर बड़ा कर देने के यत्न कर देने हैं—'पिया मोर बालक, हम तरुनी' वाले मारक एहसास के साथ, ज्यादातर स्त्रियाँ जिसकी भुक्तभोगी होती हैं क्योंकि नैतिक/आध्यात्मिक कद-काठी में बराबर का पुरुष उनको जल्दी मिलता ही नहीं। इसी की ओर इशारा करती हुई महादेवी गुरु रविदास प्रसंग का जिक्र करती हैं।

छायावादी/गांधीवादी मानदंडों पर और संग्रथित स्त्रीवाद के निकष पर खरी उतरने वाली सबसे अनूठी प्रस्तावना यही है। मीरा वरेण्य हैं, अपनी अहिंसा की खातिर, विष पचाकर अमृत में बदल देने की अपनी क्षमता की खातिर, उनकी कविता में बिजली की त्वरा है क्योंकि उनमें जलतत्त्व का निषेध नहीं! जलपूरित बादलों में ही विद्युत का आवेग होता है—श्यामनन्दन किशोर से शब्द उधार लेकर कहें तो—

आग-भरा पानी का मन है,
कौन करे सहसा विश्वास,
कैसे समझाऊँ दुनिया में
कितना महँगा है उल्लास।[15]

निष्कर्ष : स्वाधीनता-संग्राम, स्त्री-यूटोपिया और मीराबाई

स्त्री-मुक्ति हर जगह वि-उपनिवेशन की परियोजना का एक महत्त्वपूर्ण पहलू रहा है। चूँकि साम्राज्यवादी ताकतें समाज-सुधार का ताम-झाम फैलाकर अपनी छवि सुधारने की अनवरत कोशिश कर रही थीं, 'सुधार' का ध्यान बिगाड़ की ओर जाना ही था। सबसे ज्यादा बिगड़ी हुई स्थिति थी स्त्रियों की, इसलिए उनकी स्थिति को निवेदित कई बिल पास हुए। बाल-विवाह पर अंकुश लगाने वाले शारदा एक्ट के अलावा भी 1829 में सती-प्रथा के खिलाफ और 1850 में विधवा-विवाह के समर्थन में बिल पारित हुए। इनसे स्थानीय नेताओं की चेतना में भी यह बात रेखांकित हुई कि स्त्रियाँ भी इनसान ही हैं, और स्त्री-शिक्षा तथा स्त्री-स्वास्थ्य पर ध्यान देना आन्दोलन के लिए भी हितकर होगा। लब्बोलुआब यह कि अगलगी में कुत्ते को नफा हो-न-हो, साम्राज्यवादी और साम्राज्यविरोधी ताकतों की मुठभेड़ में स्त्रियों को स्पष्ट लाभ हुआ, जैसे कि शहरीकरण से दलितों को। स्त्रियों को कम-से-कम शिक्षा की आँख मिली—खासकर मध्यवर्ग में। शिक्षा की आँख मिल गई तो वह मारक स्थिति भी गई जिसके बारे में बाइबिल कहती है—सीइंग दे डोंट सी, हियरिंग दे डोंट हियर। 1920 तक गांधी जी के मन में भी यह साफ हो गया था कि स्त्रियों के नैतिक, मनोवैज्ञानिक और व्यावहारिक सम्बल के बिना राष्ट्रीय आन्दोलन परवान चढ़ ही नहीं सकता। उनके मन में यह भी जरूर साफ होगा कि एक महानाट्य जो उन्हें चौराहों पर आयोजित करना है, उसमें स्त्रियों की बड़ी भूमिका होगी। जैसाकि हम सब समझते ही हैं,

गरीबों और वंचितों के घटनाविहीन जीवन में राग-रंग पूरित नाटकीयता का एक बड़ा मंच धर्म है, शायद इसी खातिर गरीब देश जरा ज्यादा ही धार्मिक रहे हैं। धर्मप्रवण देश के राजनेता भी खूब समझते हैं कि भव्य नाटकीय/काव्यात्मक/महाकाव्यात्मक दृश्यविधानों के बिना जनजीवन स्पन्दित नहीं हो पाएगा।

गांधी जी ने भी बुद्धिमत्तापूर्वक ऐसे कुछ नाटकीय/महाकाव्यात्मक क्षण ऐन चौराहों पर मंचित किए जिनसे जनजीवन स्पन्दित हो जाए। इस व्यूह-रचना में उन्होंने अद्‌भुत प्रतीक-योजना का सहारा लिया—नमक, चरखा, लाठी, लँगोट, ब्रह्मचर्य, वस्त्र-दहन, आभूषण-दान, अनशन-पिकेटिंग यानी कि खटवास-पटवास लेने, त्रिया-हठ ठानने की लोकप्रचलित प्रविधि—ध्यान से देखा जाए तो गांधीवादी रणनीति के एक-एक अवयव का सम्बन्ध स्त्री-जीवन की अन्तरंग दैनन्दिनी से है। सविनय अवज्ञा (अवज्ञा मगर सविनय) की पूरी तकनीक ही दरअसल स्त्री-भाषा की तकनीक है। गांधी ने सत्याग्रह की घरेलू तकनीक को बड़ा राजनीतिक वितान दिया। युगों से उपेक्षित स्त्रियों के अवचेतन पर इस काव्यात्मक प्रतीक-योजना का गहरा प्रभाव पड़ा। इस आश्वासन से वे बेहद आह्लादित हुईं कि एक बड़े अभियान में उन्हें भी शामिल किया गया है। इसका एहसास हमें उस समय के स्त्री-लेखन से होता है और लोकगीतों तथा लोक-आख्यानों से भी, जिनकी रचयिता अकसर लोरी गातीं, चरखा चलातीं, किसी घाट पर साथ मिलकर कपड़े पछीटतीं, धान कूटतीं स्त्रियाँ ही होती हैं।

उस समय की सब लेखिकाओं और लोक-गायिकाओं के मन में एक नए पुरुष की प्रतीक्षा है। पुरुष जो साथी होगा, स्वामी नहीं! महादेवी वर्मा के गीतों का चिरप्रतीक्षित पुरुष ऐसा ही पुरुष है। स्त्री-मन में उसकी कल्पना जग गई है लेकिन हाड़-मांस ओढ़कर वह अब तक सामने नहीं आया है। सुभद्रा जी की कविता 'वीर' और 'वात्सल्य', दोनों रसों का सम्यक् सन्तुलन नई स्त्री में घटित करती है। 'मरदानी' का शब्द-चयन, 'एकादशी' का राजनीतिक विनियोग और बिलकुल नए सन्दर्भों में भारतीय मोटिफों का पुन:रोपण इनकी भाषिक सजगता का उत्कट प्रमाण है। 'सुगृहिणी', 'चाँद', 'स्त्री' आदि में प्रकाशित अन्य स्त्री-रचनाकारों की भाषा, उनके तेवर, उनकी प्रश्नबहुलता, उनका व्यंग्य-विनोद भी 'कान्तासम्मत' उपदेश के घेरे के बाहर जाते हैं। उन सबकी भाषा में कभी भी सविनय अवज्ञा के (संयत ढंग के) पुरमजाक तेवर का जायजा मिलता है तो कभी मीरा के बिन्दास विद्रोह की आहट मिलती है।

ज्यादातर कृतियों में स्त्रियाँ स्वयं अपना या अन्य स्त्रियों का उद्बोधन करती जान पड़ती हैं और उनके चित्त में एक ऐसे राष्ट्र का सपना अँगड़ाई लेता-सा जान पड़ता है जहाँ परम्परा से रूढ़ियाँ बीन-फटक ली जाएँगी, और वर्गों-वर्णों-सम्प्रदायों के बीच, अंग्रेजों और भारतीयों के बीच और स्वयं स्त्री-पुरुष के बीच भी भेड़-भेड़िये वाला रिश्ता न होकर सम्यक् मैत्री का रिश्ता होगा और उस स्तर के क्रीड़ा-कौतुक का भी, जो मीरा की काव्यभाषा के आनन्दातिरेक, उसकी प्रफुल्लता में कल-कल-छल-मल बहता है। एक आदर्शलोक, एक यूटोपिया और मनचीते साथी के ब्लू प्रिंट, उसकी आहट, उसके आभास के बिना भाषा का यह प्रफुल्ल आवेग सम्भव ही नहीं है—'पायो जी मैंने राम-रतन धन पायो' के राम हों या 'गोविन्द लीनो मोल' के गोविन्द, उन्हें एक खास तरह के ब्लू प्रिंट की तरह पढ़ने पर भाषा का यूरेका-तत्त्व अलग ढंग से उजागर होगा।

भारतीय परम्परा की बैटरी आधुनिकता के नए सॉकेट में रीचार्ज होने देना स्त्री-भाषा की एक बड़ी चुनौती तब भी थी और अब भी है! वर्ग-वर्ण-सम्प्रदाय और लिंगगत भेदभाव की संरचनाओं से मुक्त, पशु-पक्षी और पूरी प्रकृति के प्रति संवेदनशील जिस बृहत्तर बन्धु-परिवार का स्वप्न स्त्री-साहित्य ने देखा है, उसकी भाषा-शैली भी वही प्रतिबिम्बित करती है—वहाँ भी सारे पदानुक्रम तोड़कर, दौड़कर गले मिलते हैं कॉस्मिक और कॉमनप्लेस, मैक्रो और माइक्रो, पर्सनल और पॉलिटिकल, गँवई और शहराती, लोक और शास्त्र, कल्पना और जल्पना!

सूर्योदय के पहले सूर्याभास होता है; स्पष्ट निर्णयों के तेज के पहले भाषिक अवचेतन भी सूर्योदय की लाली दर्ज कर रहा था—'बीती विभावरी, जाग री/अम्बर-पनघट में डुबो रही/तारा घट ऊषा नागरी' के विराट बिम्ब की परछाईं स्त्रियों के भाषा-जल में भी लगातार स्पन्दित थी और इस स्पन्दन की प्रकृति कहीं-न-कहीं तो मीराबाई और अन्य भक्त कवयित्रियों से जुड़ती है।

जहाँ तक महादेवी का प्रश्न है, 'यह विरह की रात का कैसा सवेरा है' आदि दो-चार कविताओं को छोड़ दें, तो कविताएँ राजनीतिक चेतना की धमक से दूर ही रखी गईं। सारे सामाजिक सरोकार गद्य के ही हिस्से आए। भूले से भी इस कोठी का धान उस कोठी न गया। आखिर क्यों? शायद इसलिए कि सामाजिकता बहुमूल्य धन थी। बहुत परिश्रम और लम्बे इन्तजार के बाद हमें जो भी मिलता है, हम उसे बचा-बचाकर खर्च करते हैं, खासकर कविता में। कविता पोस्ट ऑफिस का खाता है, लम्बी अवधि का लॉकअप उस पर होता है। उसका ब्याज हरसट्टे आपके हाथ

नहीं आता और रह-रहकर आप उसमें कुछ जमा भी नहीं कर सकते। पर गद्य का खाता आवर्ती जमा खाता है तो राजनीतिक सन्दर्भ वहाँ बखूबी खिले। इसके अलावा 'जनाना' आदि में अंग्रेजी पढ़ाने आई मेमसाहिबों की नर्सरी राइमों के जैसे फितना अनुवाद सड़क पर प्रचलित हुए, वे भी गौर करने लायक हैं। उनमें कहीं भी नहीं है सविनय अवज्ञा का सौष्टव, भगत सिंह वाला क्रान्तिकारी तेवर है वहाँ या फिर भ्रमरगीत वाला लौंगिया चरपरापन, जहाँ भाषा इतिहास का औजार बनती है। पर सविनय अवज्ञा के आसपास के शिष्ट स्त्री-साहित्य पर, गांधी बाबा से वैसी ही गपशप दर्ज है जो 'कलकत्ता पर बजर गिराने' से पहले चम्पा त्रिलोचन से करती है या 'काबुलीवाला' की मिनी अपने लेखक-पिता से। उस गपशप में भी विनय तो है, पर हल्की अवज्ञा की आहट के साथ।

जहाँ स्त्रियाँ गांधी जी से सहमत हैं, वहाँ तो विनय है, बाकी प्रश्नबिद्ध बंकिमता है जिसे महीन अवज्ञा की श्रेणी में रख सकते हैं। भाषा में महीन अवज्ञा की सारी तकनीकें परावर्तित हैं। 'मैक्रो' और 'माइक्रो', 'पॉलिटिकल' और 'पर्सनल' के बीच तकली घुमाती हुई-सी या कहिए, क्रोशिया घुमाती हुई-सी यह भाषा है—अपना चरखा चलाती भाषा, कछारों पर अपना ही नमक बनाती हुई भाषा, 'स्त्रीपत्र' की मृणालिनी वाली भाषा, 'नष्टनीड़' की चारू ने अपने देवर, अमल की लच्छेदार, रोमानी भाषा का प्रभाव काटकर अपनी जो प्रांजल भाषा अर्जित की है, वह भाषा—सहज-सरल, सुन्दर, अनन्वय। धीरे-धीरे ही सही, वजूद का जकड़ा दरवाजा खुल तो रहा है। सविनय अवज्ञा के वैसे तो कई उदाहरण हो सकते हैं। बानगी के लिए एक ही उठाती हूँ श्रीमती स्नेहलता, बीए के 'विवाह समस्या' नामक लेख से—

"बहुत से मनुष्य इसे कलियुग का अन्त ही समझेंगे किन्तु जब विवाह-व्यवस्था का अन्त हो जाए...बदमाश या गुंडे रहेंगे ही नहीं...व्यभिचार, स्त्रैणता, विलास आदि गुण बढ़ेंगे नहीं, बल्कि बहुत कम हो जाएँगे। प्रत्येक व्यक्ति में पाचन-शक्ति भिन्न हुआ करती है, उसी के अनुसार वह अपने स्वास्थ्य का नियम बनाता है।...(तृप्त मनुष्य ही) गूढ़ता पर विचार कर पाएगा।...हमें गुलाब और चमेली, दोनों प्रिय हो सकते हैं। एक स्त्री के निकट एक पुरुष विद्वत्ता के कारण, दूसरा शारीरिक सौन्दर्य के कारण, तीसरा आत्मा और चरित्र की पवित्रता के लिए और चौथा देशभक्ति और त्याग के लिए प्रशंसनीय हो सकता है। एक संकीर्ण घेरे में बाँधने से प्रेम का गला घुटता है।[16]

सधे हुए क्रोध का सर्जनात्मक उपयोग आए दिन स्त्रियाँ करती रहती हैं—करवट

बदलकर, खाना-पीना छोड़कर...उसी तरह का 'पैसिव प्रतिकार' गांधीवाद है जिसकी वकालत पश्चिम में थोरो, टॉल्सटॉय या यॉस्नाया पोलियाना ने की थी। गांधी का महत्त्वपूर्ण योगदान यह है कि बड़े राजनीतिक फलक पर उन्होंने यह कर दिखाया और इसको दिखाने में स्त्री-शक्ति का स्पष्ट आह्वान किया। इतने व्यावहारिक वे थे कि स्पष्ट देख पाते कि जिस तरह का आत्मबल त्याग-तपस्या से पैदा होता है, स्त्रियों के पास उसका स्रोत अक्षुण्ण है।

किताबें तो गांधी ने चार ही लिखीं, बाकी नन्ही सलाहें, उपदेश और अभिमत हैं—पत्रों-प्रश्नों के जवाब! सार्वजनिक चिन्तन की बहुतेरी विसंगतियाँ वहाँ हैं, पर उनका रेंज, आत्मीयता और चुटीलापन वही है जो कान्तासम्मत उपदेशों की अभ्यस्त महिला-समाज की 'टॉक स्टोरी' का होता है। खान-पान के संयम से लेकर बड़े राजनीतिक मसविदे तक, कुछ भी वे उसी सहजता से बाँच जाते हैं जिससे स्त्रियाँ दैनन्दिन कलाप बाँचती हैं। बात शुरू होती है मैक्रो प्रसंग से और टेलिस्कोपन तकनीक से छोटी होती-होती अन्तरंग मशविरे का रूप ले लेती है। कभी-कभी इसका उलटा भी होता है, पर कुल मिलाकर पदानुक्रम टूटता जरूर है मैक्रो-माइक्रो, सार्वजनिक और निजी के बीच का।

स्वराज और सर्वोदय गांधी के लक्ष्य थे, सत्य-अहिंसा सादगी और श्रम की गरिमा उनके मूल सिद्धान्त, भूदान, नई तालीम और गृह-उद्योग उनके साधन। प्रतिपक्षी की आँखें खोलने में भाविक ऊर्जा या तर्कमयता का इस्तेमाल तो होगा ही, नाटकीय वैभव और चुटीलापन—स्त्री की भाषा वाला चुटीलापन, त्रियाहठ और बालहठ का अनुपम संयोग, बाँकी-सी जिद यह स्थापित करने की कि प्रयोग सिर्फ वैज्ञानिक ही नहीं करते, सत्यान्वेषी भी करते हैं, सत्य सिर्फ वस्तुनिष्ठ नहीं होता, आत्मनिष्ठ भी होता है। 'अहिंसा' के विज्ञान का प्रसार सत्य करेगा—सत्य जो प्रत्येक व्यक्ति अपने ढंग से अर्जित करेगा, जैसे प्रयोगशाला में हर व्यक्ति अपना प्रयोग अलग करता है। किसी मनोवैज्ञानिक युद्ध में तथ्य को तोड़-मरोड़कर पेश करने की प्रवृत्ति तो होती है, इस प्रवृत्ति से बचना है, जीतना है लेकिन विकृत साधनों से नहीं, उन्हीं साधनों से जो गरीब-से-गरीब व्यक्ति के पास होते हैं, हो सकते हैं अर्थात् स्वाभिमान और गरिमा। एक दमनचक्र का जवाब दूसरे से नहीं देना, टी. वॉशिंगटन की बात हमेशा याद रखनी है—"लेट नो मैन पुल यू सो लो ऐज टु मेक यू हेट हिम।" (ध्यान रखिए, कोई बंदा आपको इतना नीचे न खींच ले कि आप उससे नफरत ही करने लगें।) अक्षुण्ण प्रेम का यह मनोभाव भी गांधी

को स्त्री-पक्ष से जोड़ता है, और बात को बार-बार अपने अनुभवों की ओर मोड़ने की प्रवृत्ति उन्हें उनसे जोड़ती है :

"अनुभव से मैं जानता हूँ कि निरंकुशता द्वारा दिया गया आज्ञा-पालन का आदेश कितना भयावह होता है। अपने आप में दुष्टता जितनी भयावह होती है, उससे भी ज्यादा भयावह है यह।"[17]

असली तालीम तो स्कूल खत्म होने के बाद शुरू होती है। अपना सबसे बड़ा अध्यापक व्यक्ति स्वयं होता है। सबसे बड़ा विद्यालय तो अनुभव ही है।[18]

हाड़-मांस की गुड़िया के ऊपर भी स्त्री कुछ है—विश्वसखा, विश्वभागिनी 'प्रोडक्शन' और 'रीप्रोडक्शन' के ऊपर भी उसकी बड़ी भूमिका है। आत्मबल पशुबल से कई गुणा बड़ा है, यह बात उस वक्त के लिए बड़ी थी। दर्शन को निरी बौद्धिकता की कारा से आजाद करके राजनीति को दर्शन का पुट दिया, नैतिक विकास का श्रेय स्त्री-शक्ति को। यही गांधी का योगदान है। लेकिन जैसाकि तनिका सरकार, मधु किश्वर आदि के आलेख सिद्ध करते हैं, उस समय के स्त्री-विषयक चिन्तन में कुछ अन्तर्विरोध भी थे, और मेरी अपनी मान्यता यह है कि यही अन्तर्विरोध स्त्री-भाषा सविनय अवज्ञा के साथ उद्घाटित किए जा रही थी।

टिप्पणियाँ

1. जे. बर्नहार्ट (1999), 'द इनक्यूरेबिली रिलीजस एनिमल', एमाइल साहलियेह (सम्पा.), रिलीजस रिसर्जेन्स एंड पॉलिटिक्स इन द कंटेंपररी वर्ल्ड, एलबेनिस यूनिवर्सिटी, न्यूयॉर्क।
2. रेचल ऐल्स, ऐनेटे फिट्साइमन्स और कैथलीन लेनन (2002), 'थियराइजिंग मेन एंड मैस्कुलिनिटीज', पॉलिटी प्रेस, कैम्बिज।
3. मिक्वायर बारब्रे और हैली हौमटेज विन्ज (1975), 'अ रिचुअल सेलिब्रेशन', वुमॅन स्क्रिप्ट 2, अंक 5, हेमन्त, इजुइनॉक्स : 27
4. कुमकुम संगारी (2002), 'मीराबाई और भक्ति की आध्यात्मिक अर्थनीति', अंग्रेजी से अनुवाद : अनुपमा गुप्ता, वाणी प्रकाशन, दिल्ली : 63
5. भरत सिंह उपाध्याय (2010), 'थेरी गाथा', गौतम बुक सेंटर, दिल्ली : 15
6. हीड केन्ड (1964), 'कैन्टरबरी टेल्स', बेन्टम बुक्स, यूके : 64
7. वही।
8. एमिली डिकिन्सन (1970), 'एक्ट्रस ऑफ लाइट', नैन्सी ई. बर्कर्ट और जेन लैंग्स्टन (सम्पा.), न्यूयॉर्क ग्राफिक सोसाइटी : 100

9. अरुण चतुर्वेदी (सम्पा.) (2006), 'मीरा : एक मूल्यांकन', श्याम प्रकाशन, जयपुर : 238
10. मुकुन्द लाठ द्वारा पल्लव के साथ हुई बातचीत (जयपुर, 2002) में उद्धृत।
11. अरुण चतुर्वेदी (सम्पा.) (2006) : 242
12. एमिली डिकिन्सन (सम्पा.) (1970) : 49
13. अरुण चतुर्वेदी (सम्पा.) (2006) : 244
14. महादेवी वर्मा द्वारा मीरा-जन्मशताब्दी पर राजस्थान में दिए गए भाषण-शृंखला के अंश। अनामिका (सम्पा.)।
15. श्यामनन्दन किशोर (2012), तुम खुले नयन के सपने हो, प्रकाशन संस्थान, दिल्ली : 17
16. श्रीमती स्नेहलता, बीए (1932), 'विवाह समस्या', चाँद, विदुषी अंक, महादेवी वर्मा (सम्पा.), खंड 2, वर्ष 14
17. पुष्पा भावे (सम्पा.) (1988), गांधी ऑन वुमॅन, नवजीवन पब्लिशिंग हाउस, अहमदाबाद : 42
18. वही, 16

सन्दर्भ

- तैत्तरीय संहिता, ऋग्वेद, मोतीलाल बनारसीदास
- वोल्गा, 'विमुक्त', साहित्य अकादेमी
- अम्बई, 'द डियर एंड द फॉरेस्ट', पेंग्विन
- केसरी, सुमन
- अनामिका, टोकरी में दिगन्त, राजकमल, 2015
- ईगल्टन टेरी, होली टेरर, ओयूपी, 2005
- अंडाल, नवीं शताब्दी की तमिल वैष्णव सन्त एक पुजारी की पोषिता थीं! मन्दिर में ही पली-बढ़ी अंडाल बचपन से स्वयं को विष्णु की बहू कहती थीं! विष्णुचर्या में लिप्त रहती थीं। उसकी बात की कविताएँ ऐहिकता और मांसल बिम्बों का खजाना हैं! इनकी दो लम्बी कविताएँ बारहमासों के रूप में पढ़ी जाती रही हैं! बहुतेरे नृत्यगीतों का मंचन भी उत्कट हुआ है! (अंडाल एंड अक्क महादेवी : फेमिनिटी टू डिविनिटी, अलका त्यागी, डीके प्रिंट वर्ल्ड), दिल्ली।
- महादेवी अक्क—बारहवीं शताब्दी की वीरशैव सन्त के बारे में कथा प्रचलित है कि इनके रूप से विमुग्ध राजा ने जबर्दस्ती इनसे शादी तो कर ली, पर समागम के लिए तैयार न पाकर इन्हें महल छोड़ जाने की धमकी भी दे दी! ये निर्विकार भाव से सब छोड़कर महल से निकल ही रही थीं कि उसने ताना दिया कि कपड़े तो उसने उसके ही पहन रखे हैं! इस ताने का जवाब उन्होंने ऐसा दिया कि कपड़ों से बाहर आ गईं और तब कहते हैं कि दैवयोग से उनके बाल ही द्रौपदी की साड़ी से अगाध हो गए और उनकी लाज ढक ली!
- रामी—स्त्री भक्त कवियों में चंडीदास की दलित प्रेमिका, रामी का नाम भी उल्लेखनीय है! जिनकी परम्परा में बंगाल की अन्य भक्त कवयित्रियों की पूरी श्रेणी है—रसमयी देवी,

दुखिनी, इन्दु मुरनी, शिव-चरी, महादेवी दोस आदि। गौड़ीय वैष्णव स्कूल की यह स्त्री-कविता घर-गृहस्थी के बोझ से दबी स्त्रियों में पनपे राधा-भाव को प्रतिष्ठा देती है!

चंडीदास, बशुली देवी के जिस मन्दिर में अपने रागात्मिका पद रच रहे थे, उसी के पास के धोबी-घाट पर कपड़े धोती हुई कब उनमें अपना कृष्ण देखने लगी, और कब चंडीदास के मन में भी उसके लिए प्रेम की धारा उमड़ पड़ी—इसका पूरा विवरण तांत्रिक बौद्धमत (सहय्या) से प्रभावित, गौड़ीय वैष्णव मत के अनुयायी इन दोनों प्रेमियों की कविता में साफ झलकता है। सहय्या दर्शन ऊँच-नीच की सारी संरचनाएँ ढाहता हुआ राधाकृष्ण वाली एकात्मकता पूरे जीव-जगत से महसूस करने वाला अद्वैत दर्शन है।

परिवार के दबाव में जब चंडीदास ने प्रायश्चित्त-यज्ञ किया तो रामी की कविता उसी आर्तनाद के रूप में फूटी जो मथुरा प्रयाण कर गए कृष्ण के लिए राधा के मन में फूटी होगी—

कहाँ चले, प्राणधार, ऐसे मुँह मोड़कर!
फटता है मेरा कलेजा यह मिष्टीमुख देखे बिना!
तेरह बरस की उमर से
यह तन-मन
जानता है बस तुम्हें!
जो मुझको छोड़ चले मथुरा?

बाद में जब चंडीदास के प्रेम में बंगाल के सुल्तान की बेगम पड़ गईं, चंडीदास को हाथी की पीठ से बँधवाकर सुल्तान ने कोड़ों की इतनी मार लगाई कि रामी की ओर कातर दृष्टि से देखते हुए वे सिधार ही गए! रामी भी इस दृश्य पर ऐसी बेहोश हुई कि फिर उठी ही नहीं! यह पूरा करुण प्रसंग तमाम तरह के मिश्र-भावों के साथ रामी ने जैसे अपनी कविता में ढाला है, वह गहरे विश्लेषण की माँग करता है। अन्तिम बंद में वे बेगम को भी सखी-भाव से माफ करती हुई सीधा राजा को दुत्कारती है। वह उसके नैतिक साहस का प्रत्यक्ष प्रमाण है! ('द राधाज ऑफ मेडीवल बंगाल : फिफ्टींथ एंड सिक्सटींथ सेंचुरी विमन पोएट्स', सुमन्ता बैनर्जी, इंडिया इंटरनेशनल क्वार्टरली, वॉल्यूम-21, नं. 4, (विन्टर-1994) 27-40 के आधार पर उत्कीर्ण)

- ललद्यद—चौदहवीं शताब्दी की कश्मीरी शैव सन्त ललद्यद भी एक कठिन गृहस्थी से उबरकर, पति और सास की मारपीट से उबरकर निर्वस्त्र ही जंगलों में घूमकर वचन गाती रहीं जिनमें भीगे चिनारों की अनूठी सी गंध और एक सूफियाना मस्ती थी—

    मेरे गुरु ने मेरे आँखों का रथ मोड़ा,
    बाहर से भीतर, भीतर और भीतर—
    भीतर जो दीखा, उसे देखकर झम-झम नाचा ये मन!

- मुक्ताबाई—तेरहवीं शताब्दी के मराठी सन्त ज्ञानेश्वर के अनाथ भाई-बहनों में सबसे छोटी मुक्ताबाई ज्ञानमार्गी नामदेव की ऐसी शिष्या थीं जिन्होंने कूटगीत और जटिल अभंग लिखे—दीये और प्रकाश जैसा रूप और गरुड़ का सम्बन्ध बताने वाली मुक्ताबाई नाथयोगी चारंग देव से भी दीक्षित हुईं और दोनों के बीच के शास्त्रार्थ गूढ़ चर्चा का विषय रहे! उनकी केन्द्रीय मान्यता यह थी कि सुराही के पानी में पड़कर भी जैसे सूर्य का प्रकाश उससे लिप्त नहीं

होता, शरीर में आत्मा भी निर्लिप्त रह सकती है। ('फ्रॉम फ्रीडम टू सेल्वेशन', सुहासिनी इरेकर, 92, साहित्य अकादेमी।)

- बहिनाबाई—सत्रहवीं शताब्दी की यह मराठी भक्त कवि कठिन गृहस्थी और कठोर पति के हजार झमेलों में बँधी रहकर मानसिक मुक्ति का उपाय साध गईं—पति को बालभाव में अपनाकर उसे तरह-तरह के खिलौने पकड़ाती हुई—ऊँचे आसमान का खिलौना, मान-सम्मान का खिलौना! शुरू-शुरू में अपनी नन्ही बछिया में मगन रहतीं, फिर जयराम जैसे सन्तों की सत्संग-सभा में जब उनकी आह्लादपूर्ण भक्ति को विशेष मान मिलने लगा और स्वप्न में सन्त तुकाराम उन्हें दीक्षा भी दे गए तो पति का ईर्ष्या भाव जागा! तरह-तरह की प्रताड़ना सहने के बाद भी घर-गृहस्थी या पातिव्रत्य धर्म का निर्वाह वे साधक-भाव से करती रहीं, पर देह में या घर में होती हुई भी वे वहाँ नहीं होतीं, उनका मन अपने विट्ठल के पास ही टँगा रहता—इसका प्रमाण हैं इनके बहुवर्णी पद जिनमें पति और परमपति—दोनों का स्वीकार है। ('बहिनाबाई : वाइफ एंड सेंट', अब ऐन फेलधाउस, 'जनरल ऑफ द अमेरिकन अकेडेमी ऑफ रेलिजन', वॉल्यूम 50, नं. 4, दिसम्बर, 1982, पृ. 591-604)
- अरुण चतुर्वेदी (सम्पा.) (2006), 'मीरा : एक मूल्यांकन', श्याम प्रकाशन, जयपुर।
- एमिली डिकिन्सन (1970), 'एक्ट्रस ऑफ लाइट', नैन्सी ई. बर्कर्ट और जेन लैंग्स्टन (सम्पा.), न्यूयॉर्क ग्राफिक सोसाइटी।
- कुमकुम संगारी (2012), 'मीराबाई और भक्ति की आध्यात्मिक अर्थनीति', अंग्रेजी अनुवाद : अनुपमा गुप्ता, वाणी प्रकाशन, दिल्ली।
- जे. बर्नहार्ट (1999), 'द इनक्यूरेबिली रिलीजस एनिमल', एमाइल साहलियेह (सम्पा.), रिलीजस रिसर्जेन्स एंड पॉलिटिक्स इन द कंटेंपरेरी वर्ल्ड, एलबेनिस यूनिवर्सिटी, न्यूयॉर्क।
- पुष्पा भावे (सम्पा.) (1988), 'गांधी ऑन वुमॅन', नवजीवन पब्लिशिंग हाउस, अहमदाबाद।
- भरत सिंह उपाध्याय (2010), 'थेरी गाथा', गौतम बुक सेंटर, दिल्ली।
- महादेवी वर्मा द्वारा मीरा-जन्मशताब्दी पर राजस्थान में दी गई भाषण शृंखला के अंश। अनामिका (सम्पा.)।
- मिक्वायर बारब्रे और हैली हौमटेन विन्ज (1975), 'अ रिचुअल सेलिब्रेशन', वुमॅन स्क्रिप्ट 2, अंक 5, हेमन्त, इजुइनॉक्स।
- मुकुन्द लाठ द्वारा पल्लव के साथ हुई बातचीत (जयपुर, 2002) में उद्धृत।
- रेचल ऐल्स, ऐनेटे फिट्साइमन्स और कैथलीन लेनन (2002), 'थियराइजिंग मेन एंड मैस्कुलिनिटीज', पॉलिटी प्रेस, कैम्ब्रिज।
- श्यामनन्दन किशोर (2012), 'तुम खुले नयन के सपने हो', प्रकाशन संस्थान, दिल्ली।
- श्रीमती स्नेहलता, बीए (1932), 'विवाह समस्या', चाँद, विदुषी अंक, महादेवी वर्मा (सम्पा.), खंड 2, वर्ष 14
- हीड केंड (1964), 'केंटरबरी टेल्स', बेंटम बुक्स, यूके।

रीतिकाल का पुन:पाठ

कल रात मैं रीतिकाल के कवियों के बारे में यही सोचती हुई सोई कि चित्रकला, खासकर मिनिएचर पेंटिंग, स्मारक, मिथक, रिवाज, धार्मिक मोटिफ आदि नवेतिहासवादी संसाधनों के आलोक में स्त्री-दृष्टि से इन्हें कैसे पढ़ा जाए, कैसे पढ़ा जाए खासकर रीतिकालीन नायिकाओं और करीब दर्जन-भर उन रीतिकालीन कवयित्रियों की आँख से—हिन्दी-साहित्य का कोई भी इतिहास जिन्हें फुटकर खाते में भी नहीं डालता! यह तो अयां है कि रीतिकालीन कवि शिक्षक, परामर्शदाता, इतिहासकार, राजनीतिक टिप्पणीकार, राजनायक और सैन्य नायक भी थे...राजनीति (राजपूत-मुगल सम्बन्ध), मनोवृत्ति (कवियों के लिए क्या अभीष्ट है, क्या नहीं) और सामाजिक आचरण (कोर्टली प्रोटोकॉल, बहु सांस्कृतिकता के प्राक्-आधुनिक प्रभाव)—सबकी झलक इनके ग्रंथ हमें देते हैं...विधि-विधानों और नियमावलियों के प्रति उनका अतिरिक्त आग्रह उनके सांस्कृतिक परिदृश्य के आलोक में समझना हो तो किन स्रोतों का आश्रय लेना चाहिए? क्या दास्तानें, कमाल के स्रोत नहीं हो सकतीं, जैसे रिजा कुलामुश्तानी का 'वकी-अत-इ-मुश्तानी' जिसका जिक्र इरफ़ान हबीब भी करते हैं।

उत्तर-मुगलकाल में जब भवन निर्माण कला उत्कर्ष पर थी और मनसबदारी की करदोहन-नीतियाँ अपने कठोरतम प्रसार पर, कारीगर और कलाकार गाँव छोड़कर रजवाड़ों के आसपास बसे कस्बों में शरण ले रहे थे। मुगल सल्तनत की सांस्कृतिक अधीनता स्वीकारते हुए, गृह-कलह से परेशान रजवाड़े और उनके दरबारी कवि रीतिग्रंथों का पुनर्रोपण इस भाव से कर रहे थे, जिस भाव से (किसी जमाने में समृद्ध रहे) लुटे-पिटे परिवार की औरतें नई बहू को मखमली पोटली में बँधे 'चोरौका' गहने दिखाती हैं, जैसे यह सिद्ध करना जरूरी हो कि 'हम किसी से कम नहीं', हमारी

भी एक सिद्ध परम्परा थी...संस्कृत आपकी समझ में नहीं आती तो लोकभाषा में ही हम उसका सजग भाष्य तैयार किए देते हैं जिससे आपको हमारे पूर्ववर्ती ऐश्वर्य और महीन रहन-सहन का अन्दाज लगे; आप कर-विभाजन के लिए बिरादरियों का लेखा-जोखा और बाहरी-सम्पदाओं की मैपिंग करा रहे हैं तो हम सांस्कृतिक अलंकरणों की पॉलिश क्यों न करके दिखाएँ...आदि-आदि। अस्मिता दुरूह चीज है। मान-मर्दन मानिनी नायिकाओं में जितनी दुरूहताएँ पैदा करता है, उससे कहीं गझिन दुरूहताएँ उन राजाओं के मन में पैदा हुई होंगी जिन्हें बावजूद इस मान-मर्दन के नई सल्तनत के साथ वैसा ही ताल-छंद बिठाने को मजबूर होना पड़ा होगा जैसे स्त्रियाँ पितृसत्तात्मक संरचनाओं के साथ बैठाने को मजबूर होती रही हैं : अपमान के हजार घूँट पीकर मुस्काने की कोशिश आसान तो नहीं होती।

मेरी समझ में यही कोशिश इन राजाओं और मातहत कवियों की थी : अपना सांस्कृतिक वैदुष्य अलंकार की तरह झलकाने की कोशिश, नवों रस निर्बाध बहाने की कोशिश; नायक-नायिकाओं का मनोवैज्ञानिक ऊहापोह पूरी महीनी में दरसाने की कोशिश, एक आत्मनिष्ठ, आत्ममग्न, मस्त, पारिवारिकता / एक रससिद्ध, भरा-पूरा आत्ममग्न जीवन भभकाने (प्रोजेक्ट करने) की कोशिश पूरी रीतिकालीन कविता में दिखाई देती है। कहते हैं न, थोड़ा मारा रोए, बहुत मारा सोए! और सोए नहीं भी तो कछनी-काछ कर पड़े रहे मानो बाहर की कोई सुध ही नहीं, हालाँकि मन में यह चिन्ता भी है कि—

अली कली सों ही बंध्यो आगे कौन हवाल

यही सब सोचती अभी सोई ही थी कि अचानक खटका हुआ और अगल-बगल बिखरी किताबों से बाहर टहलती निकल आईं वे सब प्रौढ़ा, नवोढ़ा, नायिकाएँ, दूतिकाएँ और रीतिकालीन कवयित्रियाँ—बिरजूबाई, ब्रजवासी रानी, बाँकावती, रसिकबिहारी 'बनी ठनी', रानीकुँवरी 'प्रियसखी', रूपवती बेगम, वीराँ, शाह रँगरेजन, सुजान, सुन्दरकली और सुन्दर कुँवर बाई! यह तो उनके नामों से ही स्पष्ट है कि वे समाज की अलग-अलग सरणियों से आई थीं—अलग-अलग वर्गों और जातियों से! कोई रानी थी, कोई आम गृहस्थिन, कोई वारवनिता तो कोई रँगरेजन! उन सबकी आँखें सूजी हुई थीं, जैसे सदियों से जागी हुई हों! बहनापा उम्र का फर्क नहीं जानता, न वर्ग-बिरादरी, जात-पात ही जानता है! इसी बहनापे के नाते उन्होंने मेरी ओर हाथ बढ़ाया और फिर सारी रात जो गपशप हुई, उसमें मेरी भूमिका नगण्य ही थी! प्रस्तोता-भाव

से यह बातचीत आपके सामने रखना चाहती हूँ ताकि आप स्वयं निर्णय ले सकें कि क्या था रीतिकाल और उसकी उलझनें क्या थीं—

रसिकबिहारी बनी ठनी जी : वो एक अजब समय था, लड़की, दोहे-कवित्त और सवैयों के चुस्त बाने में तरह-तरह के त्रास कसमसाते बैठे थे! 1700 से 1857 तक के ताबड़तोड़ आक्रमण, आपसी बलवे और लूटपाट औरत-मर्द के रिश्तों का जितना कबाड़ा कर सकते हैं, करते रहे! मनसबदारी प्रथा के भू-कर-नियोजन के समय से ही किसानों के गले में फाँस पड़ गई थी, गाँव छोड़कर काश्तकार और कारीगर, कवि और कलाकार जिन देशी राजाओं की शरण गह रहे थे, उनकी अपनी स्थिति भी खस्ता ही थी! एक जगह शरण मिलती, फिर शरणदाता ही तबाह हो जाता या नाराज! नौकरी छूटने-पकड़ने, बसने-उजड़ने का सिलसिला चलता ही जाता!

अ—यह तो हमारे समय की ही स्थिति हो गई, अम्मा! ऐडहॉक नौकरियाँ, ऐडहॉक रिश्ते! बार-बार बसने-उजड़ने वाले समाज में आपसी रिश्ते भी स्थायी कहाँ बन पाते होंगे। आधे पुरुष युद्ध के मोर्चे पर, आधे इधर-उधर नौकरियाँ ढूँढ़ते हुए, ऐसे में परकीया भाव का पनपना स्वाभाविक ही है! बेरोजगार या विस्थापित नवयुवक अपनी सारी ऊर्जा नन्हे-मुन्ने, उड़नछू प्रेम-सम्बन्धों की अटूट शृंखला में ही जाया करने को मजबूर होते हैं, जैसे तब के युवक होते होंगे! जैसे अब के युवकों के आगे लोकप्रिय उपन्यासों-फिल्मों या नाटकों के प्रेम-प्रसंगों का मॉडल रहता है, उनके आगे संस्कृत क्लासिकों के प्रेम-प्रसंग का मॉडल रहता होगा।

तब के सामान्य जनजीवन की झलक देने वाला कोई किस्सा याद हो तो सुनाएँ!

रानीकुँवरी : मेरा एक जानने वाला दरबार का मुलाजिम था! जमीनों की नाप-जोख का काम उन दिनों जोरों पर था, यह तो तुम जानती ही होगी! इसी लेखे-जोखे के हिसाब से कर तय होता था। अकाल हो, बाढ़ हो—इससे मतलब नहीं! नियत तारीख पर किसानों को कर जमा करना ही होता! लिखत-पढ़त के काम में लगा-लगा वह दास्तानें भी लिखने लगा। उसी को कन्नौज के पास के एक निमखर गाँव से गुजरते हुए उन ख्वाजा खान ने यह सच्ची दास्तान दर्ज कराई जो सुल्तान बहलोल लोदी के वक्त अफगानों द्वारा जब्त कर लिया गया था। उन्होंने देखा कि सामने के खेत में एक वृद्ध दम्पती भैंस चरा रहा था। अचानक बारिश आई तो अपने दुपट्टे की छतरी बनाकर वृद्धा वृद्ध को बचाने की कोशिश करने लगी। वृद्ध ने उलाहना दिया कि इतना छोह दिखाने की जरूरत नहीं, उसकी पुरानी बेवफाई वह भूला नहीं है। ख्वाजा खान का मन इस उलाहने के मूल में जाने को उत्सुक हो गया; और

किस्सा पूरा सुनने की गरज से उसने उनके घर रात में मेहमान होना स्वीकार कर लिया। उसे खाट दे दी गई और वृद्धा के लाख प्रतिकारों के बावजूद वृद्ध ने यह दास्तान सुना ही दी।

युवावस्था में यह निमखर में रहता था, वहीं रहते हुए उसे पड़ोसी बनिया (बक्काल) की बेटी से इश्क हो गया। एक बार काम की तलाश में जब वह गाँव के बाहर था, अफगानों ने गाँव जब्त कर लिया और जिन औरतों को उठा ले गए, उनमें उसकी पत्नी भी थी। जोगी के भेष में उसे ढूँढ़ता-ढूँढ़ता जब वह अन्तत: सही ठिकाने पर पहुँचा (सरहिन्द), वह एक अफगान के दालान के बाहर बैठकर चावल बीनती दिखाई दी! जोगी की पुकार पर जब वह एक मुट्‌ठी चावल लेकर उसके पास गई, उसने अपनी पहचान खोल दी और अपने इश्क की दुहाई देने लगा। जब वह वहाँ से टस-से-मस होता दिखाई न दिया, अपने नए स्वामी की ओर अभिमुख होकर वह बोली कि यह कोई जोगी-वोगी नहीं, मुझे अपने साथ भाग चलने की कह रहा है ये। अब क्या था, अपने नौकरों द्वारा ऐसी धुलैया कराई अफगान ने कि कई दिनों तक वह बेहोश रहा। होश आने पर भी गया नहीं, वहीं उसके अस्तबल में रहता हुआ उसके घोड़ों की ऐसी अच्छी देखभाल उसने की कि अफगान ने उसे अपना मुख्य सेवक रख लिया।

दो बरस बीते, सुल्तान बहलोल के किसी काम से अफगान राजधानी गया और वहीं तम्बू डालने का फरमान पा सारे माल-असबाब, नौकर-चाकर, ढोर-डंगर समेत उस औरत को उसने राजधानी ही चले आने का हुक्म भेजा जो अब उसकी पत्नी कहलाती थी। तम्बू की ओर बढ़ते हुए बाकी लोगों को आगे भेज हमारा नायक अपनी पुरानी पत्नी को ले उड़ा। अफगान को पता चला कि दोनों उड़ गए तो तत्काल उन्हें ढूँढ़ने निकल गया और जब वे मिले तो नायक की धुनाई ही न की, उसे पेड़ से बँधवा भी डाला। लू और हरारत के मारे अब उसे बुखार आ गया था, औरत की गोद में सिर रख वह आराम ही कर रहा था कि नायक बोल पड़ा कि यह हरारत मामूली हरारत नहीं है, उसके शरबत में साँप का जहर मिला था। अफगान दुबारा उसे मारने को उठा पर भरभराकर हमेशा के लिए गिर गया। वह औरत जो अब तक पुराने पति की खाट खड़ी कर रही थी, तत्काल उसकी ओर अभिमुख होकर बोली कि अब उन्हें एक मिनट गँवाए बिना तत्काल भाग चलना चाहिए। एक बार गाँव पहुँची तो इस बुढ़ापे तक समर्पित पत्नी की तरह उसके साथ रहती रही जिसका जिक्र किस्से के शुरू में हुआ।

रूपकुँवरी : सोलहवीं शताब्दी के इस सच्चे किस्से में लिखने वाले को सबसे दिलचस्प बात लगी औरत के चरित्र का यह पक्ष कि कितनी जल्दी-जल्दी वह स्वयं को नई-नई परिस्थितियों में ढालती गई, कितनी निस्संगता से उसने भाग्य के निर्णयों से समझौता किया। उसके धर्म-परिवर्तन और अन्य सम्भावित परिवर्तनों पर लेखक का कोई विचार न बना। बनिया की बेटी अफगान के साथ रहती हुई मुसलमान बनी होगी, दुबारा अपने पति के पास रहते हुए उसने हिन्दू रीति-रिवाज निभाने शुरू किए होंगे। अफगान मालिक के प्रति नायक की बेवफाई या उसकी अपनी पत्नी का तोताचश्म होना लेखक को चकित नहीं करता, न वह एक बार भी उपदेष्टा की मुद्रा ही गहता है।

अ : आधुनिक पाठक के लिए सबसे अधिक ध्यान देने वाली बात यह है कि अस्त-व्यस्त जनजीवन और विस्थापनजन्य अनिश्चितताएँ प्रेम की सान्द्रता पर भी ग्रहण लगा जाती हैं। अचानक सैनिक दस्ता आता है और सब कुछ घँघोल देता है—हिंसा आरोपित आत्मीयता का आलम रचती है। आरोपित आत्मीयता खोखली तो होगी ही। उसमें प्रदर्शनप्रियता अधिक होगी, घनत्व कम होगा, इसलिए परिस्थितियाँ बदलने पर तोताचश्म होना भी आसान होगा—स्त्री-पुरुष दोनों के लिए। एक बार आक्रमण और हिंसा का झंझावात और उसके बाद महीनों की श्मशान-शान्ति, बेरोजगारी और गरीबी! ऐसे में दत्तचित्त भाव से कोई प्रेम करे भी तो कैसे! ध्यान देने की बात यहाँ यह है कि नायक-नायिका—दोनों इस ध्वस्तप्राण, क्षणजीवी समाज में एकनिष्ठता के किसी दावे से मुक्त नजर आते हैं—

चित, चितु मारक जोगु भयौ, भयैं सुत सोगु।
फिरि हुलस्यौ जिय जोरसी, समुझै आरज जोगु।[1]

दो सखियाँ हँस रही हैं ये कहकर कि किसी ज्योतिषी पिता के यहाँ कोई पुत्र पितृघातक योग में पैदा हुआ। शुरू में तो उसे क्लेश हुआ पर गहरे मनन पर जब उसने देखा कि उसकी पैदाइश जारज योग में हुई, उसका मन मुदित हो गया कि अब तो मरेगा उसका रकीब क्योंकि यह पुत्र तो पत्नी ने उसी की संगत से पैदा किया है।

यह या ऐसे और दोहे पढ़कर जारजता के सहज स्वीकार पर हँसी आना तो स्वाभाविक है। बिहारी का ही दूसरा दोहा देखें—

बहकि न इहि बहिनापुली, जब-तब पीर बिवासु।
बचै न बड़ी सबील हूँ, चील घोंसला मौसु॥[2]

एक सखी दूसरी को हँसकर परामर्श दे रही है कि अपनी मुँहबोली बहन को अपने नायक से बचाकर रखना, चील के घोंसले में मांस सुरक्षित रखना आसान नहीं होता।

सुजान : जनजीवन का यह व्यंजक आख्यान रीतिकालीन कविता में वर्णित उन्मन काम-केन्द्रीयता की सही पृष्ठभूमि उजागर करता है। सर्वव्यापी साधनहीनता का एक प्रमाण यह भी कि जमींदारिनें ही नहीं जाँता चलातीं या सूत काततीं, सामान्य स्त्रियाँ भी पद्मनी-हस्तिनी नायिकाएँ बन सामने आती हैं—

ज्यों कर, त्यों चिकुटी चलित, ज्यों चिकुटी त्यौं नारि।
छबि सौ गति सी लै चलति, चातुर कातनि-हारि॥[3]

एक सखी अन्य सखी से कहती है कि वह चतुर, सूत कातने वाली नायिका जैसे-जैसे अपना हाथ चलाती है, वैसे-वैसे उसकी चुटकियों की गति तीव्र होती जाती है और ज्यों-ज्यों उसकी चुटकी चलती है, त्यों-त्यों ही उसकी ग्रीवा भी मुड़ती जाती है। चरखे के साथ-साथ नृत्य की गतियों का छविमय अभिनय वीप्सा तथा अनुक्तास्पद वस्तूत्प्रेक्षा अलंकार में।

अ : अन्य कुछ दोहों के साक्ष्य से भी रीतिकाल के गहनतम मन:सामाजिक तथ्य सामने आते हैं। दुनिया का कोई भी आईना ऐसा नहीं होता, हो ही नहीं सकता जिसमें सिर्फ 'व्यक्ति' प्रतिच्छायित हो, उसके पीछे की दीवार / पृष्ठभूमि नहीं। यदि सिर्फ 'चेहरा' दिखाने वाला जेब-आईना भी सामने रखें तो बनाव-सिंगार की तकनीकें, पसीना या आँसू पोंछने के तरीके और स्वयं आँख की उदासी / उसका हुलास समष्टि का सत्य प्रकाशित कर ही देते हैं। कथ्यात्मक सूत्रबद्धता के अनुसार कई ऐसे दोहों की तालिका जुटाई जा सकती है जो काव्यकला के दोनों आयामों—सौन्दर्यशास्त्रीय और नीतिशास्त्रीय आयामों से जाज्वल्यमान जान पड़ते हैं! 'पोएटिक्स' कुल मिलाकर 'ऐस्थिटिक्स' और 'एथिक्स' की संयुक्त नृत्य-मुद्रा ही तो है न—छोटे से स्पेस में महीन मीनाकारी—ऐसी मीनाकारी जिसकी एक-एक पत्ती जीवन की, आत्मा की सच्ची हरियाली का अक्स जान पड़े।

मात्र सत्रह-अठारह शब्दों के दोहे में एक पूरा आख्यान कैसे समाया होता है, अलग-अलग दृष्टियाँ कैसे नियोजित की होती हैं, सम्भावित अर्थ-पुंज अलग-अलग टोनल संयोजन में कैसे व्यंजनाएँ विकिरित करता है, इस पर तो कई ग्रंथ लिखे जा सकते हैं, किन्तु फिलहाल हम उन कुछ दोहों पर अपना ध्यान केन्द्रित करेंगे जो स्त्री की देह और उसका मन, उसकी परिस्थिति और मन:स्थिति में सामंजस्य बिठाने की

कोशिश करते नजर आते हैं और जाने-अनजाने उस देशकाल की विडम्बनाओं का आभास भी दिए चलते हैं जिसने युद्धादि संघर्षों में अतिव्यस्त (हाइपर ऐक्टिव) रहे पुरुष-समाज को अचानक इतनी सारी फुरसत दे दी थी कि उन्हें अपनी ऊर्जाओं का नियोजन करना पड़ रहा था। जैसाकि पहले कहा, यह स्थिति कुछ-कुछ वैसी भी मानी जा सकती है जैसी 'हायर एंड फायर' की शिकार कच्ची-पक्की (रह-रहकर छूट जाने वाली) नौकरी कर रहे युवकों की आज है। बेरोजगारी के दिनों का परिताप किराए के बन्द कमरों में कच्चे-पक्के, तुरन्त तिरोहित हो जाने वाले यौन सम्बन्ध बनाकर निकलता है। कच्ची-पक्की नौकरियाँ, कच्चे-पक्के रिश्ते, अतृप्त प्रणय शृंखलाएँ क्षोभ से अधिक करुणा का विषय हैं और कुछ अर्थों में श्लाघा का विषय भी, श्लाघा इसलिए कि आसान नहीं है जलती झोंपड़ियों में 'मल्हार गाना' जैसा रीतिकालीन नायक-नायिकाएँ और उत्तर-आधुनिक युवक-युवतियाँ गाते दिखाई देते हैं।

इरफान हबीब ने अपनी बहुचर्चित 'मीडिवल इंडिया' के अन्तिम अध्याय में कुछ ऐसी ही रोमांटिक रपटों का हवाला दिया है जिन्हें वे 'पेजेंट रोमांस' कहते हैं। अकबर के समकालीन रिजा कुलामुश्तानी ने 'वकी-अत-इ-मुश्तानी' नाम से 1451 में इनका संकलन प्रकाशित किया था। इसमें ख्वाजा खान मेवाती नामक एक व्यक्ति द्वारा रपट की शैली में जो कथा बाँची जाती है, उसका पूर्वांकन मैं जरूरी समझती हूँ इस तथ्य की स्थापना के लिए ऊपर से इतने प्रसन्न और आत्मलीन इस युग के लोक भीतर से कितने उदास और निस्संग हो चले थे—खासकर यौनिकता के प्रश्न पर! बार-बार विवाह-सन्धियों, अपहरण, बलात्कार और विस्थापनजन्य दूसरी उठापटकें झेलती हुई स्त्रियों के लिए तो खासकर, देह जैसे किराए का कमरा ही हो चली थी या फिर गले में लटका दिया एक ढोल।

ब्रजवासी रानी : मुग्ध पद्मिनियों से ज्यादा बड़ी संख्या थी उदास प्रौढ़ाओं, परकीयाओं और खंडिताओं की जिनकी उदासियाँ बिहारी ने बखूबी पकड़ी हैं। सौन्दर्य और यौवन ही जिस समाज में स्त्री-जीवन का केन्द्रीय सत्य हो, वहाँ बुढ़ापा कितना भयावह बना दिया जाता है एक ऐसी स्त्री के लिए जो उपेक्षित परकीया का जीवन जीने को अभिशप्त रही हो, इससे सम्बद्ध कई दोहे बिहारी ने लिखे हैं, ऋतुमुक्ति (मेनोपॉज) के स्नायविक तनावों से जूझती हुई एक सन्तानविहीन परकीया चॉसर की 'वाइफ ऑफ बाथ' भी है, पर उसके पास पुराने वृद्ध पतियों से झींटे हुए पैसों के बुद्धिप्रवण विनियोग द्वारा खड़ा किया गया एक रोजगार तो है—(वह सफल

कपड़ा विक्रेता है) पर रीतिकाल की ये प्रौढ़ाएँ नहीं जानतीं कि उम्र ढलने पर अपनी विशृंखल यौनिकता का करें क्या और सपत्नी के बच्चे को उसी स्थान पर चूमकर अपना तनाव दूर करती हैं जहाँ उसके पिता ने उसे चूमा था, या फिर अन्तरंग सखी के कन्धे पर सिर रखकर रो लेती हैं, पर इस रुलाई में एक महीन चुटकी भी छुपी है, जैसे कोई खुद अपना मजाक उड़ाता खड़ा हो—

सुमर मर्‌यौ तव गुन कनन, पकयौ कपट-कुचाल।
क्यों द्यौं दार्‌यौ ज्यौ हियौ, दरकतु नाहिं न, लाल॥[4]

मेरा मन उसके कपट-कुचाल से इस प्रकार भर गया है जैसे पका अनार पुष्ट दानों से, पर लाल अनार की भाँति वह दरककर फटता क्यों नहीं, ऐसी बातें सुनकर सखी भी फल का उपमान उठाकर हँसती हुई सी नायक को समझाती है—

अनरस हूँ रस पाइयसु, रसिन रसीली-पास।
जैसे साँठे की कठिन, गौठ्‌यौं भरी मिठास॥[5]

एक बार उसके पास चलकर तो देखो, उसकी इस अनवस्था में भी तुम्हें आनन्द आएगा, जैसे कि गन्ने की गाँठ में भी मीठा रस होता है।

बेचारी दूतियाँ! बहनापे की इससे बेहतर मिसाल तो स्त्रीवादी साहित्य में भी नहीं मिलेगी! वर्गभेद के बावजूद यह अपनत्व!

शाह रँगरेजन : लोग रीतिकाव्य पर सम्भ्रान्तवादी या दरबारी होने का आरोप लगाते हैं, पर मैं, शाह रँगरेजन, इस बात का जीता-जागता प्रमाण हूँ कि काव्य-तकनीकों का अभ्यास कराने वाले 'समस्यापूर्ति' आदि खेल तब गलियों तक फैल चुके थे! इसी खेल ने मुझे मेरे शाह से मिलाया! बाबा की दुकान पर पगड़ियाँ रँगने का काम करती थी! एक रोज एक पगड़ी के खूँट में मुझे एक पर्ची बँधी मिली जिस पर कोई एक पंक्ति लिखकर छोड़ गया था, शायद आगे की पंक्ति उसे सूझ नहीं रही थी, सोचता-सोचता थक गया होगा, पगड़ी के सिरे पर गाँठ लगाकर भूल भी गया हो शायद! पंक्ति थी—

'कनक छड़ी-सी कामिनी काहे को कटि छीन।' समस्यापूर्ति में आनन्द उठाने वाली मैं उसी वक्त एक कूँची उठाकर दूसरी पंक्ति दाग गई, दोहा पूरा हो गया—

'कटि को कंचन काट बिधि कुचन मध्य धर दीन।' हिसाब-किताब बराबर! रँगी

हुई पगड़ी जब सूखी तो उसके उसी सिरे पर वह पर्ची बाँधी मैंने कि भई, जिसके पास से आई, वहीं जा और दोहा पूरा लिए जा!

मुझे क्या पता था कि मेरा भाग्य पलटने आई थी पर्ची! दोहा पूरा देखकर उलटे पाँव दौड़ते आए शाह आलम और मेरा माथा चूम लिया! तब से ही मैं बन गई शाह रँगरेजन और आगे की सारी जिन्दगी दोनों मियाँ-बीवी मिलकर कविताई करते रहे!

सुन्दरकली : औरत की देह मार-पीट, मर्दन-तर्जन का टीला सही, पर वह आनन्दातिरेक का सोता भी है—भाषा में जिसकी कल-कल, छल-छल छमछमाती बढ़ी आती है। रीति कवियों के पहले कालिदास और विद्यापति ने इसका मर्म समझा, पर उन्होंने रूपकों की ओट ली, हमने महीन मीनाकारी की देह-व्यापारों की अपनी कविता में! और हमारा अध्ययन तभी सम्यक् हो पाएगा जब मीनाकारी, पच्चीकारी के बरअक्स रीति कविता परखी जाए!

सुन्दर कुँवर बाई : और यह भी न भूला जाए कि यह काल बेगमाती जबान की रेक्ती कविता, दक्खिनी हिन्दी की सूफी कविता और गजल के उभार का भी काल था! मीर पद्माकर के समकालीन थे और दोनों की वक्रोक्तियाँ मिलती-जुलती हैं—

होगा किसी दीवार के साए के तले मीर,
क्या काम मुहब्बत से उस आरामतलब को।

यह बेखुदी कहानी का एक हिस्सा थी, तो दूसरा हिस्सा वह सूफियाना महीनी जो उस वक्त के प्रसिद्ध उद्योग 'शीशागरी' में व्यक्त होती है—

ले साँस भी आहिस्ता है नाजुक ये बहुत काम।
शाफाक के इस कारगहे शीशागरी का।[6]

इस महीन शीशागरी का असर भी रीति कविता के शिल्प पर था।

बनी ठनी : आपके समय के आलोचकों ने यह नहीं पहचाना, कोई कवि विद्वान है तो क्या उसकी लानत-मलामत करेंगे?

अ : अरे नहीं, स्पेन्सर-मिल्टन-वर्जिल की विद्वत्ता उनके कवित्व के आड़े नहीं आती, पूरी अठारहवीं शताब्दी में अंग्रेज कवि ग्रीक और रोमन मॉडलों का अनुकरण करते रहे, वैसा अनुकरण तो रीति कवियों ने भी रीति ग्रंथों का न किया...यह तो एक तरह का अभिवादन है परम्परा का, एक खास तरह की मैपिंग, एक अन्त:पाठीय संवाद जिसे आज हम श्रेष्ठ कविता का निकष कहते हैं...।

सुजान : रीति कविता को इतना ऊँचा भी चढ़ाने की जरूरत नहीं है, आज जिस

उम्र में लड़कियाँ पाँचवीं, छठी में पढ़ती रहती हैं, उस उम्र में मुग्धा नायिकाओं का देह-दोहन शुरू हो जाता था, और बाईस-तेईस की उम्र में तो वे कलहांतरिता प्रौढ़ाएँ या कुट्टिनियाँ बनने को मजबूर हो जाती थीं।

अ : यह हम समझती हैं, अम्मा, आपने तो घनानन्द के सच्चे प्रेम का अमृत चखा था, पर ऐसी भी कई नायिकाएँ हुईं जो आजीवन अनादृता रहीं! इन्हीं को निवेदित यह कविता आपके सामने रखती हूँ कि सनद रहे, हम उनके सुख-दुख से अनभिज्ञ नहीं! यह कविता आपको हमारे समय की खंडिता नायिकाओं का भी परिचय दे शायद—

नायिका भेद :

आचार्य, हम इनमें कोई नहीं—

कोई नहीं, कोई नहीं, कोई नहीं—
मुग्धाएँ जब थीं हम—
देनी थीं हमको परीक्षाएँ
बोर्ड के सिवा भी कई,
संस्थानों में प्रवेश की परीक्षाएँ देते हुए
हमें फुरसत ही नहीं मिली
आनन्दसम्मोहिता या रतिकोविदा होने की।
रात में जगीं भी हम तो मोटी पुस्तकों में सिर खपाती हुईं,
चौराहे तक निकलीं भी जब अँधेरे में—
मुदिता या अभिसारिका भाव से तो नहीं,
घर के कपड़ों में बस निकल पड़ी
चुइंगम लाने की खातिर कि नींद भगे।
प्रारब्धयौवन हुईं जब हम
नौकरी के सौ झमेले थे सिर पर।
शास्त्रीय स्वकीयाएँ तो तन-मन से करती थीं
पतिगृह की सेवा, हम तन-मन-धन से
परिजन-पुरजन की, ससुराल-नैहर की,
घर की और बाहर की
दत्तचित्त सेवाएँ करती हुई ही
फैलती रहीं कचरमकुट्ट : मीरा की प्रेम-बेल की तरह!

स्वाधीनपतिका नहीं, न ही प्रवस्यपतिका,
आनन्दसम्मोहित भी नहीं, न ही कलहांतरिता!
कलह कभी करने का भी जी हुआ तो किससे करती—
बाल-बुद्धि ही थे परमेश्वर हमारे,
लगे ही नहीं वे कभी भी बराबर के—
'पिया मोर बालक हम तरुनी,
पिया लेली गोदक चलली बजार' का छंद साधती हुई
आज जिस बाजार में हम खड़ी हैं न, आचार्य जी,
उसमें पहेली नहीं, चुटकुला है हर जीव,
तुमुल कोलाहल-कलह का ऐसा
घनघोर-सा सिलसिला है यहाँ,
कबीर की लुकाठी से
सुलग रहे हैं बॉनफायर!
दो-चार ब्लॉगों पर
सुगबुगाता है कुछ यहाँ री-मिक्स-सा,
लुसफुसा रही है कुछ इधर-उधर
'बाजार से गुजरा हूँ, खरीदार नहीं हूँ' की
झिलमिल-सी अन्त:पाठीयता!
हाँ, तो मैं यह कह रही थी—
कि कुट्टिनी, खंडिता वगैरह भी
हम तो नहीं है,
हमारा अलग से ही बनाना होगा कोई प्रभेद :
फूट गए हैं घड़े
सिकहर पर टँगे नौ रसों के,
घालमेल-सा हो गया है रसधारों का—
वीर में वात्सल्य बहता है,
शृंगार में बहती है कुछ भयावहता
शान्त भी वीभत्स या रौद्र से जा मिला है।
हर क्षण हमारा है नौ रसों का कॉकटेल
और हम भी हैं शायद मिश्र-प्रजाति वाले

बाँस का टूसा!
सुना था कहीं,
चीन देश में होती है
बाँसों की ऐसी प्रजाति
जिसका टूसा पड़ा रहता है
पचपन बरस धरती के भीतर
और जब-जब चमकती है कहीं बदली
धरती की छाती दरक जाती है,
फोड़-फाड़कर सारी चट्टानें
झाँकता है बाँस का टूसा
धरती के बाहर।
भूले-भटके जो आ जाती हैं,
मादक घटाएँ उधर,
उनकी छाया घूँट-भर पीकर
दिन दूनी, रात चौगुनी गति से
बढ़ जाता है बाँस का टूसा
यों बेहिसाब
कि उसकी गर्दन झुक जाती है,
कोई भी कन्धा नहीं मिलता
जिस पर टिके उसका माथा।
हाँ, हम समझती हैं उसका दुख
जिन्हें सिर टिकाने की खातिर कोई भी कन्धा नहीं मिलता,
सन्न-सन्न बहती हैं सारी दिशाएँ उनके भीतर!
मलिनवस्त्र राधा का दुख एक ऐसा ही दुख था :
हरि के पसीने से भीग गया
और विरह की धूप में सूखा
तार-तार आँचल वह राधा का!
हालाँकि हमने किसी कृष्ण को कभी
कहीं नहीं देखा,
पर राधाएँ हमने देखी हैं इधर-उधर!

नागमती, 'पद्मावत' वाली—
बड़े पलंग पर कहीं एक ओर लुढ़की पड़ी
और गहन बारिश में निपट अकेली
झोंपड़ी छवाती हुई
लगती है कैसी—
जानती हैं हम ये अच्छी तरह से!
अच्छी तरह से समझती हैं
हर बात पर चौंकती हैं क्यों
उत्कंठिताएँ!
धीरा-अधीरा वो रहती हैं क्योंकर
काम नहीं आते क्यों उनके
वर्षों से संचित संज्ञान और अनुभव?
क्यों खोटे सिक्के हो जाते हैं
सारे शुभाशय?
बजता नहीं कभी भूले से, फिर भी—
हाथों में क्यों हरदम रखती हैं
मोबाइल?
क्यों ध्यान से पढ़ती हैं
सन्देश विज्ञापन कम्पनियों का
अपना धुँधला चश्मा पोंछकर?
किसका है इन्तजार इनको?
कोई कभी भी नहीं आता इनके सिरहाने!
सिर्फ बुद्ध आते हैं
आती है जैसे कि धूप सुबह की
ठिठुरती हुई कालरात्रि के बाद
किसी आँगन में!

सुजान : हाँ, तुम्हें यह कभी नहीं भूलना चाहिए कि नायिका-भेद की व्यवस्था स्त्रियों को कई विद्वेषी कोटियों में बाँटती है!

एक मुग्धा नायिका : एक बात सोचने की यह भी है कि क्यों वृद्धाएँ ही हमेशा

कुट्टिनी होंगी और गरीब स्त्रियाँ, इधर-से-उधर दौड़ने वाली दूतिकाएँ! ऐसा क्योंकि आठ साल की मुग्धा रमण के लिए तैयार न हो तो पीटी-कूटी जाए?

पद्मिनी नायिका : मगर हिन्दी के रीतिकालीन कवियों ने संस्कृत कवियों की इस मुग्धा-तारण प्रविधि से स्वयं को मुक्त रखने की आदमीयत दिखाई! सिर्फ स्त्री-शरीर की नहीं, बारहमासा में ऋतुओं की महीन समझ भी उन्होंने दिखाई। दरबारों का प्रशिक्षण उन्हें अंग्रेजी कवियों की 'कोर्टली लव पोएट्री' के पाए का शिष्टाचार जरूर सिखा गया!

अ : मुझे आपकी बातों से ऐसा जान पड़ता है कि रीतिकालीन कविता को उन लघु आख्यानों की महीन मीनाकारी के रूप में पढ़ें, जिससे स्त्री-पुरुष के बीच का ही नहीं, मनुष्य और उसके परिवेश के बीच के क्षणभंगुर मोह-छोह का सटीक और सजग ग्राफांकन समझा जा सकता है। आपके समय का क्षणभंगुर परकीया प्रेम ही हमारे समय के 'हरी घास पर क्षण भर' वाले भग्न एहसास में विस्तीर्ण हुआ! पर रीतिकाल में स्त्री के माँ-बहन-बेटी और नागरिका वाले रूप गौण ही रहे और उस समय के आर्थिक-सामाजिक-राजनीतिक तनावों की भी आहट गुम-सी रही।

सुजान : गुम मत कहो, गुमसुम कहो! आओ, मैं तुम्हें सूत्र देती हूँ कि इन प्रणयसिद्ध दोहों में युग की आर्थिक-राजनीतिक-सामाजिक बेचैनियाँ कैसे पढ़ें!

यह तो तुमने ही कहा कि दुनिया का कोई भी आईना ऐसा नहीं होता जिसमें आदमी के चेहरे के साथ उसकी पृष्ठभूमि, उसका परिवेश प्रतिबिम्बित नहीं हो! ठीक इसी तरह दुनिया की कोई प्रेम कविता या आत्मनिष्ठ कविता ऐसी नहीं होती जिसमें युग की बृहत्तर हलचलें प्रतिबिम्बित न हों! आदमी-औरत के आपसी रिश्तों का राजनीति से बड़ा आईना और क्या होगा?

तो आओ, मैं तुम्हें बिहारी जैसे कवि से चुनकर कुछ दोहे ऐसे देती हूँ जिसमें हमारे युग की राजनीतिक-आर्थिक हलचलें कसमसाती हैं : पहला दोहा यह जिसमें यौन को 'प्रवीणराजा' बताया गया है, यहाँ कटाक्ष की बात यह है कि उसकी प्रवीणता उसके मनमानेपन में प्रतिबिम्बित है, उसकी न्यायवृत्ति में नहीं, तभी वह 'अपना जानकर' किसी अंग की पृथुलता छीनकर किसी और पर वार देने में तनिक नहीं झिझकता, निम्नांकित दोहे में 'इजाफा'—जैसा अर्थशास्त्र से सीधा उठाया गया शब्द भी गौरतलब है—

अपने अँग के जानिकै जोबन नृपति प्रवीन।
स्तन, मन नैन, नितम्ब कौ, बड़ौ इजाफा दीन॥[7]

दूसरे दोहे में 'पाप' और 'रोग' की श्रृंखला में राजा को बिठाते हुए कहा गया है कि सब श्रुति-स्मृतियों की यह मान्यता है कि राजा, पाप और रोग कमजोर को ही दबाते हैं :

केहे अँहे सब स्रुति-सुमृति इहै सयाने लोग।
तीन दबावत निसक ही, राजा पातक रोग।[8]

अ : बिहारीलाल का एक दोहा मैंने भी ऐसा पढ़ा था जिसमें अंग्रेजी के 'मेटोफिजिकल' कवि जॉन डन की विनोदवृत्ति झलकती है जहाँ वे एक साँस में सारे संसार को रति का प्रतिबिम्ब मानते हुए उसे असल मुक्ति का स्रोत मानते हैं—

चमक, तमक, हाँसी, ससक, मसक, लपट, लपटानि।
जिमि रति सो इति मुकुति, और मुकुति अति हानि।

रीतिकालीन कवियों के हास्यबोध पर भी कम विचार हुआ है!

बनी ठनी जी : इधर-उधर भटको मत, लड़की, अभी हम तुम्हें यह समझाने की कोशिश कर रही हैं कि आर्थिक इतिहास के आलोक में बिहारी को पढ़ें तो पता चलेगा कि स्त्री-देह के बहाने वे अत्याचारी, मनचले राजाओं के 'मनमाने बँटवारे' पर कटाक्ष कर रहे हैं!

सुजान : और घनानन्द में तो मनमाने बाट-बखरे पर यह कटाक्ष और भी प्रबल है—

तुम कौन धौ पाटी पढ़े हो लला
मन लेहु पे देहु छटाँक नहीं।[9]

'मन' और 'छटाँक' का श्लेष इस बात का भी प्रमाण है कि प्रेम कविताओं में विनोदवृत्ति उन्हें और धारदार और सरस बना देती है, और यह भी कि आदमी के दिमाग की बनावट इतनी क्लिष्ट है कि प्रेम में आठों पहर निमग्न रहते हुए वह अहर्निश प्रेम के बारे में ही नहीं सोचता! जहाँ से वह अपने उपमान, रूपक, बिम्बादि चुनता है, उस कठोर बृहत्तर जगत को वह कनखियों से देखता जरूर रहता है! लवलीनता सापेक्ष ही होती है!

अ : बचपन में हमें भूषण का वह कवित्त पढ़ाया जाता था जिसमें राणाप्रताप की रानी एक आदर्श के लिए जीवन के सभी सुखों का त्याग खुशी-खुशी कर देती है, उस पूरे सवैये में अमीरी-गरीबी की इंतेहा स्वेटर के उलटे-सीधे फंदों-सी साथ-साथ बुन दी गई है, इससे भी अमीरों-गरीबों के जीवन-स्तर का वैषम्य साफ उभर आता है—

ऊँचे घोर मन्दर के अन्दर रहनवारी
ऊँचे घोर मन्दर के अन्दर रहाती हैं!
भूषण भनत अंग भूखन भनत हैं,
तीन बेर खाती थी सो तीन बेर खाती है।[10]

श्लेषों का ऐसा उत्कृष्ट उपयोग आर्थिक जीवन का वैषम्य दिखलाने के लिए भी हुआ होगा!

रूपकुंवर जी : पर वीर रस की कविताएँ पढ़ते हुए तुम्हें यह याद नहीं आता कि मोर्चे पर चाहे जो खेत आए, किसी-न-किसी का बेटा, किसी-न-किसी का भाई/पिता/स्वामी ही होगा!

अ : यह बात तो हमारे युग के स्त्रीवादी दर्शन से मिलती-जुलती है! लिबरल स्त्रीवादियों ने निःशस्त्रीकरण का बृहत्तर मुद्दा वैसे ही उठाया था, जैसे रैडिकल स्त्रीवादियों ने रंगभेद का, और बाद के स्त्रीवादियों ने पर्यावरण-पोषण का! सिर्फ अपने वर्ग/ वर्ण/लिंग के हित तक सीमित बात कोई साहित्य नहीं सोचता! आपकी बातें सुनकर ऐसा जान पड़ता है कि विशिष्ट क्षणों में स्त्री-शरीर को बृहत्तर विक्षेपणों के चित्रण का माध्यम प्रवीण रीति कवियों ने वैसे ही बनाया जैसे एक बार मेरे टूटे हाथ के प्लास्टर का उपयोग मेरे बेटे ने पेड़-पौधे-चाँद-तारे-स्कूल-दोस्त और उनकी परेशानियाँ चित्रित करने वाले सफेद कैनवस की खातिर किया था क्योंकि उस समय उसे निश्चेष्ट लेटी माँ की देह का सबसे अन्तरंग स्पेस यही लगा था!

अभी यह वार्तालाप चल ही रहा था कि बाहर से अखबार वाले की आवाज आई और मेरी नींद खुल गई; आँख खुलते ही एकदम से याद आया कि कैसे रीतिकाल के कुछ गौण कवियों ने 1859 में यानी 1857 के सिर्फ दो साल बाद अपने कवित्तों में वंचित तबकों और स्त्रियों की छीछालेदर भी की थी कि उन्हें कहाँ इतिहास की समझ, हालाँकि तब तक तो यह तथ्य स्थापित ही हो चुका था कि इस प्रथम स्वाधीनता-संग्राम में हिन्दू-मुसलमानों के साथ स्त्री-दलित भी मिलकर लड़े थे!

दरवाजा खोलने को बिस्तर से उतरी तो कानों में गूँज रहे थे 1859 में रचे गए ये दो कवित्त—मानो अपनी खिल्ली खुद ही उड़ाए जा रहे हों—

हे पांडे यह बात तो, को समुझे या ठाँव!
इते न कोई है सुधी, यह ग्वारन को गाँव।
यह ग्वारन को गाँव, नाँव नहिं सूधे बोलैं।
बसै पसुन के संग, अंग ऐडे करि डोलैं।
बरनै दीनदयाल छाँछ, भरि लीजै भांडे।
कहा कहो इतिहास सुनै को इत हे पांडे।[11]

इतिहास सुनने की क्या, अब तो इतिहास लिख भी रहा है यह गाँव, ठीक ऐसे ही जैसे वे 'नारियाँ' लिख रही हैं जिन्हें एक तरफ तो 'कान्तासम्मत उपदेश' का आगार कहा गया, दूसरी तरफ 'कुमति की खान'—

नारि के सिखायन सागर मथति बार,
आसुरी समाज सुरापान करि सोई जू।
कहै गिरधारी और नारि के सिखायन में
रावन की सम्प्रदाय सम्पति बिगोई जू।
नारि के सिखायन में राजा दशरत मर्‌यौ।
नारि के सिखायन में काको धर खोई जू।
नारि के सिखायन में मेरो अपमान भयौ।
नारि के सिखायन कान करै कोई जू।[12]

इसी को कहते हैं—मीठी-मीठी गप, कड़वी-कड़वी थू। अपने समस्त गलत निर्णयों का दोष उस निरीह स्त्री पर डालना जिसे आपने शिक्षित भी नहीं किया, दुनिया भी नहीं दिखाई—रीतिकाल के कुछ कवियों के यहाँ पुरुषार्थ का चरम यही जान पड़ता है।

उपर्युक्त उद्धरण अपने आप में इसका भी प्रमाण हैं कि किसी भी युग की कम महत्त्वपूर्ण (माइनर) रचनाएँ सामाजिक विसंगतियाँ और मान्यताएँ बहुत ही भोंडे ढंग से आत्मसात् करने के कारण उस युग की जनमान्यताओं का कच्चा-चिट्ठा खोलने में सर्वथा समर्थ होती हैं।

चाहें तो स्त्री-इतिहासकार और रचनाकार भी 'शठे शाठ्यं समाचरेत' की नीति अपनाती हुई चयनधर्मी, एकांगी, प्रतिशोधमूलक साहित्येतिहास रच डालें पर वे ऐसा

नहीं करेंगी, क्योंकि इतिहास ने ही उन्हें सिखाया है कि एकांगिता पक्षाघात का पहला लक्षण है, और एक दमन-चक्र का जवाब दूसरा दमन-चक्र नहीं होना चाहिए! न यथास्थितिवाद का अतिरेक, न दमनकारी क्रान्तिकारिता का—एक सम्यक् दृष्टि लेकर उन्हें चलना है—रीतिकालीन नायिकाओं और कवयित्रियों से वह काल्पनिक संवाद उतना काल्पनिक भी नहीं, यथार्थ की मिट्टी में ही कल्पना का बिरवा जगता है। पुरुष साहित्य-विमर्शकारों ने तो रीतिकाल की अच्छी छीछालेदर की है, पर स्त्री के 'प्रोग्रेसिव लेन्स' से यदि हम इसे पढ़ें, यानी देह-मन और आत्मन् की नई, सर्वसमावेशी, परतदार चेतना के साथ तो ऐसा लगेगा कि रीतिकालीन कवि विद्वान रसिक थे और आर्थिक-राजनीतिक-सामाजिक अस्थिरता के समदुखभोगी। साहित्येतिहास का स्त्रीवादी नजरिया यह मानकर चलता है कि सिर्फ अस्मिता ही नहीं, भाषा और इतिहास भी तरणशील, परतदार पाठ है जिसकी सीमाएँ एक-दूसरे में बहती ही रहती हैं, इसलिए उसे निश्चित चौखटों में जड़ना उचित नहीं!

सम्यक् दृष्टि से देखा जाए तो साहित्य के किसी युग का इतिहास समय की पीठ पर लोट रही सुन्दर वेणी है, रीतिकालीन नायिकाओं की लम्बी चोटी की तरह ही सुन्दर और सम्पुष्ट वेणी जिसमें तरह-तरह के आख्यान गुँथे हैं। किसी एक आख्यान को वरीयता देकर उसी के संकुचित दायरे में 'पाठ' परखने से अच्छा है, उन्हीं आख्यानों के बहुलतावादी पारायण से प्राप्त सम्मिलित दृष्टि से सहानुभूतिपूर्वक पाठ-गुत्थियाँ टटोली जाएँ। रीतिकाल पर विचार करने वाले पुरुष-इतिहासकारों में अधिकांश के बारे में तो रीतिकालीन मीर से शब्द उधार ले ये ही कहा जा सकता है कि—

जफ़ाएँ देख लियाँ बेवफ़ाइयाँ देखीं
भला हुआ कि तिरी सब बुराइयाँ देखीं।[13]

एक पंक्ति में कहें तो कह सकते हैं कि स्त्री की अन्तरंग दृष्टि से अवान्तर स्रोतों के आश्रय रीति कवियों को पढ़ें तो ऐसा जान पड़ता है कि कर-नियोजन के लिए जिस उमंग से राजा खेतों की परिमितियाँ जुखवा रहे थे, पूर्ववर्ती नीतिशास्त्र, सौन्दर्यशास्त्र और काव्यशास्त्र का लेखा-जोखा सामने रख रहे थे कविगण—किन्तु अपने प्रत्यक्ष अनुभवों से उदाहरण जुटाकर! राजा भी कहने-भर को राजा थे, राजकोष और सैन्यदल भी संक्षिप्त ही बचे थे, इस तथ्य के आलोक में प्रशस्तिकाव्य को उनकी मनोवैज्ञानिक आवश्यकता मानकर माफ कर सकते हैं! हारे-टूटे, थके पुरुष को स्त्री-देह गर्भ-गृह

के समान सुखद लगती ही है, छुपने की एक खोह—फिर भी इस देह के आश्रय उन्होंने कूटभाषा में राजनीतिक टिप्पणियाँ की हैं! उससे भी महत्त्वपूर्ण बात यह कि रीतिकालीन स्त्रियों ने कान्तासम्मत भाव से जो लिखा है, उससे भी युगीन मनोविज्ञान पर प्रकाश पड़ता है, कहीं से भी कोई पाठ उठाकर देख लें।

टिप्पणियाँ

1. 'बिहारी सतसई', आचार्य देवेन्द्रनाथ शर्मा, पटना।
2. वही।
3. वही।
4. वही।
5. वही।
6. 'मीर की शायरी', प्रकाश पंडित, इलाहाबाद।
7. 'बिहारी सतसई', आचार्य देवेन्द्रनाथ शर्मा, पटना।
8. वही।
9. 'घनानन्द कवित्त', विश्वनाथ प्रसाद मिश्र, काशी।
10. भूषण और उनका युग।
11. 'रीतिकाल के गौण कवि', दीनदयाल, पटना।
12. वही।
13. 'मीर की शायरी', प्रकाश पंडित, इलाहाबाद।

भारतीय नवजागरण : स्त्री-दृष्टि

सभ्यताओं का संग्राम शुरू में तो परेशान करता है, पर बाद के वर्षों में वह सांस्कृतिक समागम भी घटित करता है जिससे साहित्य, कलाएँ और जनजीवन समृद्धतर होते जाते हैं! ब्रिटेन की सांस्कृतिक समृद्धि में फ्रेंच, इटालियन के भी पहले ग्रीक-रोमन सभ्यताओं का योगदान उसी तरह नकारा नहीं जा सकता जिस तरह भारत की सांस्कृतिक समृद्धि में मुगल और यूरोपीय सभ्यताओं का! ये आए तो आक्रमण के रास्ते, पर सभ्यताओं के उस जटिल, अन्त:पाठीय संवाद का सजग माध्यम भी बने जिससे हमारी सर्वसमावेशी संस्कृति समृद्धतर हुई! यह तो एक वैज्ञानिक तथ्य भी है कि वर्णसंकरता बेहतर नस्ल का आश्वासन है! इसके अलावा शुरू-शुरू का संघर्ष आत्मवीक्षण-आत्मप्रक्षालन के भी वे बड़े क्षण घटित करता है, जिससे दृष्टि व्यापक होती है, संकीर्णता टूटती है और परेशानहाल वर्गों-वर्णों-लिंगों की आपसदारी भी बढ़ती है। 'स्वीट आर द यूसेज ऑफ एडवर्सिटी'—शेक्सपियर के निष्कासित ड्यूक का यह निष्कर्ष नवजागरणकाल की अन्तश्चेतना टटोलने का एक ढंग तो हो ही सकता है! इसके ही आलोक में हम भारत की अलग-अलग भाषाओं के नवजागरण में स्थानीय लोककलाओं का योगदान परख सकते हैं! हर चुनौती सम्भावनाओं के नए द्वार खोलती है, इसी तर्क पर हमें नवजागरणकाल में अलग-अलग भाषाओं में विकसित काव्यगत-शिल्पगत प्रयाणों पर लोक, शास्त्र और बाहरी प्रभावों का समागम पढ़ना चाहिए।

पिछले कुछ वर्षों में उर्दू-हिन्दी-मराठी-बाँग्ला-उड़िया-तमिल-तेलुगू-मलयालम का प्रतिनिधि साहित्य स्त्री-लेन्स से पढ़ते हुए जो बातें समझ में आईं, उनमें प्रमुख यही कि जी-भरके लड़-भिड़ लेने के बाद जैसे बच्चे गले-गले मिलकर सो जाते हैं, नवजागरणकाल में भारतीय, मुगल और यूरोपीय संस्कृतियाँ गले-गले मिलकर सोई

नहीं भी तो लेट गईं और प्रीति-घृणा, उत्सुकता और हिकारत के मिले-जुले भाव से एक-दूसरे की आँखों में झाँकने लगीं, बीच-बीच में आवेग उठता तो एक-दूसरे को भीगी मसें दिखा देतीं और लड़ भी पड़तीं। कुल मिलाकर यह मानना होगा कि यहीं से उनकी आपसी गपशप का सिलसिला, अन्त:पाठीय प्रत्यारोपणों और अनुवादों का वह सिलसिला बड़े पैमाने पर शुरू हुआ जिससे विजेता और संघर्षमान, दोनों संस्कृतियाँ समृद्ध होती हैं क्योंकि दोनों में अपनी विरासतों का बेहतरीन पक्ष सामने रखने का जोश जग जाता है।

चोट स्वाभिमान पर हो या हृदय पर, कुल मिलाकर एक उपयोगी चीज है—व्यक्ति के जीवन में ही नहीं, समुदाय के जीवन में भी! इस प्रसंग में प्रसाद के दांड्यायन की यह पंक्ति बहुत ही मार्मिक जान पड़ती है—"मंगलमय विभु अपने अमंगल में भी कौन-से मंगल छुपाए रखता है, तू नहीं जानता, अलक्षेंद्र!"

इस तरह से पढ़ें तो मंगल-अमंगल, सुख-दुख, सम्भावना और चुनौतियाँ सियामीज ट्विन्स हैं—ऐसे जुड़वाँ बच्चे जिनकी पीठ ऐसे सटी होती है कि एक से दूसरे को अलगा नहीं सकते! बाढ़ की विभीषिका तक का एक फायदा है कि वह अपने साथ उपजाऊ मिट्टी ले आती है, इसी तरह युद्ध, आक्रमण और उपनिवेशन—तक का एक शुभ पक्ष यह कि सारी धींगा-मुश्ती और शुभ-अशुभ के समानान्तर यह एक खास तरह का सभ्यता-संवाद कायम करती है—दोनों प्रतिद्वंद्वी समाज एक-दूसरे से कुछ सीखते भी हैं और जो समाज साधनों की कमी या संगठन के अभाव में लगातार पटखनियाँ खाने को विवश होता है, उसमें अपने गड़े खजाने बाहर लाने और प्रतिपक्ष को दिखाने का वैसा ही संकल्प जगता है जैसा किशोर पहलवानों में अपनी भीगती मसें इस भाव से दिखाने का कि हम किसी से कम नहीं।

अपनी इखरी-बिखरी परम्पराओं से रूढ़ियाँ फटक-बीनकर, सुन्दर सूप में उसे सजाकर दरवाजे के मुहाने पर सजा देने का यह संकल्प ही शायद नवजागरण-अभियान का उत्स था! सजावट के शिल्प पर बाहरी प्रभावों से अन्त:पाठीय संवाद अवश्य घटित हुए—लघु कथा, उपन्यास और पिरिऑडिकल तो पूरी तरह से पश्चिमी विधाएँ थीं, शिल्प या कलश माँगा हुआ अवश्य था, पर उसके भीतर का पानी, पानी में घुली वनस्पतियों की गन्ध अपने ही बावड़ी-बगीचे की थी।

बाकी जो विधाएँ थीं—कविता और नाटक—ये सनातन काल से अपनी थीं, उनका शिल्प उतना नहीं बदला जितना उनका कथ्य! सुधार-आन्दोलनों द्वारा प्रस्तावित सामाजिक चेतना (खासकर नाटक में) आमूल-चूल बदल गई, प्रकृति-

प्रेम, भक्ति आदि सनातन विषयों का सहज विस्थापन उसी तरह के सामाजिक सन्दर्भन द्वारा हो गया जिनके लिए उपन्यास, निबन्ध आदि जाने जाते थे। इसके सुन्दर उदाहरण हरिश्चन्द्र के नाटक हैं : खासकर 'भारत दुर्दशा', जिसमें राजनीतिक और आर्थिक विसंगतियों से बिद्ध जनजीवन गम्भीर हास्य के पुट के साथ उजागर हुआ है। 'विषस्य विषमौषधम्' में देशी रजवाड़ों के कुचक्र उजागर हुए हैं तो 'प्रेमयोगिनी' में धार्मिक पाखंडों की धज्जियाँ उड़ाई गई हैं। 'कश्मीर कुसुम', 'बादशाह दर्पण' आदि इतिहास से आत्मनिर्माण के बीज चुनते दिखाई देते हैं! जैसाकि रामचन्द्र शुक्ल लिखते हैं—

"न तो बांग्ला के नाटकों की तरह प्राचीन भारतीय शैली को एकबारगी छोड़ ये अंग्रेजी नाटकों की नकल पर चले, न प्राचीन नाट्यशास्त्र की जटिलता में अपने को फँसाया। उनके बड़े नाटकों में प्रस्तावना बराबर रहती थी। पताका, स्थानक आदि का प्रयोग भी कहीं-कहीं कर देते थे।"[1]

शैली में दृष्टिगोचर यह मध्यम मार्ग नवजागरण के सम्यक् आदर्शों में एक था, पर यह मध्यम मार्ग साधने में भाषा जो अकसर दमसाधू हो जाती है, वह न हुई! हिन्दी-उर्दू के बीच सामंजस्य बिठाने, दो साँसों की तरह दोनों को साथ-साथ साधे चलने की साध तो वहाँ दिखाई देती है पर यह प्रयास कहीं आरोपित नहीं दीखता। जैसे नट पतली रस्सी पर सन्तुलन साधे हुए चलने पर भी एक कौतुक, एक लीलामय विनोद चेहरे पर बनाए रखता है, इनकी भाषा भी हँसमुख बनी रही—

"मैं कोई सिद्ध नहीं कि राग-द्वेष से विहीन हूँ! जब मुझे अंग्रेज रमणी लोग भेदसिंचित केशराशि, कृत्रिम कुन्तलजूट, मिथ्या रत्नाभरण, विविध वर्णवसन से भूषित, क्षीण कटिदेशक से, निज-निज पतिगण के साथ प्रसन्नवदन इधर से उधर, फर-फर करती हुई पुतली की भाँति फिरती हुई दीखती पड़ती है तब इस देश की सीधी-सादी स्त्रियों की हीन अवस्था मुझको स्मरण आती है और यही बात मेरे दुख का कारण है।"[2] (नीलदेवी) कविता का कथ्य जरा देर से बदला क्योंकि उसकी भाषा, भाव-भक्ति की भाषा, ब्रजभाषा हरिऔध के 'प्रियप्रवास' तक बनी रही, पर नाटक के अलावा उपन्यास और निबन्ध सामाजिक सरोकारों के गर्भ से ही पैदा हुए!

देश के अलग-अलग कोनों में देश-चेतना फैली तो सम्पर्क भाषा के रूप में खड़ी बोली का प्रसार हुआ और सम्पर्क भाषा विचारवाहिनी भाषा बने—यह स्वाभाविक था! तो 1860 में फोर्ट विलियम कॉलेज की जो स्थापना हुई, उसमें उर्दू-हिन्दी की पाठ्यपुस्तकें खड़ी-बोली की छाँव में ही तैयार हुईं—लिपियाँ और थोड़ा-सा शब्द-

भंडार अलग होने से भाषा की प्रकृति बदल तो नहीं जाती—ऐसा सदासुख नियाज इन्शा अल्ला खाँ, सदल मिश्र, लल्लूलाल आदि का गद्य ध्यान से पढ़ने पर साफ समझ में आता है; एक बात और समझ में आती है कि जहाँ जो बड़ा हुआ, वहाँ की लोकभाषा का रंग भी उसकी हिन्दी-उर्दू पर पड़ा ही—लल्लूलाल में ब्रजभाषा की धमक, सदल मिश्र में पुरबिया ठाठ, राजा लक्ष्मणसिंह की भाषा में आगरा बाजार का लोच एक साथ ही प्रकट हुए।

देशज पुटों के अलावा वैयक्तिक ओज भी एक चीज होती है जो भारतेन्दु मंडल के लोगों में अलग-अलग ढंग से प्रकट हुई, पर एक बात सबमें उभयनिष्ठ थी—विनोद-वृत्ति और जिन्दादिली! 27-28 में पत्रिकाएँ धुआँधार निकलीं—आर्थिक कठिनाइयों के क्षण भी वे मिलकर हँसते, पर हार नहीं मानते। प्रतापनारायण मिश्र 'ब्राह्मण' नामक पत्र के लिए चन्दा माँगते-माँगते थक गए तो पत्र में ही ज्ञापित किया—

आठ मास बीते जजमान! अब तो करौ दच्छिनादान!

भाषा-विचार की दृष्टि से बद्रीनारायण चौधरी के 'भारत सौभाग्य' और 'वेश्याविनोद' नाटकों की भाषा भी स्मरणीय है। 1888 में लिखे 'भारत सौभाग्य' नाटक में पात्रों के अनुरूप उर्दू, मारवाड़ी, बैसवाड़ी, भोजपुरी, पंजाबी, मराठी, बंगाली—सब मिलेगी! 1857 का गदर, अंग्रेजों के अधिकार की पुन: प्रतिष्ठा और नेशनल कांग्रेस की स्थापना—अन्तर्वस्तु यह है और इस क्रम में लक्ष्मी, सरस्वती और दुर्गा का भारत से प्रस्थान "पै धन विदेश चलि जाय यहाँ अति ख्वारी" से भी अधिक व्यंजक है। 'वीरांगना रहस्य' या 'वेश्याविनोद' नाटक में दुर्व्यसनग्रस्त समाज का चित्रण और 'आनन्दकादम्बिनी' में श्लोक, कवित्त, सवैये के साथ गजल और शे'र की प्रतिष्ठा एक मानीखेज उपक्रम है।

नाटकों और निबन्धों की यह विनोद-वृत्ति उपन्यासों में नहीं दिखाई देती। खत्री की 'चन्द्रकान्ता सन्तति' में जादुई चमक है, पर किशोरीलाल गोस्वामी की भाषा चिन्ता के बोझ से दबी जाती गम्भीर भाषा है—'तारा', 'चपला', 'तरुणतपस्विनी', 'रजिया बेगम', 'लीलावती', 'राजकुमारी', 'लवंगलता', 'हृदयहारिणी', 'हीराबाई', 'लेखक की कब्र', 'मल्लिका देवी' और 'बंगसरोजिनी'—जैसाकि नाम से ही विदित है, नायिकाप्रधान उपन्यास हैं, स्त्री में 'सावित्री' और 'पोर्शिया' का मणिकांचन संयोग और भाषा में हिन्दी-उर्दू का मणिकांचन संयोग एक कठिन अभियान तो था ही। इनके अलावा अयोध्यासिंह के उपन्यास 'ठेठ हिन्दी का ठाठ' और 'अधखिला

फूल', लज्जाराम मेहता के उपन्यास 'पाँच धूर्त', 'रसिकलाल', 'हिन्दू गृहस्थ', 'आदर्श दम्पती', 'बिगड़े का सुधार', 'आदर्श हिन्दू' आदि भी हैं। इनमें कथाओं का वैसा सरस अन्तर्गुम्फन सम्भव नहीं हो पाया, जैसा राजा राधिकारमण प्रसाद, मन्नन द्विवेदी, ब्रजनन्दन सहाय आदि के उपन्यासों में है, पर सामाजिक सरोकार के बिन्दु पर ये अत्यन्त सजग और इतिवृत्तप्रधान तो हैं ही।

इन आरम्भिक उपन्यासों का असल महत्त्व यह है कि ये नवजागरण की दूसरी महत्त्वपूर्ण विधा—निबन्ध के प्रकर्ष की जमीन बखूबी तैयार कर गए—विचारात्मक निबन्धों में व्यास और समास शैली, भावात्मक निबन्धों में धारा, तरंग और विक्षेप की रीति और कहीं-कहीं वह निरा दुखवाचन जिसे रामचन्द्र शुक्ल 'प्रलाप शैली' कहते हैं, यहीं से विकसित हुई।

भारतीय नवजागरण के पहले से ही मुगलकाल से यह सिलसिला जारी था। अरबी परम्पराओं से आई दास्तानें और रोमांस, कथाएँ, सूफी कविताएँ, अरेबियन नाइट्स, कसीदे, मर्सिए, गजलें, स्थानीय तकियों पर हर जुमेरात को मंचित नातिया कव्वालियाँ भी एक नई मनोभूमि, एक नई लय हर भारतीय भाषा के अवचेतन में गहरे भर ही रही थीं। एक लम्बे समय से उनका प्रभाव सन्देशरासकों और बारहमासों में परिव्याप्त मिलन-मिलन की व्यापक चेतना में घुलता गया था, जिसका सुन्दर राजनीतिक विनियोग 1857 की क्रान्ति में हिन्दू-मुस्लिम—दोनों पक्षों के साझा प्रतिरोध में दीखा।

पर उसके बाद परिस्थितियाँ कुछ ऐसी हुईं कि जिसके खिलाफ साझा प्रतिरोध हो रहा था, वह तीसरी यानी यूरोपीय संस्कृति भी एक नया त्रिकोण-सा बना गई, और सांस्कृतिक आदान-प्रदान का एक और महाचक्र-सा चला। मुद्रण की सुविधाएँ यूरोप में भी रेनेसां के कारण बनी थीं, यहाँ भी बनीं। इसके अलावा फोर्ट विलियम कॉलेज के अंग्रेज अफसरों की ट्रेनिंग के लिए हिन्दी-उर्दू में पाठ्यपुस्तकें तैयार हुईं, स्त्री-शिक्षा के भी द्वार खुले, सती आदि पर प्रतिबन्ध लगा और इस पैमाने पर अनुवाद हुए कि भारतीय भाषाएँ अलग-अलग तरह के भाषिक रजिस्टरों से इस तरह भरती गईं जैसे वसन्त में धरती फूलों से भर जाती है।

यही वह समय था जब संस्कृत, पालि और अपभ्रंश के अन्त:पुरम में कैद अपनी सांस्कृतिक थातियाँ भी भारतीय भाषाओं तक टहलती हुई गईं और शास्त्र लोक के गले ऐसे मिला जैसे बचपन में ही बिछड़ गईं माँ-बेटियाँ गले मिलती हैं।

शुरुआती दौर में रामायण, महाभारत, पौराणिक-जातक और जैन कथाओं के

मार्मिक प्रसंगों का प्रत्यारोपण भारतीय साहित्य नई जमीन पर करता रहा, पंचतंत्र की कई री-टेलिंग्स (पुनर्लेखन से भासित कृतियाँ) सम्भव हुईं, और सबसे महत्त्वपूर्ण बात शायद यह हुई कि स्थानीय नृत्य-नृत्त-गान शैलियों में भी लोक और शास्त्र के बीच की दीवार ढह-सी गई, तब ही तो इतने ज्यादा चम्पू काव्य भारतीय भाषाओं में लिखे गए और धीरे-धीरे सब पर नवजागरण वाली करवट अयां हो गई—

बीती विभावरी जाग री,
अम्बर-पनघट में डुबो रही
तारा-घट ऊषा नागरी[3]

भाषा-शिल्प पर भी इस झुटपुटे का एहसास छाने लगा! अन्तर्वस्तु और शैली—सब नए रंग में ढली—केरल में कथकलि की अट्टकथाएँ, आन्ध्र प्रदेश में शतक परम्पराएँ, तमिल में टुटु और कुम्मी, गुजरात में गरबा, महाराष्ट्र में पावड़ा-लावणी और तमाशा काव्य, राजस्थान में चारणकाव्य, डोगरी में रस और सोहर, उत्तर-पूर्व में पांचाली-गान, आसाम में बुरंजी और पंजाब में टप्पे, बिहार-बंगाल में अगमानी और चकवा-चकवी गान, उत्तर और मध्य प्रदेशों में आल्हा और बिरहा।

प्रिंटिंग प्रेस द्वारा मुद्रित और पीरिऑडिकल्स द्वारा प्रसारित अनुवादों, बौद्धिक विनियमों और धर्मेतर अध्यात्म को निवेदित कुछ संस्थाओं ने स्त्रियों और वंचितों के प्रति हमारी दृष्टि जो बदली, उसे हम आगे आने वाले अस्मिता आन्दोलन का अग्रकथन (फोर ग्रांडिंग) मान सकते हैं—रामकृष्ण मिशन, ब्रह्मसमाज, प्रार्थना समाज, नारायण गुरु मंडल, आर्यसमाज, अरविन्दाश्रम, थियोसॉफिकल सोसाइटी आदि द्वारा भेदभाव की संरचनाएँ तोड़ने और परम्पराओं से रूढ़ियाँ फटक-बीन देने का सिलसिला शुरू हुआ।

पश्चिम की आहट

पश्चिम में भी रेनेसां के जुड़वाँ के रूप में रिफॉर्मेशन जनमा था। पश्चिम में और अपने यहाँ भी पहली बार नवजागरणकाल में ही साहित्य मार्केट इकोनॉमी का हिस्सा बना! मुद्रण और व्यापार-वीथियों के चलते आइवरी टॉवर में या किसी कुटिया में बैठी बौद्धिकता सड़क पर उतरने को विवश हुई। 'आँख ओट पहाड़ ओट' की अपनी सुविधाएँ भी हैं पर आँख के आगे न रहे साहित्य का भोक्ता तो

लेखक चिन्ता में पड़ जाता है—शब्द कहीं पहुँच भी रहे हैं कि नहीं! मेरे जाने इसी चिन्ता में नवजागरणकाल के लेखक स्वयं ही सूत्रधार बनकर बीच कथा और कविता तक में प्रकट हो जाते हैं और पूछने भी लगते हैं कि मन लग रहा है न! नवोन्मेषी वंचित जातियों और नवशिक्षिताओं का भी उनके साहित्य में मन लगा रहे, इस कारण यूरोप में और अपने यहाँ भी जूते और कपड़े बनाने वाले लोग, नवसिखुए छोटे व्यापारी नायक के रूप में उभरने लगे और सावित्री-पोर्शिया का मणिकांचन संयोग घटित करने वाली नवशिक्षिताएँ वर्ग-जाति का बन्धन तोड़कर उनसे विवाह भी करने लगीं।

टॉमर्स डीलोने-जैसे लोकप्रिय लेखक अपने चारों उपन्यासों में निम्नवर्गीय पिकारो और नवसिखुए छोटे व्यापारियों को नायक बनाते हैं और जूते, कपड़े बनाने वाले लोगों को वर्ग की जकड़बन्दियों में फँसे ट्यूडर इंग्लैंड में ऊर्ध्वमुखी और 'योग्य' दिखाकर एक तरह का क्रान्तिकारी कदम ही उठाते हैं, लेडी मैरी रॉथ का 'यूरेनिया' सम्भवत: पहला स्त्री-उपन्यास है जिसमें लोकजीवन के स्कैंडल, राजघरानों की ऊँच-नीच आदि वास्तविक घटनाओं से उपन्यास बुना गया है।

हमारे यहाँ तो वर्ग-जाति बन्धन के पार जाने वाले नायक-नायिकाओं की पहली संकल्पना भारतीय पुरुषों ने की थी, पश्चिम में इसकी पहली संकल्पना सोलहवीं शताब्दी की लेडी मैरी रॉथ के 'यूरेनिया' में मिलती है। किताब में उसका परिचय यों दिया गया है कि वे अर्ल ऑफ लेसेस्टर की बेटी और फिलिप सिडनी की परिचिता हैं। लोकजीवन के स्कैंडल, राजघरानों की ऊँच-नीच, सबसे कच्चा माल लेकर मैरी रॉथ ने परितप्त पत्नियों और रखैलों की तरफ से यह दास्तान बुनी है जहाँ गरीब तबके से उभरते नायकों के प्रति नायिकाओं के मध्य आकर्षण के कई प्रसंग उठे हैं। बुक-1 में नायिका कहती हैं कि "I am tyrannically tortured by love"[4] और यह भी कि बुरा राजा और बुरा प्रेमी (या पति) आज्ञाकारी प्रजा के दमन में विशेष रस लेता है। उसके कलेजे का मांस उसको सबसे सुस्वादु लगता है जिसकी आँखों में डर हो! क्यों? क्योंकि दुष्ट के लिए सामने वाले की आँखों के भय से अधिक सुस्वादु कुछ और नहीं, वही उसके अहं का सही पोषण है।

सोलहवीं सदी से उन्नीसवीं सदी के बीच यह हुआ कि दमन के सिलसिले और महीन हो गए और पोशीदा, पर सामने वाले को डराकर रखने का मजा तो बना ही रहा। श्रीमलमशास्त्री के 'हिन्दू महिला मन्दरिम' का वह प्रसंग मुझे कभी भूलता ही नहीं जब दो लड़कियों का यौन जीवन सन्देह के घेरे में आता है तो संस्था की प्रधान

दिखावे के प्रेम में सील धधकती घृणा का भास्वर उदाहरण देती हुई बोलती है : "I prefer not to hate but to love you. Hate is useless"[5] इसी पोशीदा घृणा का प्रतिपक्ष बनकर नवजागरण का स्त्री-साहित्य जगा था और सुखद आश्चर्य की बात यह कि 'बाला सुबोधिनी' और 'आदर्श स्त्रीमाला' के गर्भ से ऐसी हँसमुख चिंगारियाँ पैदा हुई थीं जिनके कुछ उदाहरण मैं आपके सामने रखना चाहूँगी! स्त्री के व्यक्ति बनने की पहल यहाँ बारहा दीखती है, पर वैयक्तीयन भी तो जागरण की तरह ही एक धीमी प्रक्रिया है, यह बात यूरोपीय रेनेसां के लिए वैसी ही लागू है जैसी अपने यहाँ के लिए।

यूरोप के बारे में एक मिथक प्रचारित है कि यूरोपीय रेनेसां व्यक्ति चेतना के पल्लवन की उदार भूमि तैयार कर गया, और यह भी कि रेनेसांकालीन विश्व का केन्द्र मनुष्य था, ईश्वर नहीं, बल्कि मनुष्य ही अब नया ईश्वर था, तभी मार्लो के सभी नायक ईश्वर से टक्कर लेते 'ओवररीचर्स' हैं। यह सच है कि धार्मिकता और वर्गचेतना के तंग घेरे लाँघने का आत्मविश्वास रेनेसांकालीन मनुष्य में जोर मारता रहता था, जैसे मोम के पंख लगाकर सूर्य तक उड़ जाने का जोर। पर इसकी 'ओवररीचिंग' की परिणति एलिजाबीदन नाटकों में त्रासदायक ही दिखाई जाती थी, यह तथ्य इस बात का प्रमाण है कि जिसे स्वर्णकाल के रूप में बहुत जगमग पेंट करता है इतिहास, वहाँ भी व्यक्ति और राजतंत्र या व्यक्ति और धर्मतंत्र, व्यक्ति और कुलीनतंत्र के बीच तनातनी बनी ही हुई थी। स्केलटेन चर्च पर इतने ही कटाक्ष करता है जितना हमारे नवजागरणकालीन लेखक करते हैं धार्मिक पोंगापंथी और महंत, नम्बूदरी आदि के ढुलमुल चरित्र पर। विट और सरे दरबारियों और कुलीनों की यौन-राजनीति की खाट वैसे ही खड़ी करते हैं जैसे हमारे नवजागरण के लेखक। कितना भी पढ़-लिख जाए मनुष्य, बनना उसे राजतंत्र का अच्छा खिदमतगार ही है, पर पढ़-लिख जाने पर दुम हिलाता कुत्ता बने रहना इतना आसान भी नहीं, इस कशमकश से नवजागरणकालीन साहित्य भरा हुआ है और यूरोप का रेनेसांकालीन साहित्य भी। टॉमस मूर के 'यूटोपिया' और 'सिडनी' के 'आर्किडिया' के दो-तीन उदाहरण दूँ तो बात स्पष्ट हो जाएगी—कदम-कदम पर यहाँ दुविधाएँ हैं—एक आदर्श लोक की दोनों में कल्पना है; अमीर-गरीब के बीच शादियाँ सम्भव हैं, राजतंत्र वृद्धों और पढ़े-लिखे लोगों के मत से चलता है, औरतों को भी पढ़ने-लिखने और घूमने-फिरने, साथी चुनने और अपने आदर्शों के अनुसार बच्चे बड़े करने का अधिकार है, यह बात कहीं पृष्ठभूमि में झलकती है, पर राजतंत्र, धर्मतंत्र और पुरुषतंत्र कृपापूर्वक

कुछ अधिकार व्यक्ति को दें तो दें, मनुष्य होने मात्र से ये अधिकार स्त्री को नहीं मिलेंगे, क्योंकि उसके कन्धे बहुत दुर्बल हैं : "यदि मैं राजा का हृदय-प्रक्षालन करने बैठूँ तो तुम्हें नहीं लगता कि मुझे दरबार से निकाल ही दिया जाएगा," हाइथोडियस कहता है—"पब्लिक लाइफ तूफान में फँसे एक जहाज जैसा है, पर मनुष्य को यह जहाज छोड़ना नहीं चाहिए क्योंकि अकेला तो वह तूफान की गति के आगे और अशक्त हो जाएगा।"[6] 'आरकेडिया' भी एक आदर्श लोक तैयार करता है जो आधा जंगल, आधा बगीचा है—परम्परा और प्रयोग, प्राकृतिक और कलाकृत, उन्मुक्त और अनुशासित के बीच की भूमि तलाशते यूरोपीय रेनेसां का यह अद्‌भुत प्रतीक है। लिली के 'यूफियस एंड हिज इंग्लैंड' की वाक्य संरचनाओं में तराजूतोल सन्तुलन प्रतिबिम्बित देखा जा सकता है : थीसिस-एंटीथीसिस का यह सन्तुलन पतली रस्सी पर चलते नट के सन्तुलन की तरह है—"The fine crystal is sooner crazed then the hard marble, the greenest beech burneth faster than the tricot oak, the fairest silk is soonest soiled, and the sweetest wine turnest to the sharpest vinear. The pestilence doth most rudely infect the clearest complexion, and the caterpillar entereth into the ripest fruit, the most delicate, the sharp mind is allured with small enticement into vice...into vanity."[7]

(तराशा हुआ रत्न कठोर संगमरमर से जल्दी खरोंच खा जाता है, हरी टहनी सूखे ओक से ज्यादा जल्दी जल जाती है, महीन रेशम जल्दी मसक जाता है, मीठी शराब तीखा सिरका बन जाती है। चेचक का दाग चिकने चेहरे पर अधिक उभरता है, कीड़ा मीठे फल में जल्दी घर बना लेता है, इसी तरह तीक्ष्ण बुद्धि मनुष्य ही दुष्टचक्र और अभिमान-जाल में जल्दी फँस जाता है।)

बौद्धिकता के तराजू पर तौल-तौलकर एक-एक वाक्य, एक-एक मुहावरा सामने रखना नवजागरण के महत्तर प्रयासों में था, किन्तु कथनी-करनी, appearance और reality का फर्क अपने आप में इतना दुरूह है कि हरदम बना ही रहता है।

हिन्दी नवजागरण की स्त्री

नवजागरण एक प्रक्रिया है। एक लम्बे समय तक जगाने का कठिन दायित्व स्त्रियों के ही मत्थे रहा है! हिन्दी प्रदेश की लड़कियों को हारमोनियम मास्साब राग भोपाली में जो पहला गीत सिखाते हैं, उसके बोल हैं—"जागो मोहन प्यारे।"

हरिऔध के प्रियप्रवास की नायिका समझदार है, वह हारमोनियम बजाकर नहीं जगाती मोहन प्यारे को, धीरे से कानों में कहती है—

उठो तात, अब आँखें खोलो,
पानी लाई हूँ, मुँह धो लो![8]

'प्रियप्रवास' की राधा ही नहीं, नवजागरणकाल की हर स्त्री हमसे ज्यादा समझदार थी, उनकी बचाववृत्ति और व्यवहार-बुद्धि हमसे ज्यादा प्रखर थी, उन्होंने खर्राटे लेकर सोते हुए खुर्राटों के कान पर हारमोनियम बजाने के खतरे नहीं उठाए, जैसे भक्तिकाल की कवयित्रियों ने उठाए थे, वे तमाचे के रेंज के बाहर रहकर कान्तासम्मत उपदेश देती रहीं, दूर-दूर से ही, 'वीणा मधुर-मधुर कुछ बोल' की शैली में समझाती रहीं कि सदियों की नींद से जागना जरूरी है, कान में तेल डालकर तो आप सोएँगे जब तेल होगा, घोड़े बेचकर तभी सोएँगे जब घोड़े होंगे, घोड़े तो बहुत पहले ले उड़े डाकू, अब नून-तेल पर भी संकट आने वाला है, इसलिए तात, आँखें खोलो, मुँह धो लो और मुकाबला करो अन्धेर नगरी, चौपट राजा का! यह तो प्रकट ही है कि स्त्रियों के क्षितिज-विस्तार में नवमुकुलित प्रेस से मुद्रित, रेलगाड़ी, डाकघर से प्रचारित-प्रसारित और पीरिऑडिकलों के द्वारा चर्चित-संवर्द्धित सतरंगे अनुवादों ने बड़ी भूमिका अदा की।

देशकाल की सीमाओं के बाहर ले जाने वाले इन अनुवादों का उतना ही योगदान रहा जितना ईसाई मिशनरियों, थियोसॉफिकल सोसाइटी, नारायण गुरु सम्प्रदाय, रामकृष्ण मिशन, आर्यसमाज आदि द्वारा प्रस्तावित सुधार आन्दोलनों का जिसने सती, पर्दा, बाल-विवाह, विधवा-विवाह, बहु-विवाह, दहेज आदि पर जीवन्त बहसें चलाईं, स्त्री में भी मनुष्य होने का गुनगुना एहसास भरा और अतिरेकों के निषेध का दमखम!

स्त्री जीवन में शिक्षा का गवाक्ष खुला 1888 में जब इलाहाबाद गवर्नमेंट गजेट के आदेशानुसार 'वर्नाकुलर' में इतिहास, आत्मकथा, यात्रा, विज्ञान, कला, दर्शन, तथ्यात्मक या गल्पात्मक पाठ्यपुस्तकें तैयार होने का आदेश आया और अच्छी पाठ्यपुस्तकों पर एक हजार रुपए तक के इनाम भी घोषित हुए, लड़की शिक्षार्थियों के लिए अच्छी छात्रवृत्तियाँ घोषित हुईं, बालिका विद्यालयों को अच्छी फंडिंग भी दी गई पर महिला शिक्षक उपलब्ध होने के बावजूद हंटर कमीशन की रिपोर्ट के अनुसार 1901 से 1902 तक कन्या शिक्षार्थियों की संख्या हिन्दी-उर्दू प्रदेश में 44,470 ही थी, यानी शिक्षार्थी बालकों का नौवाँ भाग!

बाकी लड़कियाँ अभी भी नादिया, तिरहुत, मिथिला आदि चौतालों पर भाइयों को मिलने वाली शिक्षा लूझ (गेंद की तरह उचककर) लेती थीं—कभी पंखा हाँकती हुई, शिकंजी बनाती हुई वे ज्ञान-विज्ञान के किस्से और कुछ कवित्त आत्मस्थ कर लेतीं! दादियाँ बताती हैं कि उन दिनों का एक प्रसिद्ध लोकगीत था—

मैं बैरिस्टर की बेटी, सनम,
अंग्रेजी पढ़ा दो जी!

हाँ, हारमोनियम मास्साब आते, घर की बुजुर्ग औरतें या दाइयाँ दरवाजे पर तैनात रहतीं जब तक वे मीरा के भजन सीखतीं। बाद के वर्षों में जब कुछ समृद्ध घरों में ग्रामोफोन आया, रेडियो आया, मूक फिल्में आईं, रवि वर्मा के प्रिंट वाले कैलेंडर आए, और सबसे बड़ी बात, तरह-तरह के पीरिऑडिकल आए, धीरे-धीरे उनकी दुनिया बड़ी जरूर हो गई और यही वह क्षण था जब शिक्षित स्त्रियाँ कटाक्ष का पात्र बन गईं।

5 मार्च, 1875 में भारतीय 'रीनाशी' ने एक कार्टून प्रकाशित किया—आधुनिक कृष्ण बाँसुरी पर 'स्त्री शिक्षा' नामक धुन बजा रहे हैं, और मंत्रमुग्ध कुछ स्त्रियाँ सिगार पीती हुई, एक हाथ में किताब, दूसरे में वैनिटी बैग थामे यानी मेमसाहब बनी बैठी हैं! आनन्दीबाई और दूसरी शिक्षिताओं की जीवनियों से यह स्पष्ट है कि स्त्री-शिक्षा में प्रति उदार पुरुषों के मन में भी यह भय बैठा रहता था कि स्त्रियाँ शिक्षित होकर घर-बार भूल न जाएँ, परम्पराएँ बिसरा न दें आदि।

ऐसी आशंकाओं-आपत्तियों से घिरी नवशिक्षिता के मन में कैसे राष्ट्र, कैसे पुरुष की ब्लू प्रिंट जगी—इसका लेखा-जोखा स्त्री-लेखन में स्पष्ट दर्ज है।

जिन स्त्रियों को शिक्षा की सुविधा नहीं मिली, उन्होंने लोकभाषा में ही प्रतिकार के औजार गढ़ लिये और यह सिद्ध किया कि कान्तासम्मत उपदेश घरेलू प्रसंगों में ही नहीं, बृहत्तर प्रसंगों में भी सही राह दिखा सकते हैं। बृहत्तर उद्देश्यों के लिए पति-परमेश्वर से झगड़ा भी किया जा सकता है, इतना भी 'परम' नहीं है वह, उस पर कटाक्ष किया जा सकता है। दूसरे लोकगीत में इंगित भूमिका—विपर्यय की बात भी सोची जा सकती है—"पहिरि के साड़ी, चूड़ी, मुँहवा छिपाई लेहु/हम राखब तोहरी पगरिया, रे हरि।"

अब आते हैं उन स्त्रियों के काव्य-कोलॉज पर जिन्हें शिक्षा की सुविधा मिली या जो किसी-किसी तरह मनोयोगपूर्वक पढ़-लिख गईं और सेतु-भाषा के रूप में हिन्दी का वरण जिन्हें आवश्यक जान पड़ा। यहाँ गौर करने की बात यह है कि हिन्दी

की ओर जाते हुए उन्होंने ब्रजभाषा से पूरी तरह नाता तोड़ा नहीं, ठीक उसी भाव से जैसे 'ससुराल' जाते हुए स्त्रियाँ 'मायके' से नाता तोड़ नहीं लेतीं और उनका टोन लोकगीत के मजाकिया तेवर वाला बना रहा—

लुक छिप धीरे-धीरे देह में दखल कियो,
यासो अंग्रेजी में 'लुकोरिया' कहायो है!
पाँव टेकि पायो नाना रूप दिखलायो तब;
रक्त, पीब आदि भाँति-भाँति रंग लायो है॥
मन को मलीन कियो, तन अति छीन कियो,
सन्तति-विहीन कियो, खूब ही सतायो है।
महिला-समाज बीच स्वास्थ्य-धन लूटने को,
मौका तकि प्रदर न गदर मचाओ है।[9]

कविता का मर्म स्थान 'गदर' है, वहीं से उसका अर्थ खुलता है; सिपाही विद्रोह को अंग्रेजों ने 'म्यूटिनी' (विफल विद्रोह या गदर) कहा! 'गदर' शब्द का मूल अर्थ 'हंगामा' है। इसी अर्थ में इस शब्द का प्रत्यारोपण 'लुकोरिया' नामक रोग पर हुआ है और जो उसके लक्षण गिनाए गए हैं, उनसे स्पष्ट है कि भारत नामक स्त्री-शरीर में गदर मचाने वाला असल 'लुकोरिया' अंग्रेज हैं।...

गोपाल देवी ने स्त्री कविता का विषय-विस्तार अनंत कर दिया—'चमगीदड़', 'भेड़ और भेड़िया', 'धोबी और गधा', 'मौत और घसिया'—सब इनकी व्यंजक प्रतीक कथाएँ हैं—सुन्दर छंद में बँधी। दोनों तरफ का पानी मारने वाले जमींदारों को 'चमगीदड़' कहती हुई वे लिखती हैं—

हुई लड़ाई अन्त, अन्त में सुलह हुई दोनों दल में!
भेद खुला चमगीदड़ का सारा सब लोगों के मन में!
तब से वह ऐसा शरमाया दिन में नहीं निकलता है।
अँधेरे में छिपकर चरता नहीं किसी से मिलता है।
समय पड़े जो दोनों दल की करते हैं 'हाँ जी, हाँ जी'!
वे चमगीदड़ के समान दोनों की सहते नाराजी![10]

कान्तासम्मत उपदेश शैली का दूसरा उदाहरण प्रियंवदा देवी हैं जिन्होंने उस युग में 'काम' पर लिखा यह समझते हुए कि काम-क्रोध-लोभ का अतिरेक ही पुरुष को अकाम्य बनाता है—

गढ़े में बैठा काला नाग!
खुश होता है, वह सुन-सुनकर, भोगवाद के राग।
उसके मुख में शहद लगा है, किन्तु गले में आग।
मृत्यु-दूत है, काम नहीं वह, करो शीघ्र ही त्याग।[11]

नए समाज की नींव नए बच्चे होते हैं, और उन्हें माताएँ किस रंग में ढालें, इस बारे में एक कान्तासम्मत उपदेश स्वयं अपने नाम (शब्द-चयन में परिहास वाला स्वर जारी है)—

अरे बाप! यह काज हमैं सूझत अति भारी।
मैं नाहीं कर सकत, शब्द मुख तैं न उचारैं।
हाँ करिहौं उद्योग, सहित उत्साह पुकारैं।
सत्य भाव ते कहै करैं अरु बनै न टालक।
अब भारत माताहिं चाहिए ऐसे बालक।[12]

और अब गद्य की सैन्य टुकड़ियाँ

कविता जो कुछ इशारों में कहती रही, गद्य ने उसको विस्तार दिया। जीवन-जगत की, चरित्रों की हजार विडम्बनाएँ इसने अपनी नवप्रसूत विधाओं में प्रतिबिम्बित कीं। नए-पुराने, पूरब-पश्चिम के मेल से कई सुन्दर वर्ण-संकर विधाएँ पनपीं—उपन्यास और आख्यायिका के मेल से गल्प/कादम्बरी, बैलेड और वीरगाथाकाव्य के मेल से कथा-काव्य, आत्मस्वीकृति (कनफेशन) परम्परा में आत्मकथा...इनके अलावा चरित्र-निर्माण के मॉडल के रूप में कीर्तन-कथा, सुबोध-कथा, चरितावली आदि का नए छब-ढब में विकास हुआ। नवप्रसूत जर्नलों के सम्पादकीयों और उनमें प्रकाशित अन्य विचारात्मक, व्यंग्यात्मक और ललित निबन्धों के रूप में निबन्ध विधा भी फली-फूली। 'गृहलक्ष्मी', 'स्त्री-दर्पण', 'आर्यकन्या', 'चाँद' आदि के सम्पादकीय बाद में विमर्शात्मक साहित्य का रूप पा गए। पत्र-डायरी-संस्मरण विधाएँ भी स्त्री-साहित्य के गर्भ में उभरती हुई सुन्दर विधाएँ थीं। थोड़ा-थोड़ा करके हर दिन धारावाहिक पत्र लिखे जाते थे—परदेस सिधारे, कभी न लौटकर आ पाने वाले प्रियतम को ही नहीं, भाई-बाप-सखी और भगवान तक को निवेदित, माँ को इसलिए नहीं कि उसे पत्र पढ़ने लायक शिक्षा दी ही नहीं गई थी, उससे तो अहर्निश मन:संवाद ही चलता रहता था स्त्रियों का, पर कई लोकगीत 'माई' को सम्बोधित

हैं। कुलीनता, बालविवाह और दहेज प्रथा पर कटाक्ष करती हुई गद्य-टुकड़ियों की फौज से कुछ उदाहरण—

"ब्याह करना ही ढुंढिराज का रोजगार है। वह अब तक ग्यारह 'कन्या' को ब्याह कर चुके हैं अर्थात् उन सबों का कमारी नाम मिटा चुके हैं। चन्द्रप्रभा का उद्धार करें तो पूरी बारह हों!"...ढुंढिराज बोले, दहेज की बात पात्री की अवस्था के ऊपर निर्भर है। कन्या की जितनी ही अवस्था विशेष होगी, उतना ही दहेज अधिक लगेगा! यह बात आप नहीं जानते हैं, सो तो नहीं है? आप भी तो कुलीन हैं!"[13]

(दूसरे उदाहरण की पृष्ठभूमि एक श्राद्ध-समारोह है, मृत्यु-वेला में भी अर्थ-लाभ की प्रवृत्ति के प्रति व्यंग्य के तेवर द्रष्टव्य हैं, धार्मिक रीतियों पर कटाक्ष, गम्भीर बात भी परिहास में कहने का चलन जारी है)। रजनीकान्त बोले—"मुखार्य महाशय, आपकी बात अमृत के तुल्य है, अब श्रवण कीजिए। पिता उविल नहीं कर गए, किन्तु हमारे ऊपर उनका आदेश था कि हम उनके अवर्तमान में उनके 'आश्रित' अनुगत व्यक्ति (लोगों) के बीच हमा(रे) 'इच्छा' अनुरूप उनको संचित अर्थ वितरण कर सकेंगे!"

देबनाथ मुखोर्य बोले—"देवता लोग मेघ को 'बरसने' कहा करते हैं!"

रजनी बोले—"देवता लोग कभी-कभी पानी न बरसे, यह भी धराते हैं, अब आप लोग जानते हैं, हम कुछ कृपण हैं!...हम अपने मन से जिसको जो देते हैं सो श्रवण करो! हमारी मध्यमा भगिनी शैलवती कहाँ है?" एक स्त्री बोली, "वह नहीं आई, रोती है!"

"मध्यमा भगिनी को पन्द्रह हजार रुपए दिए! तृतीय भगिनी शैलबाला कहाँ है?"

शैलबाला प्रसन्नवदन से अग्रवर्तिनी हुई।

रजनी बोले—"तुमको 'दस' हजार रुपए दिए!"

शैलबाला का प्रफुल्ल मुँह म्लान हुआ,...रजनी बोले—

"मध्यमा भगिनी तुमसे पाँच बरस की बड़ी है, इसी से!"

शैलबाला—"हम रुपए नहीं चाहते!" कहकर रोते-रोते घर के बाहर चली गई! रजनी अम्लान वदन से बोले—"तृतीय भगिनी रुपए नहीं ली, हम उनका रुपया भी मध्यमा भगिनी को दिए।"

देवनाथ मुखोर्य बोले—"वह क्रोध करके गई, अभी —'फीर' आवेगी, आपके ऊपर क्रोध न करेगी तो किसके ऊपर करेगी!"

वह बात कान न देकर रजनीकान्त फुआ, मौसी, भान्जे सम्बन्धित मृत्यु प्रभृति को पितृ सचितार्थ वितरण किए, किन्तु रजनीकान्त देबनाथ मुखोर्य महाशय को कोई

बात नहीं पूछते देखकर देबनाथ बोले—"तुम्हारा ज्येष्ठ भगिनी स्वर्ग में गई है!" उनका अंश हम पा सकते हैं! रजनी बोले—"आप जब उसके पास जाएँगे, तब आपके द्वारा उनका रुपया भेजेंगे!"

देबनाथ सूखी हँसी हँसकर बोले—"तब हमारा निज अंश?" रजनी उत्तर दिए—"आपको एक रुपैया दिए!" देबनाथ प्रथम सोचे, रहस्य 'कीए' किन्तु अब रजनी देह उठाकर चले, तब समझे कि रहस्य नहीं है, तब बोले—"एक रुपया ही मारा एक लक्षि है।"[14]

अगले उदाहरण में बाल-विवाह द्वारा शॉपित बाल-विधवाओं का मर्मभेदी चित्रण है। जिस उपन्यास का यह अंश है, उसमें 'हुक्मदेवी' नौकरी करती है, पर जब इज्जत पर बन आती है, कहती है—

"...घर में चाहे भूखी मर जाऊँ, पर अब किसी की नौकरी नहीं करूँगी। जिस जीविका में लज्जा और धर्म जाता हो, ऐसी जीविका को चूल्हे में डालो!"[15]

"इतने में एक स्त्री ने हुक्मा देवी की बाँह खींच उसकी लाल-लाल चूड़ियाँ फोड़ दीं, बालिका चूड़ियों को फूटा देख पृथ्वी 'पै' लोट गई और माता से पुकार-पुकार ऐसे में कहने लगी, माँ जल्दी अपने घर चल, हम यहाँ नहीं रहेंगी! एक स्त्री ने मेरी सुन्दर चूड़ियाँ फोड़ दी हैं, तुम पिता से कहकर मुझे आज ही दूसरी मँगा देना!"[16]

अगले उदाहरण में आंचलिक भाषा का मनहर प्रयोग है। 'दुलाईवाली' कहानी में जनाना डिब्बे में बैठी स्त्री पति के स्टेशन पर छूट जाने की आशंका में रोने लगती है तो स्त्रियाँ आपस में यह मजेदार संवाद करती हैं। संघशक्ति, सहानुभूति, राग, परिहास, चिन्ता-चित्त के सब रंग सहज बहनापे से उद्दीप्त इस भाषा में खुलकर होली खेलते हैं। इरेगरी उच्छल भाषा-प्रवाह के इसी रंग को push and joy of language कहती हैं—

"अरे इनकर मनई तो नाहीं अइलन! हो देख हो रोबल करथईन!"

दूसरी—"अरे दुसर गाड़ी में बैठी हाइहैं।"

पहली—"दुर बौरही जनानी गाड़ी थोड़े है!"

दूसरी—"तऊ को भल तोकतू!" कहकर दूसरी भद्र महिला से पूछने लगी—"कौन गाँव उतरहू बेटा? मीरजेपूरा चढ़ी हउ न?" इसके जवाब में उसने जो कहा,

सो वह सुन न सकी! तब पहली बोली—"हट, हम पूछिला न? हम कहा, कहाँ उतरबू हो? आँय, ईलाहाबाद?"

दूसरी—"ईलाहाबाद कौन गाँव हो, गोइयाँ?"

पहली—"अरे नाहीं जनलू? पेयागजी, जहाँ मनई मकर नहाए जाला।"

तीसरी स्त्री बोली—"टिकसिया पल्ले बाय दौं नाहीं? सहेबबा देखी तो कलकत्ता ताईं ले मसुलिया लेई! अरे इहो तो नाहीं कि दूर से आवत रहलेन फरागत के बदे उतरलेन!"

चौथी—"हम तो इनके संघे के आदमी के देखबौ ना किहा गोइयाँ!"

तीसरी—"हम देखे रहली हो, मजेक टोपी दिहलेन हो!"[17]

अगला उदाहरण विमर्शात्मक गद्य से—"इसका आदर्श उमा के समान कोमल और समय पर महाशक्ति उठाकर शत्रु का हृदयभेद करने वाली दुर्गा के समान प्रबल, नरम-दोलों की अधिष्ठात्री महादेवी के समान गुणवन्ती बनाना ही इस पत्रिका का आदर्श होगा।"[18]

और 1918 में ही उसकी समालोचना 'स्त्री दर्पण' में छपी तो जो कहा गया, वह भी सर्वसमावेशी (एक ही साँस में तत्सम-तद्भव-देशज-विदेशज बरत लेने वाली) स्त्री-भाषा के विकास की दृष्टि से महत्त्वपूर्ण है—

"हमारी सम्मति में इस पत्रिका की भाषा बहुत ऊपर की ओर चढ़ गई है, भाषा तनिक सीधी-सादी होती तो साधारण स्त्रियों को भी इससे लाभ मिलने की आशा हो सकती, क्योंकि इस देश में बहुतेरे पुरुष भी 'आर्य महिला' की भाषा भलीभाँति नहीं समझ सकते, स्त्रियाँ बेचारी तो अभी बहुत पीछे ही पड़ी हैं।"[19]

ध्यान देने की बात यह है कि जिस समय पुरुष 'तत्समप्रधान या हिन्दवी' के प्रश्न पर उलझ रहे थे, स्त्रियाँ मिश्रित भाषा के सन्दर्भ में स्पष्ट मत बना चुकी थीं, भाषा-सम्बन्धी उनका दृष्टिकोण अधिकांशत: यह था कि सब स्रोतों के शब्द एक धरातल पर प्रतिष्ठित हों, किसी मूल का शब्द अछूत नहीं है, सबको एक पाँत पर बिठाना ही उचित है, तत्सम-तद्भव के बीच का पदानुक्रम झाड़ देना है।...बाद के सारे स्त्री-जरनल 'स्त्री-दर्पण' की राह पर ही चले, 'आर्य महिला' की राह पर नहीं।

चलनी और सूप स्त्री-भाषा के विकास में सदा ही उपयोगी रहे। 'सार-सार को गह के' थोथा उड़ा देने की मुद्रा व्यावहारिक स्त्री-बुद्धि को सदा से ग्राह्य रहा। कोई अतिरेक नहीं करना, बीच की राह चुननी है! स्त्री-दृष्टि का यह निकष 'पोर्शिया और

सावित्री' का मणिकांचन संयोग अपने चरित्र में विकसित करने की धुन में भी व्यक्त होता है! सम्भ्रान्त वर्ग की महिलाएँ 'कन्या मनोरंजन' और 'गृहलक्ष्मी' नाम की जो पत्रिकाएँ निकालती थीं, उनमें पश्चिम और पूरब का मेल घटित करने की कोशिश करती थीं और भाषा में भी लोक और शास्त्र, देशज और तत्सम का यही मेल घटित करने का उपक्रम उन्होंने जारी रखा।

1900 के करीब सम्भ्रान्त घर के परिवेश का एक सजग चित्रण कृष्णा नेहरू सिंह के संस्मरण में मिलता है—

"दो चौके, दो डायनिंग रूम—एक भारतीय, एक पश्चिमी! सजावट की चीजें भी दोनों शैलियों की!"

यह ठीक है कि 'गृहलक्ष्मी' की ज्यादातर पाठिकाएँ मध्यवर्ग की थीं, पर उनकी चेतना में भी दो अतियों के बीच की पुलिया बनने का सपना पल्लवित हो रहा था। चारों तरफ फैली नई दुनिया और पीछे छूट गई पुरानी दुनिया से मन-लायक, सार्थक आदर्श वे चुन-फटक रही थीं! चुन-फटक लेने की इस तमीज का भान स्त्री-जर्नलों के सम्यक् खंड-विभाजन और हर तरह का विषय पढ़ने-पढ़ाने की लालसा में व्यक्त होता है! इस बात की पुष्टि के लिए निम्नांकित उक्तियाँ उद्धृत की जा सकती हैं—निम्नांकित पंक्तियों में माँ अपनी बेटी से बात कर रही है कि हर विषय का सम्यक् अध्ययन उसके सर्वतोमुखी विकास के लिए जरूरी है—"कुछ पुस्तकें तो ईश्वर-सम्बन्धी हैं जिनसे हमें ये ज्ञान होता है कि हमारा बनाने वाला कौन है; उसके और हमारे क्या-क्या कर्तव्य हैं; हमें उसे सदा स्मरण रखना चाहिए। फिर भूगोल शिक्षा भी बड़ी आवश्यक है। तुम्हें याद होगा कि चमेली की कितनी हँसी उड़ी थी जब उसने कहा था कि गंगा जाने के लिए रेल की यात्रा करनी पड़ेगी...फिर हमको वनस्पति, पशुओं और खनिज पदार्थों का भी ज्ञान होना चाहिए, क्योंकि इनमें से बहुत-सी वस्तुएँ हमारे उपयोग में नित्य ही होती हैं।[20]

बाद में 'माधुरी' जैसे सामान्य जर्नलों में भी 'महिला मनोरंजन' नाम से जो स्तम्भ छपता था, उसमें विश्व-स्तर की स्त्री-सम्बन्धी जानकारियाँ ही दी जाती थीं—'रूस की अन्तिम महिला शासक', 'लन्दन की महिला शिक्षाएँ', 'जापानी स्त्रियों के व्यवसाय', 'स्त्री पुलिस अधिकारी', 'विधानसभा में महिलाएँ' इनमें प्रकाशित कुछ लेखों के नाम हैं। पातिव्रत्य के अलावा 'एकपत्नीव्रत' की अवधारणा भी कुछ कहानियों और लेखों में विकसित हो रही थी! जापान की कामगर महिलाओं और इंग्लैंड-अमेरिका में प्रचलित विवाह-विच्छेद की घटनाओं पर भी विवाद होते रहते

थे। पर स्त्री-अधिकारों की यह समानधर्मी चेतना 1920 के आसपास ही जग पाई, उसके पहले नहीं। उसके पहले 'उद्धार' और 'सुधार' की ही बातें होती रहीं। और जैसाकि जो रोहिणी अग्रवाल 'वर्जीनिया वुल्फ' की केन्द्रीय मान्यता के आलोक में सिद्ध करती हैं, सहायक पुरुष भी उद्धारकर्ता की मुद्रा में ही था, 'भावना का लाल प्रकाश' उन पर हावी था, सत्य का श्वेत प्रकाश नहीं—

'देवरानी-जेठानी की कहानी' (1870) के पहले छपी, क्योंकि 24 जून, 1870 को इसे स्त्री शिक्षा के क्षेत्र में उपयोगी रचना मानकर पश्चिमी क्षेत्र में लेफ्टीनेंट गवर्नर ने लेखक गौरीदत्त को सौ रुपए के पुरस्कार से नवाजा! 1887 में छपा दूसरा महत्त्वपूर्ण हिन्दी उपन्यास 'भाग्यवन्ती', जिसके लेखक श्रद्धाराम फिल्लौरी ग्यारह वर्ष की भाग्यवन्ती के पिता पं. उमादत्त के रूप में "अपनी पत्नी से पुत्री की शिक्षा-दीक्षा में प्रगति की रिपोर्ट भी लेते रहते हैं और उसके पाठ्यक्रम का निर्धारण भी"... लेकिन आदर्श भारतीय स्त्री की तरह वह अपने अस्तित्व और उपस्थिति—दोनों को अदृश्य कर लेना चाहती है। उसका होना उसके लिए नहीं, परिवार के लिए है—"मैं दीन-छीन, परम मलीन इस घर की दासी हूँ।"[21]

जैसाकि 'नीलादेवी' नाटक में भारतेन्दु स्वयं इंगित करते हैं, "अग्नि की तरह दिन-रात पुरुष की हड्डी जलाया" करने वाली, "सहस्र नेत्रधारी की तरह श्वसुर कुल में सिर्फ" दोष देखने वाली स्त्री विद्यावती भी हो तो उसका तिरस्कार, पति और पति-परिवार जैसा भी हो—उसके प्रति समर्पित होकर ही सामाजिक सुधार-आन्दोलन के समानान्तर घरेलू सुधार आन्दोलन चलाए जाने हैं!...कुल मिलाकर दर्शन यह कि राजा राममोहन राय, ईश्वरचन्द्र विद्यासागर, महात्मा फुले आदि की तरह के विशेष पुरुष राजनीतिक-सामाजिक मोर्चों पर स्त्री की दशा सुधारें और उसके धन्यवाद-ज्ञापन के रूप में घरेलू मोर्चों पर स्त्रियाँ सामान्य पुरुषों के चित्त-परिष्कार में लगें! हिसाब-किताब बराबर! उनकी तो दशा सुधार की माँग करती हैं, पर पुरुषों की आदतें और मनोवृत्ति ही सुधारना जरूरी है जिनके चलते दशा इतनी बिगड़ी; काम-क्रोध-लोभ के अतिरेक से पीड़ित अतिपुरुषों को सम्यक् दृष्टि वाला, काम्य पुरुष बनाना है—'सविनय अवज्ञा' के माध्यम से, यह बात स्वाधीनता आन्दोलन के आसपास पनपे छायावादी साहित्य में अधिक उभरकर सामने आती है।

रवि वर्मा के चित्रों की प्रतीक्षारत रूपगर्विताएँ बचपन में ही हमारे मन में पुनर्जागरण का रूपक रही हैं। सातवें दशक तक उनकी तीन-चार पेंटिंग्स पूरब में इतनी लोकप्रिय थीं कि हर दूसरे साल कोई-न-कोई बड़ा व्यापारिक प्रतिष्ठान उनका

कैलेंडर छाप देता था। गर्मी-सर्दी-बरसात की हवाएँ उन्हें हमारी दीवार पर ऐसे धीमे से झूला झुलातीं जैसे कोई दादी-नानी किसी नवजातक को झुलाती हैं। बाद में हमारे माता-पिता उन कैलेंडरों की जिल्द लगा देते हमारी पाठ्यपुस्तकों पर! धीरे-धीरे हमारे अवचेतन की स्थायी नागरिकता उन्हें मिल गई, और हमारे मन में उन्मन प्रतीक्षा का प्रतीक बनकर झिलमिलाने लगीं उनकी आँखें।

द्वार पर या रास्ते पर टिकी हों तो आँखें प्रतीक्षा का रूपक बन जाती हैं, और सोकर यदि तुरत ही जगी हों तो अर्द्धनिमीलित जागरण का! इतना हम सभी जानते हैं कि जागरण एक प्रक्रिया है! एक ही बार में कोई जागकर खड़ा नहीं हो जाता। थोड़ी देर लगती है आँखें मलने, तन्द्रा तोड़ने में। एक पंक्ति में कहें तो जिसे हम नवजागरण कहते हैं, वह एक तरह का तन्द्राकाल था : प्रकाश और अँधेरे के बीच का एक झुटपुटा।

टिप्पणियाँ

1. शुक्ल रामचन्द्र, 'हिन्दी साहित्य का इतिहास', प्रकाशन संस्थान, 2003, पृ. 331
2. वही, पृ. 333
3. 'प्रसाद रचना संचयन', सम्पादक-श्यामनन्दन किशोर, बिहार ग्रंथ कुटीर, 1978, पृ. 57
4. Wroth mary, Urania, The Art Oxford History of English Literature (Ed. Andra Savdrs in OUP, 2004, p. 98.
5. Saar...
6. Moor...
7. Lyly...
8. हरिऔध अयोध्या प्रसाद, 'राष्ट्र भारती', बिहार, टेक्स्ट बुक कमेटी, 1979
9. गोपाल देवी, 'सतीकाव्यधारा', जगदीश्वर और सुधा सिंह (सम्पादित), अनामिका, 2006, पृ. 160
10. वही, पृ. 161
11. प्रियंवदा देवी, वही, पृ. 191
12. 'बुन्देलबाला', पृ. 188
13. मल्लिका, 'पूर्णप्रकाश चन्द्रमा', नागरी प्रचारणी पत्रिका, सम्पादक-2058, अंक-2, पृ. 134
14. मल्लिका, 'कुमुदिनी' (नवम् परिच्छेद) डॉ. बटेकृष्ण और गिरीश चन्द्र चौधरी द्वारा सम्पादित, कथादेश, जुलाई, 2007
15. हुक्म देवी, पृ. 49-50 (आवरण पृष्ठ) पर प्रकाशन वर्ष का उल्लेख नहीं है किन्तु एक पात्र-मदनलाल कथा-प्रवाह में एक पत्र लिखता है, उस पर 15 जून, 1892 की तिथि है जिससे अनुभव किया जा सकता है कि उस तिथि के पहले यह उपन्यास लिखा गया था।

मुखपृष्ठ पर अंग्रेजी में 'A True tale of Hermenutic Hindi : Hukmdevi' लिखा है, साथ में बच्ची हुक्मदेवी में वैधव्य का चित्र है।

16. वही, पृ. 20-21
17. बंग महिला, 'दुलाईवाली', 1907, मार्च, सरस्वती
18. सम्पादकीय, अवाम, आर्यमहिला, 1918
19. अज्ञात, समालोचना, स्त्रीदर्पण, अक्टूबर, 1918
20. वही।
21. 'क्या-क्या सीखना चाहिए', गृहलक्ष्मी, मई-जून, ज्येष्ठ, 1913

मैथिलीशरण गुप्त : जीवन व स्त्री-दृष्टि

राष्ट्रीय अस्मिता का क्रमिक विकास जननायक-गाथा में मंचित होता है। भारत और अफ्रीका के स्वाधीनता-संग्राम गांधी, नेहरू, अम्बेडकर और नेल्सन मंडेला के आत्म-संघर्ष में प्रतीकित रहे हैं। व्यक्ति की स्वाधीनता का अहसास राष्ट्र की स्वाधीनता के अहसास से किस हद तक जुड़ा है, कैसे समीकरण बनाते हैं इनके आपसी रिश्ते? उदाहरणार्थ गांधी की बात करें तो ये प्रश्न सहज उठते हैं कि गांधी के वैयक्तिक जीवन में मुक्ति के मानक क्या थे? कहाँ-कहाँ, कब-कब, राजनीतिक विफलता के मोड़ों पर उन्होंने ईश्वर से खुद को उठा लेने की प्रार्थनाएँ कीं, अपने बच्चों से उनका रिश्ता, हिन्दू प्रतिक्रियावादियों से उनका रिश्ता, उन लड़कियों से उनका सम्बन्ध, जिनके साथ उन्होंने ब्रह्मचर्य-परीक्षण के प्रयोग किए दुनिया को बताकर। ये परीक्षण का विषय हैं। कौन था उनका ईश्वर? ईश्वर को सत्य नहीं कहकर सत्य को वे ईश्वर कहते हैं। क्या था उनकी मुक्ति का सच? क्या राजनीतिक दासता से मुक्ति ही उनकी मुक्ति का आदर्श था या वह एक शुरुआत थी, एक प्रयाण-बिन्दु भर? व्यक्ति का इतिहास राष्ट्र के इतिहास के समानान्तर चलता है या कहीं एक धारा दूसरे को काटती भी है? क्या व्यक्ति की आत्मकथा या जीवनी राष्ट्र की आत्मकथा या जीवनी के रूप में पढ़ी जा सकती है? क्या दोनों के नाटकीय मोड़ एक-दूसरे में प्रतिच्छायित होते हैं? किस हद तक यह प्रतिनिधित्व के प्रश्न से जुड़ता है? राष्ट्रीय मूल्य राष्ट्रीय नेता या राष्ट्रकवि के जीवन में मंचित होते हैं तो उसका जनजीवन की अलग-अलग सरणियों में कैसा व्यापक प्रभाव पड़ता है—'झूठा सच' जैसी कृतियाँ उनका सजग साक्ष्य वहन करती हैं। राष्ट्रीय अस्मिता का विकास और फिर उसकी स्वाधीनता उसके अपने 'स्व' के विकास या 'स्व' से मुक्ति का कारण कैसे बनते हैं? राष्ट्र से एकीकृत व्यक्ति के अपने दुख-सुख बृहत्तर आयाम पा जाते हैं जनसंघर्ष

में। छोटे गाँव, मुहल्ले से उठकर राष्ट्र की आँखों की पुतली बन जाने की यात्रा एक थकान-भरी यात्रा होती है, पॉल द मान जिसे रिप्रेजेशनल प्रोडक्टिविटी कहते हैं। क्या जीवनियों का विखंडन उसका कच्चा खाता खोल सकता है!

इन गम्भीर सवालों से जूझते हुए प्रसिद्ध कथाकार और उपन्यासकार रजनी गुप्त ने राष्ट्रकवि मैथिलीशरण गुप्त की प्रामाणिक जीवनी लिखी है, प्रामाणिक इसलिए कि उनका बचपन उस घर के पड़ोस में बीता जहाँ गुप्त परिवार रहता था, उस शान्ति काकी की छाया में बीता जिसकी तेजस्विता से प्रभावित होकर गुप्तजी ने अपने किंचित मलंग बेटे का रिश्ता उसके लिए इस उम्मीद से भेजा था कि उसका सर्वशुक्ला सरस्वती-रूप व्यक्तित्व बेटे में शुभंकर परिवर्तन घटित कर सके। गोत्र समान था, परिवार गरीब था, फिर भी विवाह किया—एक पैसा दहेज लिए बगैर किया! बहू को पढ़ाया-लिखाया पर नौकरी की छूट देने की हिम्मत न की। बहू-बेटे को एक-पर-एक कई बेटियाँ हुईं, उन्हें खूब प्यार दिया पर सम्पत्ति में किसी पोती को हिस्सा न दे पाए! स्त्री का वैयक्तियन तब हुआ ही न था! वह सिर्फ अर्द्धांगिनी थी या विवश माता।

इस तरह के बहुतेरे चितकबरे आख्यानों के सूक्ष्म संकेतों से जीवनी पटी पड़ी है और इसकी सबसे खूबसूरत बात यह है कि ये सूक्ष्म संकेत जिन जीवन्त संवादों, एकालापों में दर्ज किए गए हैं, उनसे जीवनी में एक खास तरह का औपन्यासिक उजास आ गया है। चूँकि रजनी एक सिद्ध उपन्यासकार हैं, एक घटनाबहुल, द्वंद्व-संकुल जीवन के अकूत विस्तार से कुछ चुनिंदा क्षण चुनकर उन्होंने एक नया प्रतिसंसार खासे तीक्ष्ण आलोचनात्मक विस्तार के साथ रच दिया है। संयुक्त परिवार की कशमकश, खान-पान, रहन-सहन का स्थानीय वैभव, मुंशी अजमेरी-जैसे स्थायी अतिथियों और आत्मीय रिश्तों की आउटसाइडर-इनसाइडर वाली ऊहापोह, भाइयों का प्रेम, शयनकक्ष की आपसदारियाँ, रसोई-आँगन की सूक्ष्म राजनीति, जच्चाघरों की दुर्दशा, पीढ़ियों का महीन संघर्ष, विस्थापन का संघर्ष, 'खुले घर' का बंधु परिवार, हास-परिहास, साहित्यिक परिचर्चाएँ, स्वास्थ्य-ह्रास, दुविधाएँ, इनके विवरण औपन्यासिक परिष्कार के साथ सामने आए हैं!

एक और बड़ी खासियत इस जीवनी की है कि काल-बोध यहाँ उत्कट स्थान-बोध से छनकर सामने आता है—गांधी, नेहरू, जैनेन्द्र, प्रसाद, दिनकर, माखनलाल चतुर्वेदी, डॉ. नगेन्द्र और उभरते अज्ञेय का समय भी था गुप्त का समय! नए परिवर्तनों से इनके नवजागरणकालीन आदर्शों का क्रमिक सामंजस्य, सतत विकास से उद्‌भूत

राग-द्वेष, स्त्री-विषयक चिन्तन में क्रमिक परिवर्तन—खासकर अज्ञेय के उपन्यासों के आश्रय—इन सबके बहुत आश्वस्तिकारक चित्र पूरी जीवनी में कढ़ाई के बूटों-से बिखरे पड़े हैं!

परतदार वजूद की उत्तर-संरचनात्मक अवधारणा जैसे-जैसे स्वीकृत होती गई, चिट्ठी-पतरी, डायरी, जीवनी और आत्मकथाओं जैसी विधाएँ शोध के प्राथमिक और द्वितीयक स्रोतों के रूप में मान्यता पाने लगीं! आत्मकथा को अपने समय की सबसे प्रामाणिक दास्तान एक तरह का इसलिए भी माना जा सकता है, इसका एक कारण यह है कि जीवनियाँ और आत्मकथाएँ सरकारी अनुदान पर नहीं लिखी जातीं, पेप्सी-विज्ञापन से शब्द उधार लेकर कहें तो "देयर इज नथिंग ऑफिसियल अबाउट इट!"

हमारे प्रथम राष्ट्रकवि मैथिलीशरण गुप्त ने स्त्री-केन्द्रित कई प्रबन्ध काव्य लिखे : टैगोर की 'काव्येर उपेक्षिता' शीर्षक निबन्ध की प्रेरणा से सर्वप्रथम उर्मिला को 'साकेत' में एक बड़ा कक्ष दिया। उसके बाद 'द्वापर' में दासी की भूमिका में उभरी 'सैरंध्री' और 'कुब्जा' प्रखर ढंग से सामने आईं। अन्ततः 'यशोधरा' शीर्षक से एक अलग प्रबन्ध काव्य ही लिखा! जीवन की विषम परिस्थितियों में भी डटकर खड़ा रहने का यह जज्बा हमारी उन पूर्वजाओं को कैसे विशिष्ट बनाता है—यह रेखांकित करने के लिए उन प्रबन्ध काव्यों के मार्मिक प्रसंग यहाँ एकत्र किए गए हैं।

इन पंक्तियों के आलोक में गुप्त की नायिकाओं से मिलना अपनी ही प्रपितामहियों-प्रमातामहियों से मिल पाने-जैसा सुखद है। अपने इस जीवन में हम अधिक-से-अधिक अपनी पड़दादियों/नानियों से ही प्रत्यक्ष या (घरेलू किस्सों के सहारे) परोक्ष मिल पाते हैं! धन्यवाद गुप्त का कि उनकी नायिकाओं के बहाने हम प्रपितामहियों/मातामहियों की पूर्वजाओं से भी मिल पाए! कहने को कोई कह सकता है कि ये सभी पात्र महाभारतकालीन या छठी शताब्दी ई.पू. की हैं, पर नहीं, गुप्त ने इन्हें अपने समकाल के आदर्शों के अनुरूप कैसे गढ़ा है, यह समझना जरूरी है।

उन्नीसवीं सदी के उत्तरार्ध में इंग्लैंड भी मूल्य संक्रमण के मुद्दे पर उतने ही तनाव में था जितना भारत। जॉन स्टुअर्ट मिल का उपयोगितावाद जाल फैला रहा था और व्यावहारिक समझौतों के महासमुद्र से आदर्श की मछलियाँ छनकर बाहर आ रही थीं। इन्हें ही नया जीवन देने के लिए साहित्य ने एक एक्वेरियम-सा तैयार किया जो अपनी उदार भावुकता और समृद्ध विलासिता के बीच कोई स्पष्ट सामंजस्य स्थापित नहीं कर पाने के कारण युगों तक नर्वस और असन्तुलित-सी तरंगें समेटे

रहा। जो कारण इंग्लैंड को समृद्धि दे रहे थे, उपनिवेशवाद की ताकतों से जुड़े वे ही कारण भारतवर्ष के आर्थिक-सांस्कृतिक राजनीतिक अपकर्ष का कारण बने थे। और जहाँ अपकर्ष पलता है, पुनर्जागरण की चेतना भी वहाँ समाधिस्थल प्रलयंकर-सी धीरे-धीरे आँखें खोलती है। और इस जागरण/नवजागरण/पुनर्जागरण का नाभिकीय केन्द्र है स्त्री चेतना का विकास!

स्त्रियों के लिए महारानी विक्टोरिया का युग खुली आँखों और बँधे पाँवों का युग था। मतदान का अधिकार नया-नया मिला था। स्त्री-शिक्षा की बेल भी मुकुलित हो गयी थी। 'ब्लू स्टॉकिंग्स' और 'लेडीज नॉवेल पार्लर' का जमाना था। युग के धार्मिक ऊहापोह, आध्यात्मिक संकट का भी सबसे अधिक प्रभाव धर्मभीरू स्त्री-वर्ग पर ही पड़ा था। नवजागरण काल में प्रकाशन की सुविधा आँखों की ज्योति बनकर सामने आई थी, मगर पाँव बाँधने वाले तत्त्व भी कम नहीं थे। स्वतंत्र निर्णय लेते हुए सार्वजनिक जीवन में प्रत्यक्ष हिस्सेदारी सम्मानजनक नहीं समझी जाती थी और सम्मान गले का ऐसा ढोल है जो कोई जल्दी उतारना नहीं चाहता।

इंग्लैंड में वह एमिली बॉण्टे के लिण्टनों का युग था। स्त्रियों के लिए दो ही विकल्प बच गए थे—या तो वे थैकरे की एमिलिया जैसी शर्मीली लड़की बनी घर-गृहस्थी करती हुई ड्राइंगरूम और घरेलू पार्टियों की शोभा बढ़ाएँ, या स्वच्छन्द दौड़ जाने की धुन में कदम-कदम पर फिसलें और गिर जाएँ या फिर जॉर्ज एलियट के डोरोथी ब्रूक्स की शैली में कुंठित पतियों को माताभाव में पोसने का संकल्प लें। डिकेन्स के भावुकता-भरे उपन्यासों की तो नहीं, मगर थैकरे और जॉर्ज एलियट के उपन्यासों की नायिकाएँ उस बेचैनी का सही आकलन प्रस्तुत करती हैं जो कुंठित पतियों की अहर्निश सेवा के बावजूद मिली उपेक्षा/हिंसा/हिकारत का दाय है। शॉ, मॉम, हेमिंग्वे, लॉरेन्स की रचनाओं में भी स्त्री के एक नए रूप की झाँकी मिलती है जो गुप्तजी की यशोधरा और विधृता की तरह पुरुष से कहीं अधिक तेजस्विनी और महिमामयी हैं। प्रसाद की 'ध्रुवस्वामिनी' शॉ की कैन्डिडा भी इस तरह की तेजस्विनी स्त्री का साक्षात प्रमाण हैं।

एक बात विचित्र यहाँ यह है कि जहाँ तक कवियों का प्रश्न है—विक्टोरियन कवि स्त्री के प्रति अपने दृष्टिकोण में बहुत बदले नहीं। रीतिकालीन नायिकाओं से द्विवेदीयुगीन काव्य की नायिकाएँ चाहे बहुत भिन्न हों—रोमैण्टिक नायिकाओं से टेनिसन की 'प्रिंसेज' बहुत भिन्न नहीं। कमनीय सौन्दर्य तथा 'टियर्स आइडल टियर्स' उसका केन्द्रीय आकर्षण है। ब्राउनिंग ने कुछ अधिक सप्राण नायिकाएँ दी हैं, मगर

वे सब की सब गूँगी हैं। मनोवैज्ञानिक चित्रण के लिए उसके ड्रामेटिक मोनोलोग प्रसिद्ध हैं मगर यह ध्यान देने की बात है कि सारे एकालाप, पुरुष-एकालाप ही हैं और उनसे सिर्फ उनकी मनोग्रंथियों पर प्रकाश पड़ता है। इसके विपरीत गुप्त जी का 'साकेत' लक्ष्मण-उर्मिला-संवाद से शुरू होता है और उसमें उर्मिला को भी बोल लेने की उतनी ही छूट है जितनी लक्ष्मण को। इस संवाद में शेक्सपियर के बिएट्रिस-बेनेडिक संवाद का रस मिलता है। बिएट्रिस की तरह उर्मिला स्थान-स्थान पर अपनी विनोदवृत्ति, अपने विट् का परिचय देती है। संवाद और एकालाप का यह फर्क सिर्फ प्रबन्धकाव्य और मुक्तक की विधाओं शैलियों के फर्क की ओर इशारा नहीं करता है—यह एक विशेष मनोवृत्ति का द्योतक है।

यशोधरा और विधृता की चर्चा भी इस प्रसंग में समीचीन होगी। उर्मिला की वाणी मिली थी प्रीतिकलह के प्रसंग में मगर यशोधरा तो घोर सैद्धान्तिक विवाद के प्रसंग में भी वाणी पा गई है और कदम-कदम पर उसमें 'चित्रलेखा' की तेजस्विता के दर्शन होते हैं। गौतम के महाभिनिष्क्रमण के बाद से तो वह स्वयं भी संन्यासिनी ही हो चली है—राहुल का दिया खीर नहीं खाती, सखियों से बाल कतर डालने को कहती है :

आलि, कतरी ला, मैंने क्या पाले काले व्याल।

मन से भी पूरी अनुगता ही है—फिर भी गौतम के बुद्ध बन लौट आने के बाद वह नदी-सी उमड़ नहीं पड़ती, सागर-सी धीर बनी रहती है और अपनी शालीन तर्कधर्मिता भी छोड़ती नहीं—

हमीं गृहस्थ जनों की भिक्षा पालेगी संन्यासी।

सीता की चार बहनों और यशोधरा के अलावा सैरंध्री, राधा, कुब्जा, शकुन्तला, कौशल्या, विधृता, हिडिम्बा आदि के माध्यम से गुप्त जी ने स्त्री-व्यक्तित्व के विभिन्न आयामों पर प्रकाश डाला है—जैसे सर्चलाइट घूम-घूम कर धरती का हर कोना प्रकाशित करती है। गुप्त जी की स्त्रियाँ सजग और तेजस्वी हैं मगर नीरस, निःसत्व नहीं! पर हाँ, पश्चिम में उन दिनों स्त्री-पुरुष के आपसी तनाव का जो चित्रण होने लगा था, वह विधृता के सिवा किसी के प्रसंग में प्रकट नहीं होता। इस अर्थ में वे परम्परावादी भी कहे जा सकते हैं। सीमोन द बोआ के आदर्श भारतवर्ष के देवीपूजक संस्कारों को पूरी तरह ग्राह्य हो भी नहीं सकते थे—वह भी एक वैष्णव गृहस्थ को। यह अंतर्द्वंद्व रजनी गुप्त विरचित गुप्त की जीवनी 'कि याद सब करें यही' में गहरे

धैर्य और कौशल से रेखांकित हुआ है। गुप्तजी ने पढ़ने-लिखने में कोई रुचि न रखने वाले अपने इकलौते पुत्र उर्मिलेश के लिए जिस शान्ति का चयन किया, वह पढ़ने-लिखने में अव्वल एक ऐसी तेजस्विनी कन्या थी जिसे कन्या विद्यालय के मंच से वे अपनी ही कविताएँ पढ़ते देख चुके थे। उनके मन में तत्काल यह साध जगी थी कि यह तेजस्विनी यदि उनकी इकलौती बहू बनकर घर आए तो अगली पीढ़ी का भविष्य सँवर जाएगा और घर की अन्य स्त्रियों के संस्कार भी परिष्कृत हो जाएँगे। उन्होंने यह क्रान्तिकारी कदम तो उठाया कि गोत्र एक होने और वर्ग भिन्न होने की बाधा उन्होंने लाँघी और गरीब घर की कन्या बिना दहेज के अपने घर ले आए। अपने भावनात्मक संरक्षण में उसे पढ़ाया-लिखाया भी पर महाविद्यालय भेजकर पढ़ाने और नौकरी करने देने की हिम्मत नहीं जुटा पाए। घर की स्त्रियों से पर्दा भी नहीं कराया और उनके स्वास्थ्य की चिन्ता से भी जूझते रहे। जच्चा-बच्चा की उचित देख-रेख कर पाने वाले अस्पताल के अभाव में कम उम्र की लकड़ियाँ प्रसूतिगृह में ही स्वर्ग सिधार जाती थीं। स्वयं इनकी दो पत्नियाँ और सात बच्चे बचपन में कालकवलित हो गए। फिर भी स्कूल में पढ़ने वाली एक किशोरी इनकी बहू बनी। बहू की तीन बेटियाँ ही हुईं—संयुक्त परिवार में इसका मातम मना पर अपनी पोतियों और बहू के साथ इनके सम्बन्ध मातृवत ही रहे। अज्ञेय के उपन्यास पढ़ते हुए उन्हें स्त्री की स्वतंत्र यौन-इयत्ता का चित्रण चौंका गया। पर बाद के वर्षों में वे इस प्रश्न पर सोचते पाए गए या आखिर स्त्रियाँ भी मनुष्य ही हैं। ये सारे तथ्य जो रजनी गुप्त ने मार्मिकता से उकेरे हैं—उनके द्वंद्व-संकुल मन पर यथेष्ट प्रकाश डालते हैं। स्त्री सम्बन्धी उनके अपने मानसिक पर्यावरण का क्रमशः कैसे परिष्कार होता गया, इसका भी सम्यक चित्रण रजनी गुप्त ने किया है :

"नए जमाने में लड़के-लड़कियों की सहशिक्षा का जोर बंगाल महाराष्ट्र से होते हुए पूरे देश में तेजी से फैलता जा रहा था। सहशिक्षा ने उनके बीच की झिझक और संकोच की दीवारें गिरा दी थीं। उनके पाँव सहज-स्वस्थ मैत्री की तरफ आगे बढ़ने लगे। हवा के ताजे झरोखे की तरह बेरोक-टोक ढंग से हाथों में हाथ डाले लड़के-लड़कियाँ शहरों में तो दिखाई देते ही... समानता, स्वतंत्रता और निजता के बीज भी स्त्री चेतना में पड़ गए थे।...पंडित नेहरू अपनी इकलौती बेटी इंदिरा को विदेश भेज चुके थे। सरोजिनी नायडू, विजयलक्ष्मी पंडित, महादेवी वर्मा, सुभद्रा कुमारी, मीना कुमारी, मधुबाला, कानन देवी, सुबुलक्ष्मी उच्चकोटि की कलाओं, संगीत, अभिनय, गायन, लेखन और राजनीतिक नेतृत्व के क्षेत्र में आगे आ रही थीं।"

गुप्त जी के स्त्री विषयक प्रसंगों में आधुनिकता का सही बिम्ब देने वाले जो प्रसंग हैं, उनकी मैं संक्षेप में चर्चा चाहूँगी। 'साकेत' के नवम सर्ग में उर्मिला पुरबालशाला खुलवाकर शिक्षिका बनने तक की बात कहती हैं—

मैं निज ललितकलाएँ भूल न जाऊँ वियोग-वेदन में
सखि, पुरबाला-शाला खुलवा दें क्यों न उपवन में।

सप्तम सर्ग में वशिष्ठ हाहाकार करती रानियों को समझाते हैं—

देवियो, ऐसा नहीं वैधव्य
भाव भव में कौन ऐसा भव्य।

द्वापर में विधृता कहती है—

कामुक चाटुकारिता ही थी/क्या वह गिरा तुम्हारी-
एक नहीं, दो-दो मात्राएँ/नर से भारी नारी।

प्रथम सर्ग में उर्मिला अपना अधिकार प्रकट करती हुई कहती है—

दास बनने का बहाना किसलिए,
क्या मुझे दासी कहाना इसलिए।

एकपत्नीव्रत भी आधुनिकता का बहुत बड़ा साक्षी है, युगों तक हरम या अंत:पुरम की एक पालतू हिरणी ही रही नारी! द्वादश सर्ग में एकपत्नीव्रत की सात्विक शक्ति लक्ष्मण के इस कथन में मूर्तिमान है—

यदि सीता ने एक राम को ही वर माना,
यदि मैंने निज वधू उर्मिला को ही जाना-
तो बस, अब तू सँभल।

गुप्त जी यह नहीं मानते कि स्त्री हीन है और पुरुष कितना भी दोषी हो—स्त्री से श्रेष्ठ और प्रत्येक दशा में आदरणीय है। कालिदास के 'शकुन्तलाय: पाद्यों प्राणिपथ' का आदर्श उनके भी नायक स्त्री के कदमों पर गिरकर चरितार्थ करते हैं।

पैरों पर गिर पड़े प्रिया के भूपवर-
शकुन्तला ने कहा क्षमा का रूप धर-
उठो नाथ, वह कुछ न तुम्हारा दोष था,
मुझ पर ही अज्ञात दैव का रोष था।

'यशोधरा' में गौतम तक झुकते हैं—

क्षमा करो सीदार्थ शाक्य की निर्दयता प्रिय जान।

गुप्त के समय तक—राममोहन राय, गांधी, रवीन्द्र, अरविन्द घोष के सजल-सप्राण दर्शन पश्चिम की तर्ज पर भारत में स्त्री-जागरण का शंखनाद कर गए थे। राजनीति तक में प्रवेश के लिए स्त्रियाँ तत्पर थीं और वैदिक स्त्रियों का आदर्श भी उनके सामने था। जो स्त्री वीरगाथाकाल में सूक्ष्म-सी प्रेरणा थी, भक्तिकाल में ठगिनी माया बनी और रीतिकाल में केवल काया रह गई। भारतेन्दु-युग की विवश शैव्या ने क्रमशः शक्ति-विस्तार किया, तब जाकर अंततः द्विवेदी युग में हर तरह का दायित्व वहन कर पाने वाली पूर्ण मानवी का बिम्ब पा सकी। हरिऔध की राधा, गुप्त जी की सीता, उर्मिला और यशोधरा (इब्सन और शॉ की नायिकाओं की तरह) पति से पूर्णतया निरपेक्ष/उन्मुक्त व्यक्तित्व तो नहीं रख पातीं—फिर भी पारस्परिक नायिकाओं की तुलना में काफी हद तक स्वतंत्र, स्वावलंबी, आत्मसम्मान-प्रिय, गम्भीर, कर्मठ और महिमामयी हैं। वड्र्सवर्थ या डिकेन्स की तरह गुप्त जी सामान्य ग्रामबाला, वीरांगना या गृहवधू का चित्र नहीं देते : राजकुमारियाँ ही अधिकतर नायिकाएँ हैं—पर उनके चित्रण की विशेषता यह है कि उनकी राजकुमारियाँ मध्यवर्गीय, संघर्षलिप्त स्त्री की छवि देती हैं (प्रसंग : 'तिनज सौध सदन में उटज पिता ने छाया') और उनमें किसी भी तरह का गुरु-गहन दायित्व वहन कर लेने की क्षमता है। गांधीवादी प्रभाव में वे सभी त्याग और स्वावलम्बन की मूर्ति हैं।

किसी भी व्यक्ति को महत्व देने का सीधा अर्थ है उस पर किसी भी तरह का दायित्व सौंपकर पूरी तरह निश्चिन्त हो लेना। सीता, उर्मिला और यशोधरा—गुप्त जी की तीनों प्रमुख नायिकाओं के पति मन-ही-मन इतना समझते हैं कि लौकिक मर्यादाएँ ये अकेली भी निभा लेंगी, राहुल की ओर से गौतम का निश्चिन्त होना, माता-पिता-घर की देखभाल की तरफ से लक्ष्मण का, कोल-भील आदि वनजातियों के स्वागत की ओर से राम का आश्वस्त होना—कहीं-न-कहीं पत्नी के स्वतंत्र व्यक्तित्व की क्षमताओं की ओर उनके गहरे विश्वास का संकेत है। कहने को यशोधरा कहती हैं—

सखि, वे मुझसे कहकर जाते!

मगर इतना तो वे समझती हैं कि उनकी सतेज आँखों का सामना कर पाएँ—वैराग्य के प्रथम प्रहर में गौतम इतने मजबूत और मोहातीत नहीं हो गए होंगे। नल और मनु

की परम्परा में उनका चोरी-छुपे जाना (एक तरह से) यशोधरा के प्रति उनकी दुर्दम्य आसक्ति का ही द्योतक है!

स्वतंत्रता संग्राम में उलझे पुरुषों ने पहली बार सार्वजनिक जीवन में भी स्त्रियों के सहयोग की आवश्यकता अनुभव की। उन्हें यह लगा कि देश के अर्द्धांग को निष्क्रिय रखकर आगे बढ़ पाना कठिन है। तत्कालीन काव्य में स्त्री-मुक्ति का स्वर जो विशेष रूप से मुखरित हुआ—इसका प्रमुख कारण यही लगता है। गांधीजी तीक्ष्णबुद्धि थे—स्त्री के विषय में उनका दृष्टिकोण अकारण उदार था—ऐसा नहीं दीखता। वैसे, हिन्दी साहित्य में 1917-18 से अब तक जो कुछ भी अन्याय के विरोध, ब्रिटिश शासन की प्रतिक्रिया और मानव-गौरव के समर्थन में लिखा गया—मुख्यत: वह गांधी जी का ही दाय है। महात्मा गांधी और हिन्दी के राष्ट्रीय साहित्य के पीछे जो प्रेरणा और परिस्थिति कार्य कर रही थी, वह थी उन्नीसवीं सदी का सांस्कृतिक जागरण। कवियों ने अतीत गौरव का गुणगान कर भारत की प्रसुप्त जनता में जागरण का शंखनाद करने का जो दायित्व सँभाला था, उसके तहत अतीत के कर्तव्यनिष्ठ चरित्रों का काव्यांकन किया जाने लगा। इस क्रम में राम, कृष्ण, बुद्ध आदि आदर्श पुरुषों के ही चरित्र नहीं अंकित किए गए—सीता, राधा, द्रौपदी, लक्ष्मीबाई, दुर्गावती, नूरजहां, पन्नाधाय आदि प्राणवान नारी-चरित्र भी फलक पर आए। यह युग जागरण और सुधार का युग था, इसलिए उर्मिला, यशोधरा आदि उपेक्षित और कैकेयी जैसे लांछित स्त्री-चरित्र भी कवि रवीन्द्र की प्रेरणा से उत्कर्षमय रूप में प्रतिष्ठित हुए और वैदिकयुगीन विदुषी नारियों का भी स्मरण दिलाया जाने लगा—"वह मैत्रेयी-गार्गी का पावन जीवन निष्काम।"

चाहे यह विरोधाभास-सा लगे, पर सत्य तो है कि भारत में विदेशी राज्य के कारण ही हमें पुनरुत्थान की प्रेरणा मिली। बीसवीं सदी के उषा-काल में अंग्रेजी शिक्षा का प्रचार प्रारम्भ हो गया था। एक ओर राजनीतिक स्वतंत्रता की चाह उठ रही थी, दूसरी ओर नई शिक्षा के सम्पर्क से व्यक्ति-स्वातंत्र्य की भावना भी विकसित होने लगी थी। लॉर्ड मेकाले ने 1834 में भारत में भूरे अंग्रेजों की पीढ़ी-दर-पीढ़ी तैयार करने की सफल योजनी बनाई।

कवियों ने स्त्री को 'पूज्या' कह उसकी प्रसुप्त शक्तियाँ जगानी चाहीं! नाथूराम शर्मा 'शंकर', श्रीधर पाठक महावरी प्रसाद द्विवेदी, हरिऔध, गुप्त जी आदि ने 'आर्य महिला' आदि पत्रिकाओं विधवा-दुर्दशा, बाल-विवाह विरोध, पर्दाप्रथा स्त्री-अशिक्षा सम्बन्धी जो कविताएँ लिखीं—वे तत्कालीन (आर्यसमाज आदि) संस्थाओं के विचारों

से अनुप्रेरित थीं। स्त्री की दशा में सुधार के लिए और भी कई लेख तत्कालीन पत्रिकाओं में प्रकाशित हुए।

कवियों के लिए स्त्री अब रति की प्रतिकृति नहीं रह गई थी, तत्कालीन परिस्थितियों के अनुसार उसके स्त्रीत्व की सार्थकता भी कर्तव्यनिष्ठा और देशप्रेम में आँकी जाने लगी। "यदि शक्ति का अर्थ पाशविक शक्ति है तब तो नारी सचमुच ही पुरुष से कम पाशविक है और यदि शक्ति का अर्थ नैतिक शक्ति है तब नारी पुरुष से कहीं अधिक श्रेष्ठ है।"—गांधी जी के इस कथन के आलोक में स्त्रियों का मूल्यांकन होने लगा था।

ऐसा नहीं है कि महिमामय पुरुषों की पत्नियों के कारण ही गुप्त जी के नारी चरित्रों की महिमा है, यदि वे साधारण व्यक्तियों की पत्नियाँ होतीं तो भी उनके जो चारित्रिक गुण हैं—विनोद-वृत्ति, बुद्धिमत्ता, त्याग, धीरज, स्वाभिमान, स्वालम्बन और कर्तव्यनिष्ठा—वे उन्हें विलक्षण व्यक्तित्व देते। यह अवश्य है कि महान व्यक्तियों के जीवन के विलक्षण प्रसंगों (वन-गमन, संन्यास आदि) से उनके चरित्र के गुण ऐसे उद्भासित हुए हैं जैसे उत्तल काँच से झाँकती सतरंगी किरणें। जैसे हवा का तीव्र प्रवेग फूल की सुरभि विस्तीर्ण करने में सहायक ही होता है—विपरीत परिस्थितियाँ आन्तरिक गुणों के उद्घाटन में।

तो यहाँ मेरी केन्द्रीय मान्यता यह है कि पश्चिम स्त्री-विषयक उदारताओं के लिए भले ही प्रसिद्ध हो, पुनरुद्धार की प्रेरणा हमें भले ही पश्चिम से मिली हो, पर पश्चिम का काव्य (उपन्यासों की बात नहीं कह रही) स्त्री को बाहर-भीतर पूरी समग्रता में, इतनी जीवन्तता के साथ चित्रित नहीं कर पाया—जितना हमारा काव्य। विशेषकर समकालीन विक्टोरियन, जॉर्जियन काव्य में कहीं भी स्त्री का न वैसा तेज झाँकता है, न आत्मिक शक्ति जो हरिऔध की राधा, गुप्त जी की यशोधरा, विधृता और प्रसाद की इड़ा-श्रद्धा में दृष्टिगत होता है।

सच पूछिए तो स्त्री का हृदय शीशे की छत वाला मिट्टी का मकान होता है। इसमें बोए नीति-प्रीति, मान-अपमान के बीज मुरझाते तो नहीं मगर बढ़कर आकाश सिर पर भी नहीं उठा लेते! अन्दर ही अन्दर शाखाओं से फूटते हुए भी विनम्र-भाव से सिर झुकाए रहते हैं। कोई विरला ही बाहर समतल पर खड़ा अंदाज कर सकता है कि भीतर भावों की पूरी एक पंचवटी खड़ी है, तनावों का पूरा एक लुम्बिनी-वन। स्त्री मनोविज्ञान की पकड़ के लिए दृष्टि की ऊँचाई चाहिए जो छत के शीशे के पार झाँक सके। यह कितना कठिन है—इसका साक्षात प्रमाण है यह तथ्य कि साहित्य के

आदिकाल से लेकर भारतेन्दु युग तक या इधर पश्चिम में शेक्सपियर को छोड़ दीजिए मगर उसके अलावा चॉसर से लेकर उन्नीसवीं सदी तक स्त्री की सिर्फ काया ही देखी गयी! उसके भीतर झाँकने की कोशिश कम हुई और उसका स्वतंत्र व्यक्तित्व आँकने की और भी कम। शेक्सपियर के सॉनेट भी स्त्रियों के प्रति हजार शिकवों से भरे हैं। जिन लोगों ने चरित्र आँका भी, वे नकारात्मक पहलुओं की ओर अधिक सतर्क रहे, भारतवर्ष में भी कमोबेश स्थिति यही रही। गुप्त जी का सबसे बड़ा योगदान यह है कि अपने आदर्श बंधु जयशंकर प्रसाद की तरह उन्होंने स्त्री के महामंगल, तेजस्विनी रूप का पूरी अंतरंगता से स्वतंत्र चित्रण किया—मनोवैज्ञानिक सूक्ष्मता के साथ।

समाजशास्त्रीय और मनोवैज्ञानिक—दोनों ही दृष्टियों से गुप्तजी का स्त्री चित्रण एक वैष्णव मन की सुभग शुभाकांक्षा है, जिसमें प्राचीन और नवीन के मणिकांचन संयोग का संकल्प फूलता-फलता दिखाई देता है! आनन्दवर्द्धन ने ऐसे सभी पाठों को 'अयोनिपाठ' कहा है जिसकी ध्वनि युगों तक अनुगूँज नहीं छोड़ पाए, हर युग में जिसकी अनुगूँज एक नया पाठ नहीं सिरजे अपने मूल पाठ का! आज के युग में इस 'ध्वनि' को हम अंत:पाठ की तरह भी पढ़ सकते हैं और यही बात पलटकर ऐसा कह सकते हैं कि जो पाठ आने वाले युगों में अंत:पाठीय संवाद की प्रेरणा नहीं जगाते, अयोनि-पाठ हैं। सुभग पाठ, उर्वर पाठ वही हैं जो हर युग में अपना एक नया भाष्य तैयार करने लायक अनुगूँजें छोड़ें। हमारे आर्षग्रन्थ—खासकर रामायण और महाभारत तो ऐसे पाठ हैं ही, अश्वघोष का 'बुद्धचरित' भी एक ऐसा पाठ है जिसकी अनुगूँजें 'यशोधरा' में हैं पर एकदम नए रंग में अवतरित! जैसे वाल्मीकि की 'रामायण' से मर्यादा-भंग के सारे प्रसंग हटाकर तुलसीदास ने एक ऐसा मर्यादित पाठ तैयार किया जिसमें सीता निष्कासन, शम्बूक-वध आदि अप्रिय प्रसंग खरहे के सींग की तरह गायब थे, गुप्त ने भी 'बुद्धचरित' के अमर्यादित प्रसंग हटाकर बुद्ध और यशोधरा—दोनों को नवजागरण के आदर्शों में 'फ्रेम' किया—कैसे, अन्त में हम थोड़ी चर्चा इस पर करना चाहेंगे!

अश्वघोष के 'बुद्ध' वाल्मीकि के 'राम' की तरह किंचित रुक्ष और कामकाजी किस्म का सम्बन्ध स्त्रियों से रखते हैं—और जब वे उद्विग्न हों तो अपनी पत्नी के प्रति भी उनके माधुर्य का लोप हो जाता है। गुप्त के यहाँ राम-लक्ष्मण-कृष्ण और बुद्ध अधिक मानवीय हैं। फिलहाल 'यशोधरा' के संदर्भ में ही बात आगे बढ़ाएँ तो साफ समझ में आएगा कि युग के आदर्शों के अनुकूल कितने सुभग परिवर्तन राष्ट्रकवि ने

बुद्ध के चरित्र में दिखाए और यशोधरा में सावित्री और पोर्शिया का मणिकांचन मेल घटित करके उसे और गौरवमय कैसे बनाया।

अश्वघोष के बुद्ध नृत्यशाला में मदिरा-शिथिल स्त्रियों की अस्त-व्यस्तता देख विषण्ण हो जाते हैं—

नशे में सराबोर
सोई थीं ये स्त्रियाँ ऐसे
जैसे कि अंधड़ से पिटा हुआ
कमल-दल सरोवर में—
हाथ-पाँव खुले हुए,
गुप्तांग उघरे,
मुँह से टपकती हुई राल,
बुद्ध विषण्ण हुए!
बाँस की फोफी लिए एक रमणी
इस तरह लुढ़की पड़ी थी विवस्त्र
जैस कि कोई नदी बावरी
जिसके कमलों पर काले भँवरे
पंक्तिबद्ध खड़े भुन-भुन-भुन करते!
हँस रहे थे उस पर उसके किनारे ही-
फेन की हँसी बुद-बुद,
बुद्ध विषण्ण हुए।

—सर्ग-5, *बुद्धचरित, अश्वघोष,* अनुवाद—अनामिका

और इस विषण्णता की पराकाष्ठा यह कि बुद्ध वन की ओर निकलने को उद्यत हो जाते हैं—नृत्यशाला से सीधा वन की ओर। सद्यःप्रसूता, शिथिलगात यशोधरा के कक्ष की ओर बढ़ते भी नहीं!

ऐसी रुक्षता नवजागरण के आदर्शों के प्रतिकूल थी—खासकर गुप्त के आदर्शों के प्रतिकूल जिन्होंने एक-पर-एक सात सन्तानें और दो पत्नियाँ प्रसूति-गृह में ही खो दी थीं! उनकी अपनी नवासी रजनी गुप्त ने उनकी संवेदनशील जीवनी का आरम्भ ही नवजातकों के शोक से संतप्त गुप्त-दम्पती की मीठी, विवश, मार्मिक आपसदारी के हृदयग्राही दृश्यों के जीवन्त चित्रण से किया है! प्रसूति गृह पर मौत की दारुण छाया

कैसे मँडराती रहती थी और कभी जच्चा कभी बच्चा उसके चपेट में आ ही जाते थे तो कैसा दारुण शोक वर्षों आँगन-मुंडेर-छत पर मौन सिसकता रहता था—इसका संघनित चित्र आँकने में रजनी का कथाकार अपनी पूरी विभुता में सामने आया है।

स्वाभाविक है कि नवप्रसूता के प्रति गुप्त के सिद्धार्थ अधिक संवेदनशील हैं और जब वे बुद्ध बनकर वापस कपिलवस्तु लौटते हैं, तब तो मुखर रूप से यशोधरा के प्रति अपनी कृतज्ञता व्यक्त करते हुए कहते हैं कि उन्हीं का प्रताप है कि वे संबुद्ध हो पाए—

तुम तो यहीं थी, धीर ध्यान ही तुम्हारा वहाँ
जूझा, मुझे पीछे कर, पंचशर वीर से,
मेरे निकट तुम्हारी
तुलना में अन्य कौन सुकुमारी!
दीन न हो, गोपे, हीन नहीं नारी कभी—
भूतदयामूर्ति वह मन से, शरीर से।
क्षीण हुआ वन में क्षुधा से मैं विशेष जब
मुझको बचाया मातृजाति ने ही खीर से!

रजनी गुप्त की जीवन में इसका भी सरस वर्णन करती हैं कि भूख गुप्त को कैसी छनाक लगती थी—खासकर बासी पूड़ियों और उबले आलुओं की सूखी सब्जी की भूख! 'क्षुधा रूपेण संस्थिता' मातृजाति का वैभव गाते हुए वे स्त्री-जाति की आत्मिक क्षुधा की गहन समझ भी रेखांकित करते चलते हैं। सबका पेट भरनेवाली स्त्री के अपने मन की भूख बस एक कृतज्ञ दृष्टि से मिट जाती है और प्रेम के दो बोलों से। नवजागरणकालीन पुरुष के प्रतिरूप बुद्ध कृतज्ञता के ये दो बोल उचारना नहीं भूलते। सिद्धार्थ जब बुद्ध-रूप में कपिलवस्तु आते हैं, यशोधरा उनसे मिलने महल नहीं जाती, बुद्ध ही उनसे मिलने कक्ष तक आते हैं—

बुद्ध की तपोपूत दृष्टि यशोधरा का मूक तप भी अच्छी तरह भाँप लेती है—कितना कठिन रहा होगा एक पितृहीन बालक के तरह-तरह के प्रश्नों का समाधान, अकेले उसे पालना, पालकर ऐसा वरेण्य, मूल्य-सजग किशोर बना देना जिसके मन में पिता के प्रति शिकायत का कोई रेफ भी नहीं हो!

आज भी अकेली माँओं के सम्मुख सबसे बड़ी चुनौती यही होती है कि अकेला छोड़ गए पिता के प्रति बच्चे के मन में उपज आई सहज कटुता कटे तो कटे

कैसे! गुप्तजी की यशोधरा के सौन्दर्य का मर्म उसके सन्तुलन में है—न ही उसमें यथास्थितिवादी सर्वस्वीकार है, न क्रान्तिकारी कटुता! जब दूसरे लोग बुद्ध को निर्दय बताते हैं, वह आगे आकर उनको बचाती हैं—

सारा विश्व जिनका कुटुम्ब है, उसे
जन्मभूमि का बन्धन कैसे बाँध सकता है!
मैं कहती हूँ, राहुल के जन्म ने उन्हें
अमृत की प्राप्ति के लिए और आतुर कर दिया।
पर अब ये बातें रहने दो, वह आता होगा।
मैं उसके सामने हँसती ही रहना चाहती हूँ।
आँसू आ जाते हैं तो उसे कष्ट होता है!
वह अब समझने लगा है।

उन्नीसवीं शती के अवसान और बीसवीं के उत्थान के समय कहने को तो बहुतेरे अनुसन्धान हुए, पर उनमें महत्तम था औरत का आत्म-सन्धान, उसकी अपनी अस्मिता का निवेश बृहत्तर प्रयोजनों में! यशोधरा भी एक स्वाभिमानी स्त्री है और वह इतनी आधुनिक भी है कि अपने दुख को अपनी निजी थाती समझे, उसका सार्वजनिक प्रदर्शन उसे शालीन न जान पड़े! दुःख के इस निजी कक्ष में राहुल को भी वह झाँकने नहीं देती!

हैमलेट की तरह मानसिक उद्वेग और ऊहापोह के क्षण वह एकालापों में ही प्रकट करती है पर उसकी तरह वह आपा नहीं खोती, और अपनी तार्किकता बनाए रखती है! इस तरह वह साड़ी में लिपटी पोर्शिया नजर आती है—नवजागरण-कालीन स्त्री का आदर्श, एक ऐसी स्त्री जिसमें सावित्री का समर्पण हो और पोर्शिया की तेजोमयता। सिर्फ एक बार वह अपनी सखी, गौतमी से मन की बात कहती है—

सखि, वे मुझसे कहकर जाते!

और सभी अवसरों पर वह गृहस्थ संन्यासी का वैष्णव मत सुलझे ढंग से सामने रखती है :

(क) *जल में शतदल तुल्य सरसते,*
तुम घर रहते, हम न तरसते!

(ख) *निज बन्धन का सम्बन्ध सयत्न बनाऊँ,*
कह मुक्ति, भला किसलिए तुझे मैं पाऊँ?

(ग) *सहे आज यह मान तितिक्षा*
क्षमा करो मेरी यह शिक्षा,
हमीं गृहस्थ जनों की भिक्षा
पालेगी संन्यासी।

ऐसे प्रखर तर्क रखती-रखती वह कभी तो भ्रमरगीत की गोपियों का तंज भी कर देती है, पर अधिकतर, खासकर अपनी ससुराल के बुजुर्गों से वह सविनय अवज्ञा की भाषा ही बोलती है। 1933 में पुस्तक छपी थी, पर लिखी तो गई थी 30 से 32 के बीच ही जब सविनय अवज्ञा आन्दोलन अपनी पराकाष्ठा पर था! तो सास-ससुर जब गौतम से मिल आने की बात कहते हैं, वह कहती है कि जो छोड़ गया, मिलने भी वही आएगा—देखेगा कि उसके अधूरे छोड़े काम मैंने किस गरिमा से पूरे किए हैं!

इतने दिन प्रतीक्षा की है, इसलिए रवि वर्मा की पेंटिंगों में जो प्रतीक्षारत रूपगर्विताएँ थीं—उनका प्रतिरूप बनती हैं यशोधरा—यशोधरा ही नहीं, नवजागरणकालीन सब स्त्रियाँ। उन्होंने प्रतीक्षा की है कि पुरुष योग्य बनकर घर लौटें और फिर बृहत्तर संसार के लिए दोनों मिलकर कुछ करें : 'दे ऑल्सो सर्व हू ओनली स्टैंड एंड वेट!' मिल्टन के इस कथन का मर्म वे भलीभाँति पहचानती हैं। और शान्ति काकी के सूक्ष्म ग्राफांकन में इसका मर्म पहचानती हैं विशिष्ट कथाकार और जीवनीकार रजनी गुप्त!

✪✪✪